A Dictionary of Proverbs and Sayings in Croatian and their Russian and English Equivalents

Minja Pješčić
A DICTIONARY OF PROVERBS AND SAYINGS:
SERBIAN - BOSNIAN - CROATIAN WITH RUS-
SIAN AND ENGLISH EQUIVALENTS

Serbo-Croatian title:
Rječnik naših poslovica i izreka i njihovih ruskih i engleskih ekvivalenata

Russian title:
Словарь сербских, боснийских и хорватских пословиц и поговорок и их русских и английских аналогов

Publisher, DTP, Title page
Minja Pješčić

Copyright ©2020 by Minja Pješčić

All rights reserved, including the right to reproduce this book or portions thereof in any form whatsoever. For information contact mostarizmi@gmail.com.

A Dictionary of Proverbs and Sayings

Serbian - Bosnian - Croatian with
Russian and English Equivalents

Rječnik naših poslovica i izreka i njihovih ruskih i engleskih ekvivalenata

Словарь сербских, боснийских и хорватских пословиц и поговорок и их русских и английских аналогов

Compiled by / sakupila Minja Pješčić / собрала Миня Пьешчич

To Peđa

for always being there

from Mostar to Moscow to Toronto

through thick and thin

Table of Contents / SADRŽAJ / СОДЕРЖАНИЕ

Abbreviations / Skraćenice / Сокращения
How to Use this Book
Dictionary / Rječnik / Словарь
Registar poslovica i izreka
Алфавитный регистр русских пословиц и поговорок
Alphabetical Index of Latin expressions
Bibliography
About the Author

ABBREVIATIONS / SKRAĆENICE / СОКРАЩЕНИЯ

Am. – American / američki / американский
Cf. - compare / uporedi / сравнить
hum. – humorous / šaljivo / шуточно
inf. - informal / neknjiževni izraz / разговорный
iron. – ironic / ironično / иронический
Lat. - Latin / latinski / латинский
var. - variant / varijanta / вариант
vulg. - vulgar / prost / вульгарный
~ - similar meaning / sličnog značenja / похожего значения
→ - go to / nađi / найти

A Dictionary of Proverbs and Sayings: S / B / C - Russian - English

How to Use This Book

Čovjek se nada dok je god duše u njemu
Lat: Dum spiro spero
Cf: Nada zadnja umire

R: Надеждой жив человек; Век живи, век надейся; Пока дышу - надеюсь
E: While (Where) there's life there's hope; If it were not for hope, the heart would break; Never say die; ~ Hope deferred makes the heart sick; ~ Hope against hope

- Latin equivalent
- Compare with related proverbs
- Russian equivalents
- English equivalents
- Other proverbs with similar meaning

Dictionary of Proverbs and Sayings

Rječnik poslovica i izreka

Словарь пословиц и поговорок

A

Ako ima posla, ima i dana → Posao nije zec, neće pobjeći

Ako je daleko Bagdad, blizu je aršin Lat: Hic Rhodos, hic salta!	R: Далеко тому врать, кто за морем бывал; Тому врать легко, кто был далеко *E: A traveler may lie with authority; Travelers' tales; Long ways, long lies; Cows in Connacht (far away) have long horns*
Ako je dimnjak nakrivo, upravo dim izlazi Cf: Crna koka bijela jaja nosi	R: Криво дерево, да яблоки сладки; Кривы дрова, да прямо горят; Из кривой трубы дым прямо поднимается *E: Crooked logs make straight fires*

Ako je i crna krava, bijelo mlijeko daje → Crna koka bijela jaja nosi

Ako koza laže, rog ne laže Činjenice su tvrdoglave	R: Факты — упрямая вещь; Факты говорят сами за себя; Не лазил козёл в городьбу, а шерсти клок покинул *E: Facts are stubborn things; Facts are facts*

Ako je kratak dan, duga je godina → Posao nije zec, neće pobjeći

Ako ne možemo kako hoćemo, mi ćemo kako možemo

Cf: Ako neće brijeg Muhamedu, onda će Muhamed brijegu

R: Не живи как хочется, а живи как можется

E: If we can't as we would, we must as we can; ~ Since we cannot get what we like, let us like what we can get

Ako neće brijeg Muhamedu, onda će Muhamed brijegu

Cf: Ako ne možemo kako hoćemo, mi ćemo kako možemo

R: Если гора не идёт к Магомету, то Магомет идёт к горе

E: If the mountain will not come to Mahomet (Muhammad), Mahomet (Muhammad) must go to the mountain (var. If the mountain won't come to Mohammed (then Mohammed will go to the mountain))

Ako neće moljen, a on će gonjen → Milom ili silom

Ako nećeš, ti poljubi pa ostavi

Ponuđen k'o počašćen

Kuma nuđena kao i čašćena

Cf: Uzmi ili ostavi

R: Потчевать можно, неволить грех; ~ Не любо — не слушай, а врать не мешай

E: If you don't like it, you can lump it Like it or lump it

Ako nisi za sebe, nisi ni za drugoga → Bog je prvo sebi bradu stvorio

Ako si zamrsio, sam i odmrsi → Kusaj šta si udrobio

Ako slijepac slijepca vodi, obadva će u jamu pasti

R: Слепой ведёт слепого; Если слепой ведёт слепого, то оба упадут в яму; Слепой слепца водит, а обы ни зги не видят; Косой криво не учит

E: If the blind lead the blind, both shall fall into the ditch (var. Blind leading the blind)

Ako smo mi braća, nisu nam kese sestre

R: Дружба дружбой, а табачок (денежки) врозь; У дурака долго деньги не держатся; У дурака в горсти дыра

E: *A fool and his money are soon parted*

Ako stijena kotluši, jao kotluši; ako kotluša stijeni, jao kotluši → Ili loncem o kamen, ili kamenom o lonac, teško loncu svakojako

Ako u selu, Turci, ako u polju, vuci

Lat: Hac urget lupus, hac canis angit

Cf: Ko se boji vrabaca, nek' ne sije proje

R: (И) хочется и колется и матушка (мамка) не велит; Хоть волком вой, хоть в прорубь головой; Куда ни кинь, всюду клин

E: *He who hesitates is lost; You'll be damned if you do, damned if you don't; Analysis - paralysis*

Ako želiš jezgro, slomi ljusku

Lat: Catus amat piscem, sed non vult tingere plantas

Cf: Nema raka bez mokrih gaća; Ko se dima ne nadimi, taj se vatre ne ogrije

R: Не разгрызёшь ореха, так не съешь и ядра; Чтобы рыбку съесть надо в воду лезть (var. Хочется рыбку съесть, да не хочется в воду лезть); Лакома кошка до рыбки, да в воду лезть не хочется

E: *He that would eat the fruit must climb the tree; The cat would eat fish, but would not wet her feet; He that would eat the kernel must crack the nut*

Apetit dolazi za vrijeme jela

R: Аппетит приходит во время еды

E: *Appetite comes with eating*

B

Batina ima dva kraja

R: Палка о двух концах (и туда и сюда); У палки два конца

E: *Every stick has two ends; ~ Bayonet is a weapon with a worker at each end*

Batina je iz raja izašla
Ljeskova je mast čudotvorna
Cf: Ko se bije, taj se voli

R: Жалея розгу, портишь ребёнка; Палка нема, а даст ума; Кнут не мука, а вперёд наука

E: *Spare the rod and spoil the child*

Begovac je begovac (Carevac je carevac), ako neće imati novac; a magarac je magarac, ako će imati i zlatan pokrovac (old) → Martin u Zagreb (Rim), Martin iz Zagreba (Rima)

Besposlen Mujo fišeke savija (hum.) → Besposlen pop i jariće krsti

Besposlen pop i jariće krsti
Besposlen Mujo fišeke savija
Cf: Trla (Prela) baba lan da joj prođe dan

R: Скучен день до вечера, коли делать нечего; В камень стрелять — только стрелы терять; Воду толочь — вода и будет; Шумим, братец, шумим

E: *An idle brain is the devil's workshop; The devil finds work for idle hands to do*

Besposlenost je majka svih zala

Lat: Pigritia mater vitorum

R: Лень (праздность) – мать всех пороков; Безделье – мать пороков

E: Idleness is root of all evil; Idleness is the mother of vice; An idle brain is the devil's workshop; The devil finds work for idle hands to do

Bez alata nema zanata

Cf: Vrijedne su ruke najbolja alatka

R: Не клин бы да не мог, (так) плотник бы сдох; Без топора - не плотник, без иглы – не портной

E: You cannot make bricks without straw; Give us the tools, and we shall finish the job; What is a workman without his tools?

Bez jednog čovjeka (Cigana) može biti vašar

Dva trećega ne čekaju

Galija jednog ne čeka

Zbog jednog vesla brod ne ostaje

Cf: Koga nema, bez njega se može

R: Семеро одного не ждут

E: For one man that is missing there is no spoiling the wedding; ~ A dollar waiting on a dime

Bez muke nema nauke

Dok se muke ne namuči, pameti se ne nauči

Cf: Ko se dima ne nadimi, taj se vatre ne ogrije; Nema raka bez mokrih gaća

R: Не помучишься – так не научишься; Нет царских путей к геометрии

E: There is no royal road to learning; No pain, no gain

Bez para ni u crkvu

Cf: Nema džabe ni kod (stare) babe; Koliko para, toliko muzike

R: За спасибо (за просто так, за бесплатно, даром) ничего не делается; Карман сух и поп глух

E: No penny, no paternoster; No money, no doctor

A Dictionary of Proverbs and Sayings: S / B / C - Russian - English

Bez treće nije sreće → Treća sreća

Bez zdravlja nema bogatstva → Zdravlje je najveće blago (najveći raj) ovoga svijeta

Biće gaće, ali ne znam kad će → Daće Bog (raji) gaće, ali ne zna kad će

Biće jednom i u paklu vašar → Doći će sunce i pred naša vrata

Biće šta će biti → Što mora biti, biće

Bilo bi ga (te...) dobro po smrt poslati (hum.) (var. Da te čovjek po smrt pošalje, naživjeo bi se; Tebe ću po smrt poslati kad mi bude trebala)	R: Тебя только хорошо (Хорошо его) за смертью посылать (var. Хорошо ленивого по смерть посылать; Ленивого отправлять только за смертью в лес); Хуже нет - ждать да догонять; Уж полночь близится, а Германна всё нет *E: May my death come to me from Spain*

Bilo kako mu drago → Kud puklo da puklo

Bilo, pa prošlo (ka' i lanjski snijeg) Dogodilo se - ne pomenulo se	R: Что было, то прошло (и быльём поросло); Кто старое помянет, тому глаз вон; Было, да сплыло, да травой поросло (var. Что было, то сплыло) *E: Let bygones be bygones; Forgive and forget; Let the dead bury the dead; Water under the bridge*

Biser ne valja pred svinje bacati	R: Не мечите бисер перед свиньями *E: Do not throw pearls to the swine*

Biti veći katolik od pape	R: Быть большим католиком, чем папа E: *More royalist than the king; More catholic than the Pope; To be whiter than white; To out-Herod Herod*
Bježao od kiše, stigao ga grad Gonio lisicu, izagnao vuka	R: От волка бежал, да на медведя попал; Из огня да в полымя; Нос вытащит — хвост увязит (завязит) E: *Between the devil and the deep blue sea; Between a rock and a hard place; Out of the frying-pan into the fire; From smoke into smother*
Bježi, rđo, eto meda! Cf: Smijeh je zdravlje; Živi prosto – doživjećeš sto	R: Чеснок и лук - от семи недуг (var. Лук от семи (всех) недуг; Лук семь недугов лечит) E: *An apple a day keeps doctor away*
Blago onom ko pameti nema Cf: Stari trik, nova budala; Mudra glava, šteta što je samo dvije noge nose (a ne četiri, kao živinče)	R: На всякого дурака ума не напасёшься; Кому бог ума не дал, тому кузнец не прикует E: *There is no cure for fool*
Blago onom ko se tuđom štetom opameti, a teško onom koji svojom mora Cf: Pametan se uči na tuđim greškama, budala na svojim	R: На ошибках других учимся E: *Learn wisdom by the follies of others (Am)*

Bliža je košulja nego haljina → Košulja je preča od kabanice

Bog dao, Bog i uzeo	R: Бог дал, бог и взял
	E: *The Lord giveth and the Lord taketh away*
Bog je prvo sebi bradu stvorio	R: К своему рту ложка ближе; Сова о сове, а всяк о себе
Ako nisi za sebe, nisi ni za drugoga	E: *Charity begins at home; Self-preservation is the first law of nature; Keep your own fish-guts for your own sea-maws; Self comes first*
Ko ne zna sebi, ne zna ni drugome	
Ne laje pas radi sela, nego sebe radi	
Cf: Košulja je preča od kabanice	

Bog je spor, ali je dostižan → Od suđenja se ne može uteći

Bog nikom dužan ne ostaje → Od suđenja se ne može uteći

Bog visoko, a car daleko	R: До бога высоко, до царя далеко
Car daleko, a Bog visoko	E: *God is high above, and the tsar is far away (Russian)*
Nebo visoko, a zemlja tvrda	
Bog zatvori jedna vrata, a otvori stotinu	R: Свет не клином сошёлся (var. Земля не клином сошлась)
Gdje se jedna vrata zatvaraju, sto drugih se otvaraju	E: *When one door shuts, another opens; There are as good fish in the sea as ever came out of it; ~ There are more ways than one to skin a cat (get a pig to market; flay a fox); ~ There are more ways of killing a cat (dog) than choking it with cream (butter) (var. There are more ways of killing a dog than hanging it) (Am.)*
Cf: Jedan se oteg'o, drugi se proteg'o	

Bogu iza nogu (leđa)
Gdje je Bog rekao laku noć

R: У чёрта (к чёрту) на куличках; Куда Макар телят не гонял; Куда ворон костей не занесёт

E: In a God-forsaken place; At the back of beyond; In the middle of nowhere

Bogu se moli, ali k brijegu grebi → Pomozi sam sebi, pa će ti Bog pomoći

Boj ne bije svijetlo oružje, već boj bije srce u junaka
Cf: Hrabre sreća prati

R: Смелость города берёт; Смелый там найдёт, где робкий потеряет; Смелому горох хлебать, а несмелому (робкому) и (пустых) щей (редьки) не видать; Только смелые достойны красавиц

E: Faint heart ne'er won fair lady; None but the brave deserves the fair; It's not the size of the dog in the fight, it's the size of the fight in the dog

Bojim se Danajaca i kad darove donose
Ne vjeruj Danajcima i kad darove donose
Lat: Timeo Danaos et dona ferentes

R: Бойтесь данайцев дары приносящих

E: Fear the Greeks bearing gifts

Bolest na konju dolazi, a na dlaci odlazi (old)
Cf: Bolje spriječiti nego liječiti; Zdravlje je najveće blago

R: Болезнь входит пудами, а выходит золотниками (var. Здоровье уходит пудами, а приходит золотниками); Беда к нам верхом, а от нас пешком

E: Agues (Diseases) come on horseback, but go away on foot

Bolja je poštena smrt nego nepošten (sramotan) život
Bolje je pošteno umrijeti nego sramotno živjeti
Lat: Honesta mors turpi vita potior
Cf: Bolje grob nego rob

R: Честь лучше бесчестья; Лучше умереть с честью, нежели жить с позором; За совесть, за честь, хоть голову снесть; Лучше бедность, да честность, нежели прибыль, да стыд

E: Better death than dishonor (var. Death before dishonor); Better a glorious death than a shameful life

Bolja je unča pameti nego sto litara snage → Um caruje, snaga klade valja

Bolje grob nego rob

R: Лучше умереть стоя, чем жить на коленях

E: Better die standing than live kneeling (var. It's better to die on your feet than live on your knees)

Bolje ikad nego nikad
Lat: Potius sero quam nunquam

R: Лучше поздно, чем никогда

E: Better late then never (but better never late); That is not lost that comes at last

Bolje išta nego ništa
Cf: Kad nema djevojke dobra je i baba; Bolje vrabac u ruci, nego golub na grani

R: Лучше мало, чем ничего

E: Something is better than nothing; Half a loaf is better than no bread; Better are small fish than an empty dish; Better to light one candle than to curse the darkness; One foot is better than two crutches

Bolje je danas jaje nego sutra kokoš
Bolje je danas pečena ševa nego sutra ćurka
Bolje je danas kos nego sutra gusak

Cf: Bolje vrabac u ruci nego golub na grani

R: Ближняя копеечка дороже дальнего рубля; Ближняя соломка лучше дальнего сенца
E: *Better an egg today than a hen tomorrow*

Bolje je danas pečena ševa nego sutra ćurka → Bolje je danas jaje nego sutra kokoš

Bolje je danas kos nego sutra gusak → Bolje je danas jaje nego sutra kokoš

Bolje je kukavicu u ruci no sokola u planini (imati) → Bolje vrabac u ruci nego golub na grani

Bolje je mršav mir nego debeo proces (debela parnica)
Bolje s mirom nego s čirom
Dogovorna je najbolja

R: Худой мир лучше доброй ссоры (брани, драки)
E: *A bad peace is better than a good quarrel; A lean agreement is better than a fat judgement; A lean compromise is better than a fat lawsuit*

Bolje je ne početi nego ne dočeti
Cf: Ili ne pokušavaj, ili ne dovrši

R: Затянул песню, так веди до конца
E: *Don't start a fight unless you can finish (unless you finish it)*

Bolje je nemati nego otimati → Oteto- prokleto

Bolje je pametna glava nego dolina para
Od znanja glava ne boli
Lat: Scientia est potentia
Cf: Znanje je pravo imanje

R: Красна птица перьем, а человек ученьем (var. Красна птица пером, а человек умом); Не умеючи (не учась) и лаптя не сплетёшь
E: *Knowledge is power*

Bolje je pošteno umrijeti nego sramotno živjeti → Bolja je poštena smrt nego nepošten (sramotan) život

Bolje je umjeti nego imati → Znanje je pravo imanje

Bolje je vjerovati svojim očima nego tuđim riječima
Cf: Što čuješ, ne vjeruj; što vidiš, to vjeruj

R: Не всякому слуху верь; Людским речам вполовину верь
E: *Seeing is believing*

Bolje je znanje nego imanje → Znanje je pravo imanje

Bolje je znati nego imati → Znanje je pravo imanje

Bolje prvi u selu nego zadnji u gradu
Lat: Malo hic esse primus quam Romae secundus

R: Лучше быть в деревне первым, чем в городе последним; Лучше быть головой кошки, чем хвостом льва
E: *Better be the head of a dog (mouse, lizard) than the tail of a lion; Better a big fish in a little pond (puddle, pool) than a little fish in a big pond (mighty ocean); It is better to be a big duck in a little puddle than a little duck in a big puddle; Better be the head of the yeomanry than the tail of the gentry*

Bolje reci neću, nego sad ću

Cf: Ne ostavljaj za sutra ono što možeš uraditi danas; Posao nije zec, neće pobjeći

R: Авось да как-нибудь до добра не доведут; Авось да небось – хоть брось; Сделано — и с плеч долой; Русское сейчас - один час

E: One of these days is none of these days; What may be done at any time is done at no time; By the street of 'by-and-by' one arrives at the home of 'never'

Bolje s mirom nego s čirom (debela parnica) → Bolje je mršav mir nego debeo proces

Bolje se pokliznuti nogom nego jezikom

Brži jezik od pameti

Cf: Jezik je više glava posjekao nego sablja; Riječ iz usta, a kamen iz ruke; Šutnja je zlato

R: Язык мой - враг мой (прежде ума глаголет); Лучше отступиться, чем оговориться; Болтун - находка для шпиона

E: There's many a slip between cup and lip; Better the foot slip than tongue; Loose lips sink ships (var. A slip of the lip can sink a ship)

Bolje spriječiti nego liječiti

Lat: Melius et utilius (est) in tempore occurrere, quam post causam vulneratam quarere remedium

R: Лучшая тактика - профилактика; Предупреждение лучше лечения; Искру туши до пожара, беду отводи до удара

E: Prevention is better than cure (var. An ounce of prevention is worth a pound of cure); Prevent rather than repent

Bolje svračak u ruci nego soko u planini → Bolje vrabac u ruci nego golub na grani

Bolje vrabac u ruci nego golub na grani

Bolje je kukavicu u ruci no sokola u planini (imati)

Bolje svračak u ruci nego soko u planini

Bolje vrabac u ruci nego zec u šumi

Bolji je jedan zec u čanku nego dva u polju

Cf: Ko hoće (traži) veće, izgubi ono iz vreće

R: Лучше синица в руках, чем журавль в небе (var. Не сули журавля в небе, (а) дай синицу в руки); Синица в руках лучше соловья в лесу; Не сули гуся в год, а дай синицу в рот; Лучше воробей в руке, чем петух на кровле

E: A bird in the hand is worth two in the bush

Bolje vrabac u ruci nego zec u šumi → Bolje vrabac u ruci nego golub na grani

Bolje znano s manom, nego neznano s hvalom

R: Худой мой Устим да лучше с ним

E: Better the devil you know than the devil you don't know; Better wed over the mixen than over the moor

Bolji je dobar glas nego zlatan pâs

Cf: Zlo se čuje dalje nego dobro

R: Добрая слава лучше богатства

E: A good name is better than riches (gold, a golden girdle)

Bolji je dram sreće nego oka pameti (old)

Cf. Ko je srećan i vrane mu jaja nose

R: Не родись красив (красивым), а родись счастлив (счастливым) (var. Не родись умён, ни красив (ни хорош, ни пригож), а родись счастлив); Счастье дороже богатства

E: (LUCK) It is better to be born lucky than rich; (HAPPINESS) Better to be happy than wise

Bolji je jedan zec u čanku nego dva u polju → Bolje vrabac u ruci nego golub na grani

Bozadžija za salebdžiju

Lat: Asinus asinum fricat

R: Дурак дурака хвалит; Дурак с дураком сходились, друг на друга дивились; Кукушка хвалит петуха за то, что хвалит он кукушку

E: Mutual admiration society; One fool praises another

Brada narasla, a pameti ne donijela → Sjedine u glavu, a pamet u stranu

Brdo se s brdom ne može sastati, a živi se ljudi sastanu

Gora se s gorom ne sastaje, a čovjek s čovjekom vazda

R: Гора с горой не сдвинется (сходится), а человек с человеком (всегда) свидется (сойдётся)

E: Friends will greet where the hills won't meet; Two men may meet, but never two mountains

Brnjicu na gubicu → Jezik za zube

Brži jezik od pameti → Bolje se pokliznuti nogom nego jezikom

Budala je ko hoće da zna šta se u svačijem lončiću vari Cf: Kad porasteš, kaz'će ti se samo; Zini da ti kažem	R: Любопытной Варваре на базаре нос оторвали (var. Любопытному на базаре нос прищемили); Любопытство не порок, а большое свинство; От любопытства кошка сдохла E: *Curiosity killed the cat; Lay-overs for meddlers; Eavesdroppers (Listeners) never hear any good of themselves; The fish will soon be caught that nibbles at every bait; Too much curiosity lost paradise; He who peeps through a hole may see what will vex him; Too much knowledge makes the head bald*
Budale se mnogo smiju Budale se smiju bez razloga	R: Смех без причины – признак дурачины E: *A loud laugh bespeaks a vacant (hollow) mind; Laughter is the hiccup of a fool*

Budale se smiju bez razloga → Budale se mnogo smiju

C

Car daleko, a Bog visoko → Bog visoko, a car daleko

Car nad carem se uvijek nađe → I nad popom ima pop

Caru carevo, a Bogu božje (dati)

Lat: Redde Caesari quae sunt Caesaris, et quae sunt Dei Deo

Cf: Svakom svoje

R: Кесарю кесарево, а Богу Богово (var. Богу Богово, а кесарю кесарево)

E: Render unto Ceasar the things which are Ceasar's; and unto God the things that are God's

Carska se ne poriče

Cf: Čovjek se veže za jezik, a vo za rogove; Obećanje - sveto dugovanje

R: Царское слово твёрже гороха

E: An Englishman's word is his bond

Cigu migu za tri dana, kuku lele dovijeka → Ko se brzo ženi, polako se kaje

Cilj opravdava sredstvo

Lat: Exitus acta probat

R: Цель оправдывает средства

E: The end justifies the means; He who wills the end, wills the means

25

Crna koka bijela jaja nosi

Ako je i crna krava, bijelo mlijeko daje

U crnoj zemlji bijelo žito rodi

Cf: U ratara crne ruke, a bijela pogača

R: Чёрная коровка (От чёрной коровки) да бело(е) молочк; От чёрной курочки да белое яичко

E: It doesn't matter if the cat is black or white, as long as it catches mice

Č

Čaša iza čaše, a iza čaše istina → Što trijezan misli, pijan govori

Četiri oka vide bolje nego dva

Lat: Plus vident oculi, quam oculus

Cf: Dvojica više znaju nego jedan

R: Четыре глаза видят больше (лучше), чем два

E: *Four eyes see more than two*

Čija sila, onoga i pravda → Sila boga ne moli

Čija sila, toga je i sud → Sila boga ne moli

Čini dobro, pa i u vodu baci

Ko dobro čini, neće se kajati

Čini pravo, boj se Boga, pa se ne boj nikoga

Učini dobro, ne kaj se; učini zlo, nadaj se

Cf: Pošteno ime ne gine; Dobro se dobrim vraća

R: Доброе дело без награды не останется; Сделав добро не кайся (не попрекай, не помни)

E: *Do right and fear no man; Do the right thing*

Čini drugom što je tebi drago da ti se učini

Što ne želiš sebi, nemoj ni drugome

Lat: Quod tibi fieri non vis, alteri ne feceris

R: Поступайте с другими так, как вы хотите, чтобы они с вами поступали; Не делай другим того, чего себе не желаешь; Чего сам не любишь, того другому не чини (не желай)

E: Do unto others as you would they should do unto you; Do as you would be done by

Čini pravo, boj se Boga, pa se ne boj nikoga → Čini dobro, pa i u vodu baci

Činjenice su tvrdoglave → Ako koza laže, rog ne laže

Čist račun, duga ljubav

Lat: Clara pacta, boni amici

R: Счёт дружбе не помеха (var. Счёт дружбы не портит); Дружба дружбой, а денежкам счёт; Деньги (денежки) счет любят (var. Денежка счёт любит); ~ Свои люди — сочтёмся (сочтутся)

E: Short reckonings make long friends; Fast pay (payment) makes (for) fast friends

Čistoća je pola zdravlja

R: Чистота – залог здоровья

E: Cleanliness is next to godliness

Čizma glavu čuva (a kapa krasi)

R: Держи голову в холоде, живот в голоде, а ноги в тепле

E: The head and feet keep warm, the rest will take no harm

Čovjek čovjeka ne može poznati dok sa njim džak soli ne izjede
→ Dok s nekim vreću brašna ne poješ, ne možeš ga upoznati

Čovjek je čovjeku vuk

Lat: Homo homini lupus (est)

R: Человек человеку волк

E: Man is a wolf to man; Dog eat dog

Čovjek je star onoliko koliko se staro osjeća

R: Человеку столько лет, на сколько он себя чувствует

E: A man is as old as he feels; A man is as old as his arteries

Čovjek je u nevolji dosjetljiv → Nevolja svačemu čovjeka nauči

Čovjek kaže, a Bog raspolaže → Čovjek snuje, a Bog odlučuje (određuje)

Čovjek ne živi da bi jeo, već jede da bi živio

Jedemo da živimo, a ne živimo da jedemo

R: Человек живёт не для того, чтобы есть, а для того, чтобы жить (var. Надо есть для того, чтобы жить, а не жить для того, чтобы есть)

E: Eat to live, not live to eat

Čovjek ne živi samo od hljeba

R: Не единым хлебом (будет) жив человек (var. Не о хлебе едином жив (будет) человек)

E: Man cannot live by bread alone

Čovjek se nada dok je god duše u njemu

Lat: Dum spiro spero

Cf: Nada zadnja umire

R: Надеждой жив человек; Век живи, век надейся; Пока дышу - надеюсь

E: While (Where) there's life there's hope; If it were not for hope, the heart would break; Never say die; ~ Hope deferred makes the heart sick; ~ Hope against hope

29

Čovjek se uči dok je živ (pa opet lud umre)

Čovjek se do smrti uči

R: Век живи, век учись (а дураком помрёшь)

E: Live and learn; It is never too late to learn; Never too old to learn

Čovjek se do smrti uči → Čovjek se uči dok je živ (pa opet lud umre)

Čovjek se veže za jezik, a vo za rogove

Jezik veže ljude, uže konje i volove

Lat: Verba ligant homines, taurorum cornua funes

Cf: Carska se ne poriče; Obećanje - sveto dugovanje

R: Не давши слова, крепись, а давши, держись

E: An ox is taken by the horns, and a man by the tongue

Čovjek snuje, a Bog odlučuje (određuje)

Čovjek kaže, a Bog raspolaže

Lat: Homo preponit, sed deus disponit

Cf: Nije kome rečeno, nego kome suđeno; Od sudbine ne možeš pobjeći; Ko se za vješala rodio neće potonuti

R: Человек предполагает, а Бог располагает

E: Man proposes, (but) God disposes; The best-laid schemes of mice and men gang aft agley (Scottish) (var. The best-laid-plans of mice and men go oft astray)

Čuvaj bijele novce za crne dane

Cf: Manje jedi, pa kupi; U radiše svega biše, u štediše jošte više

R: Береги деньги (денежку) на чёрный день; ~ Скупость не глупость

E: Save for a rainy day; ~ Store is no sore

Čuvaj ti mene od svoga, a od tuđega ću se ja sam (čuvati) →
Sačuvaj me, Bože, od prijatelja, a od neprijatelja čuvaću se sam

D

Da čovjek zna gdje će vrat slomiti, nikada ne bi tuda prošao → Kad bi čovjek znao gdje će pasti, prije toga bi sjeo

Da ima sira i masla, i moja bi mati znala gibati gibanicu → Da imamo brašna, ko što nemamo masla, pa još u selu tepsiju da posudimo, što bismo dobru pogaču ispekli

Da imamo brašna, ko što nemamo masla, pa još u selu tepsiju da posudimo, što bismo dobru pogaču ispekli

Da ima sira i masla, i moja bi mati znala gibati gibanicu

Šta bi bilo kad bi bilo

Cf: Da su babi muda, bila bi deda; Kad bi ovako, kad bi onako...; Na vrbi svirala

R: Если бы да кабы да во рту росли грибы (бобы) (это был бы не рот, а огород); Кабы не цветы, да не морозы, зимой бы цветы расцветали; Кабы не кабы, так бы Ивана Великого в бутылку посадил; На море овин горит, по небу медведь летит

E: If wishes were horses, beggars would ride; If ifs and ands were pots and pans (there'd be no work for tinkers' hands) (var. If 'ifs' and 'ans' were pots and pans...); If wishes were fishes we'd all cast nets; If the sky falls we shall catch larks; If frogs had wings, they wouldn't bump their tails (butts, etc.) on rocks (logs, the ground etc.) (Am.); If frogs had wings, they could fly

Da je baba deda...

Cf: Da su babi muda, bila bi deda

R: Кабы бабушка не бабушка, так была бы она дедушкой

E: If my aunt had been a man, she had been my uncle

Da je pamet do kadije kao od kadije

Da je pamet do suda kao od suda

Svako je mudar po šteti

Cf: Ko nema u glavi, ima u nogama

R: Хорошие мысля приходят опосля (var. Кабы мне тот разум наперёд, что приходит опосля); После свадьбы всякий (всяк) тысацкий

E: It is easy to be wise after the event; After a battle, everybody is a general; Hindsight is better than foresight; A day after the fair

Da je pamet do suda kao od suda → Da je pamet do kadije kao od kadije

Da je steći košto reći, svi bi bogati bili

Da je tkati kao zjati (sve bi Sarajke svilene košulje nosile)

Cf: Od zbora do tvora – ima prostora; Lako je govoriti, al' je teško tvoriti; U mnogo zbora malo stvora; Živ mi Todor, da se čini govor

R: На одних словах далеко не уедешь; Хороша верёвка длинная, а речь короткая; Много шума — мало толку

E: Talk is cheap; Much cry and little wool

Da je tkati kao zjati (sve bi Sarajke svilene košulje nosile) → Da je steći košto reći, svi bi bogati bili

Da kucnem o drvo

R: Постучи по дереву

E: Touch wood

Da padne na leđa, razbio bi nos

Kome Bog sreće nije dao, onome je kovač ne može skovati

Cf: Da se za zelen bor uhvatim, i on bi se zelen osušio

R: Кажинный раз на этом месте

E: Lots of luck and all of it bad; He falls on his back and breaks his nose

Da se za zelen bor uhvatim, i on bi se zelen osušio

Na nesretnom se kola lome

Cf: Da padne na leđa, razbio bi nos

R: На бедного Макара все шишки валятся; Бедному Кузеньке бедная и песенка; Мерзлой роже да метель в глаза

E: If anything can go wrong, it will; The bread never falls but on its buttered side; An unfortunate man would be drowned in a teacup

Da su babi muda, bila bi deda (inf., hum., vulg.)

Cf: Da je baba deda...; Da imamo brašna, ko što nemamo masla, pa još u selu tepsiju da posudimo, što bismo dobru pogaču ispekli

R: Если бы у бабушки были яйца, то она была бы дедушкой (inf., hum., vulg.)

E: If my aunt had balls, she'd be my uncle (inf., hum., vulg.); If my uncle had tits, he'd be my aunt (inf., hum., vulg.); If my grandmother had balls, she'd be my granddad (inf., hum., vulg.); If my sister had balls, she'd be my brother (inf, hum, vulg); If my grandmother had wheels, she'd be a streetcar (inf.); If I had wheels, I'd be a wagon (inf.)

Da te čovjek po smrt pošalje, naživjeo bi se → Bilo bi ga (te...) dobro po smrt poslati

Daće Bog (raji) gaće, ali ne zna kad će

Biće gaće, ali ne znam kad će

Cf: Nije svaka muka dovijeka; I to će proći; Doći će sunce i pred naša vrata; Poslije kiše sunce sja

R: Голенький ох, а за голеньким бог; Бог даст, (и) в окно подаст; Мир не без добрых людей; Хоть есть нечего, да жить весело; Подожди немного, отдохнёшь и ты

E: You never know your luck

Daj šta daš

Cf: Probirač nađe otirač

R: Бедному да вору – всякая одежда впору

E: Beggars must not be choosers

Daj ti meni plačidruga, a pjevidruga je lako naći

Cf: Nesta vina, nesta razgovora, nesta blaga, nesta prijatelja

R: В радости сыщут, в горе забудут

E: Fair-weather friends are not worth having

Dala baba groš da uđe u kolo, dala bi dukat da izađe

R: Не было у бабы хлопот, купила порося (var. Не знала баба горя, купила баба порося)

E: Give the piper a penny to play and two pence to leave off

Daleko od očiju, daleko od srca

Izvan očiju, izvan pameti

Lat: Procul ex oculis, procul ex mente

R: С глаз долой - из сердца вон

E: Out of sight, out of mind

Daleko ti kuća od moje! → Široko ti polje!

Dame biraju → Dame imaju prednost

35

Dame imaju prednost
Dame biraju

R: Дамы вперёд
E: *Ladies first*

Dame se ne pitaju za godine
Cf: Godine nisu važne

R: Женщину нельзя спрашивать о её возрасте
E: *~ Age is just a number*

Dan po dan, noć po noć - čovjek se bliži grobu → Danci k'o sanci, a godišta k'o ništa

Dan po dan, dok i smrt za vrat → Danci k'o sanci, a godišta k'o ništa

Dan se hvali kad veče, a život kad smrt dođe → Ne hvali dan prije večeri

Danas čovjek, sutra crna zemlja → Danas jesmo, sutra nismo (a sutra nas nema)

Danas imaš, sutra nemaš
Cf: Danas vezir, sutra rezil; Kolo sreće se okreće

R: То густо, то пусто (var. Сегодня густо, а завтра пусто; Разом густо, разом пусто); Сегодня пир горой, а завтра пошёл с сумой

E: *Chicken today, feathers tomorrow; One day honey, one day onion (Arab); Feast today and fast tomorrow; Seven fat years, seven lean years; Rich today, poor tomorrow*

Danas ja, sutra ti
Lat: Hodie mihi, cras tibi; Mihi heri, et tibi hodie
Cf: Danas meni, sutra tebi

R: Сегодня ты, а завтра я
E: *I today, you tomorrow; Today you; tomorrow me*

Danas jesmo, sutra nismo (a sutra nas nema)

Danas čovjek, sutra crna zemlja

Ne zna se šta nosi dan a šta noć

Cf: Danci k'o sanci, a godišta k'o ništa

R: Сегодня жив, а завтра жил; Сегодня в порфире, завтра в могиле; Смерть не за горами, а за плечами; Никто не зает, что его ожидает

E: *Here today, gone tomorrow; Today gold, tomorrow dust*

Danas meni, sutra tebi

Cf: Danas ja, sutra ti

R: Сегодня мне, завтра тебе

E: *Today mine, tomorrow thine*

Danas vezir, sutra rezil

Lat: Hodie Caesar, cras nihil

Cf: Danas imaš, sutra nemaš; Kolo sreće se okreće

R: Сегодня пан, завтра пропал; Сегодня полковник, завтра покойник; Был под конём, и на коне

E: *The wheel of fortune is forever in motion; A rooster one day, a feather duster the next; From the sublime to the ridiculous is only a step; Today a man, tomorrow a mouse*

Danci k'o sanci, a godišta k'o ništa

Dan po dan, noć po noć - čovjek se bliži grobu

Dan po dan, dok i smrt za vrat

Što dalje - sve bliže smrti

Cf: Vrijeme leti

R: День да ночь – и сутки прочь (а всё к смерти поближе)

E: *Come day, go day; Day in, day out*

Daš mu prst, a on uzme cijelu šaku Cf: Apetit dolazi za vrijeme jela	R: Дай с ноготок, запросит с локоток; Дай ему палец, а он всю руку откусит (var. Положи ему палец в рот, он тебе руку укусит); Пусти свинью в мякину – она и в зерно заберётся *E: Give someone an inch and they will take a yard (a mile); Give them a finger, and they will take a whole arm*
Davljenik se i za slamku hvata Kad čovjek tone, i za vrelo gvožđe se hvata	R: Утопающий (и) за соломинку хватается *E: A drowning man will clutch at a straw*
Devet puta valja riječ preko jezika prevaliti prije neg' je izrekneš Cf: Ispeci, pa reci!	R: Больше думай, меньше говори *E: Engage (Turn on, Use) your brain, (then) open your mouth (before opening your mouth, before putting your mouth in gear) (Am.)*
Djeca, budale i pijani istinu govore Cf: Istina je u vinu; Što na umu, to na drumu; Što trijezan misli, pijan govori	R: Устами младенца глаголет истина; Глупый да малый всегда говорят правду *E: Children and fools tell the truth; If you want the truth, ask a child; Out of the mouths of babes*

Djelo čovjeka hvali → Zanatliju posao pokazuje

Dobar glas daleko se čuje	R: Слухом земля полнится *E: News fly fast*

Dobar konj se i za jaslima prodaje → Dobrom konju se i u štali nađe kupac

Dobar majstor para vrijedi
Cf: Zanatliju posao pokazuje

R: Мастер на все руки
E: ~ Jack of all trades

Dobar početak - lak svršetak
Cf: Napola je učinio ko je dobro počeo; Ko dobro počne, on je na pola radnje

R: Зачин дело красит
E: Well begun is half done

Dobar posao se sam hvali → Zanatliju posao pokazuje

Dobar primjer zlata vrijedi → Ne gledaj što pop tvori, nego slušaj što zbori

Dobar savjet zlata vrijedi

R: Хороший совет не идёт во вред (var. Хороший совет дороже золота)
E: A good counsel has no price

Dobra ovca mnogo ne bleji, ali mnogo vune daje → U mnogo zboga malo stvora

Dobra roba sama se prodaje, a djevojka sama se udaje → Dobrom konju se i u štali nađe kupac

Dobro se dobrim vraća
Ko dobro čini, bolje dočeka (a ko zlo čini, gore dočeka)
Cf: Čini dobro, pa i u vodu baci; Pamti, pa vrati; Pošteno ime ne gine

R: За добро плати добром
E: A good deed is never lost

Dobro se ne pozna dok se ne izgubi Imadoh - ne znadoh, izgubih - poznadoh	R: Что имеем - не храним, потерявши – плачем; Цену узнаешь, как потеряешь E: *You never miss the water till the well runs dry; Blessings brighten as they take their flight; The cow knows not what her tail is worth until she has lost it; When the pinch comes we remember the old shoe*
Dobroga je pastira posao (dužnost) ovce strići, a ne derati	R: Хороший пастух стрижет своих овец, но не сдирает с них шкуры (var. Шерсть стриги, а шкуру не дери) E: *If a thing's worth doing, it's worth doing well; It is the part of a good shepherd to shear the flock, not flay it*
Dobrom konju se i u štali nađe kupac Dobra roba sama se prodaje, a djevojka sama se udaje Dobar konj se i za jaslima prodaje ~ Zlatu će se kujundžija naći	R: Хороший товар сам себя хвалит; Хороший товар не залежится E: *Good wine needs no bush*

Dockan, kume, popodne u crkvu → Kasno Marko na Kosovo stiže

Doće maca na vratanca Doći će tikva na vodu (koka na sjedalo; vranac u tijesan klanac) Doći će i njemu crni petak (zlo jutro) Doći će plata na vrata Cf: Nije ničija do zore gorila	R: Отольются слёзы (var. Отольются кошке мышкины слёзки; Отольются (отзовутся) волку овечьи слёзки (слёзы)); Быть бычку на верёвочке E: *Chickens come home to roost; Cruisin' for a bruisin'; Get what's coming to you*

Doći će i mojih pet minuta → Doći će sunce i pred naša vrata

Doći će i njemu crni petak (zlo jutro) → Doće maca na vratanca

Doći će koka na sjedalo → Doće maca na vratanca

Doći će plata na vrata → Doće maca na vratanca

Doći će sunce i pred naša vrata

Biće jednom i u paklu vašar

Doći će i mojih pet minuta

Jednom će i nama zora svanuti

Zaigraće mečka i pred našom kućom

Zaoriće se i naša davorija

R: Будет и на нашей (на моей, на твоей) улице праздник; Взойдёт солнце и перед нашими воротами; Придёт солнышко и к нашим окошечкам (var. Взойдёт солнышко и на нашем подворье); Доведётся и нам свою песенку спеть

E: Every dog has his day; Our day will come

Doći će tikva na vodu → Doće maca na vratanca

Doći će vranac u tijesan klanac → Doće maca na vratanca

Dođoše divlji, istjeraše pitome

Cf: Došli gosti da oglođu kosti; Nezvanom gostu mjesto iza vrata

R: Незваный гость хуже татарина (var. Не вовремя (не в пору) гость хуже татарина)

E: Welcome the coming, speed the parting guest

Dogodilo se - ne pomenulo se → Bilo, pa prošlo (ka' i lanjski snijeg)

Dogovorna je najbolja → Bolje je mršav mir nego debeo proces (debela parnica)

Dok dijete ne zaplače, mati ga se ne sjeća

Cf: Dok ne pokucaš, neće ti se otvoriti; Ko pita, ne skita

R: Дитя не плачет – мать не разумеет

E: *The squeaking wheel gets the grease; The wheel that does the squaking is the one that gets the grease; The squeaky door (or wheel) gets the grease*

Dok je leđa, biće i samara

Cf. Što se mora nije teško

R: Была бы шея, (а) хомут найдется

E: *God makes the back to the burden*

Dok je šiba tanka, treba je ispravljati → Drvo se savija dok je mlado

Dok jednom ne smrkne, drugom ne svane

(var. Jednom smrklo, drugom svanulo)

Jednoga smrt, drugoga uskrs

Cf: Njegova bolest drugoga zdravlje

R: Кто скачет, а кто плачет; Кто весел, а кто и нос повесил; Кому смех, а мне горе; Кому свет, а мне потёмки; Одному потеха, другому не до смеха

E: *One man's loss is another man's gain; England's difficulty is Ireland's opportunity; ~ It's an ill wind that blows nobody any good; ~ The folly of one man is the fortune of another*

Dok ne pokucaš, neće ti se otvoriti

Ko kuca tome se i otvara

Cf: Dok dijete ne zaplače, mati ga se ne sjeća; Ko pita ne skita

R: Попытка не пытка (не шутка) (а спрос не беда); Толцыте, и отверзется

E: *Ask, and it shall be given to you; seek and you shall find; knock, and it shall be opened unto you; You never know what you can do till you try*

A Dictionary of Proverbs and Sayings: S / B / C - Russian - English

Dok s nekim vreću brašna ne pojedeš, ne možeš ga upoznati

Čovjek čovjeka ne može poznati dok sa njim džak soli ne izjede

Cf: Više vrijedi jedan stari prijatelj nego nova dva

R: Чтобы узнать человека, надо с ним пуд соли съесть

E: Eat a peck of salt with a man before you trust him; You should know a man seven years before you stir his fire; Come live with me and you'll know me

Dok se dvoje svađaju, treći se koristi

Lat: Tertius gaudens

R: Где двое бранятся, тут третий не суйся (var. Двое дерутся, третий не вмешивайся); Третий радующийся; Пастухи за чубы, а волки за овец

E: While two dogs are fighting for a bone, a third runs away with it

Dok se muke ne namuči, pameti se ne nauči → Bez muke nema nauke

Dok si rekao keks (britva)

R: Стриженая девка косы не заплетёт; Не успеешь своё имя произнести (и глазом моргнуть)

E: Quicker that you can say Jack Robinson; Before one can say snap

Dome, slatki dome → Svoja kućica, svoja slobodica

Došli gosti da oglođu kosti

Cf: Dođoše divlji, istjeraše pitome

R: ~ Нашего полку прибыло (var. В нашем полку прибыло); Хозяюшка, дайте воды напиться, а то так есть хочется, что и переспать негде

E: Who invited you to the roast?

43

Drugi dan, druga nafaka → Novi dan, nova nafaka

Drugo vrijeme, drugi običaji Novo vrijeme, novi običaji Cf: Vremena se mijenjaju	R: Иные (другие) времена, иные (другие) нравы; Пришли иные времена, взошли иные имена *E: Other times, other manners; Other days, other ways*
Drvo se poznaje po plodu Cf: Zanatliju posao pokazuje	R: Смотри дерево в плодах, а человека в делах *E: The tree is known by its fruits*
Drvo se savija dok je mlado Dok je šiba tanka, treba je ispravljati Staro se drvo ne savija Iz malena se trn oštri	R: Учи дитя, пока поперёк лавки укладывается, а во всю вытянется – не научишь; Ломи (гни) дерево, пока молодо (var. Гни дерево, пока гнется, учи дитятку, пока слушается) *E: A young tree is easier twisted than an old tree*

Drž' se nova puta i stara prijatelja → Više vrijedi jedan stari prijatelj nego nova dva

Dug je zao drug Cf: Ko je dužan, taj je tužan; Ni platiša, ni vratiša	R: Знай толк, не бери в долг; ~ Хоть гол, да прав *E: Neither a borrower nor a lender be; Out of debt, out of danger; ~ Lend your money and lose your friend*
Duga kosa, kratka pamet	R: У бабы волос долог, да ум короток; На голове густо, да в голове пусто *E: Long hair little brains*

Dva (Tri) hajduka, devet kapetana (old)

R: Семеро капралов, да один рядовой; Один с сошкой, семеро с ложкой; Двое пашут, семеро - руками машут

E: *Too many chiefs, not enough Indians*

Dva loša ubiše Miloša

Jača su dvojica nego sam Radojica

Cf: Složna braća kuću grade; Kad se slože i slabi su jaki

R: Один и дома горюет, а двое и в поле воюют; ~ Одна головня и в печи гаснет, а две и в поле курятся

E: *Two are stronger than one*

Dva trećega ne čekaju → Bez jednog čovjeka (Cigana) može biti vašar

Dvaput daje ko odmah daje

R: Дважды даёт, кто быстро даёт; Кто скоро (быстро) помог, тот дважды помог

E: *He gives twice who gives quickly*

Dvije smrti ne čekaju, a jedna ne manjka → Jednom se rađa, a jednom umire

Dvojica više znaju nego jedan

Cf: Četiri oka vide bolje nego dva

R: Ум хорошо, а два лучше (того); Одна голова - хорошо, а две – лучше

E: *Two heads are better than one*

Dž

Džaba (Badava) se ni Hristov grob ne čuva

Cf: Bez para ni u crkvu; Nema džabe ni kod (stare) babe (hum.)

R: Бесплатный сыр бывает только в мышеловке

E: There is no such thing as a free lunch

Đ

Đavo nije tako crn kao što izgleda

Nije ni đavo tako crn kao što ga pišu (kao što ljudi govore)

R: Не так страшен чёрт, как его малюют

E: *The devil is not so black as he is painted; The lion is not so fierce as he is painted*

E

Ekser drži potkov, potkov konja, konj junaka, junak grad, a grad zemlju

R: Гвоздь подкову спасёт, подкова — коня, конь — храбреца, храбрец — родину (*татарская*)

E: *For want of a nail the shoe was lost; for want of a shoe the horse was lost; and for want of a horse the man was lost (var. For want of a nail...; For want of a nail the kingdom was lost)*

G

Galija jednog ne čeka → Bez jednog čovjeka (Cigana) može biti vašar

Gdje bi jaje kokoš učilo?
Rep glavi ne zapovijeda

Cf: Ribu uči plivati; Teško kući gdje je kokoška glasnija od pijetla

R: Яйца курицу не учат; Хвост голове не указка (указчик)

E: *Don't teach your grandmother to suck eggs; Don't teach your father how to make a child (inf.)*

Gdje čeljad nije bijesna, kuća nije tijesna

Cf: Što više, to bolje

R: В тесноте, да не в обиде; Не надобен и клад, коли в семье лад; С миром везде простор, с бранью везде теснота

E: *Birds in their little nest agree*

Gdje će kruška no pod krušku
Kruška pada pod krušku, jabuka pod jabuku

Kakvo sjeme, onakav i plod

Cf: Iver ne pada daleko od klade; Kakav otac, takav sin; Kakva majka, onakva i kćerka; Krv nije voda

R: Какова берёзка, такова и отростка

E: *A chip off the old block; A chip doesn't fall far from the block*

Gdje dvoje govori, tu je treći kost u grlu (old)

R: Третий лишний

E: *Two's company; three's a crowd*

Gdje ima dima, ima i vatre

R: Дыма без огня не бывает (var. Нет дыма без огня)

E: *No smoke without fire; Where there is smoke there is fire*

Gdje je Bog rekao laku noć → Bogu iza nogu (iza leđa)

Gdje je cvijet, tu je i med

R: Где цветок, там и медок

E: *~ Where there's honey, there's bees*

Gdje je magla panj izvalila?
Cf: Ne padaju s neba pečene mušmule (ševe); Na vrbi svirala; Žaba davi rodu

R: В огороде бузина, а в Киеве дядька; Свежо предание, а верится с трудом

E: *A tale never loses in its telling*

Gdje je potok, biće i potočina
Kud je voda jednom tekla, opet će poteći
Cf: Para na paru ide

R: Где вода была, там и будет

E: *As water runs toward the shore, so does money toward the rich*

Gdje je puno baba kilava su djeca
Cf: Što je svačije, to je ničije

R: У семи нянек дитя без глазу

E: *Too many cooks spoil the broth (or stew)*

Gdje je sova (vrana) izlegla sokola?

Sova nikad ne rodi sokola

Iz vrane šta ispadne, teško soko postane

Od zla oca, još od gore majke (ne mogu ni djeca biti valjana)

Lat: Mala gallina - malum ovum

Cf: Kakav otac, takav sin; Nije od Boga već od roda

R: От вороны павы не жди; Свинья не родит сокола; Из совы сокол не будет

E: Eagles don't breed doves

Gdje je sreća, tu je i nesreća; gdje je nesreća, tu i sreće ima → U svakom zlu ima dobra

Gdje je tanko, tamo se i kida

R: Где тонко, там и рвётся

E: A chain is no stronger than its weakest link; The thread breaks where it is weakest

Gdje koga boli onde se i pipa

Gdje koga svrbi onde se i češe

Cf: Ko o čemu, baba o uštipcima

R: Что у кого болит, тот о том и говорит (var. У кого что болит, тот о том и говорит)

E: The tongue (always) returns to the sore (aching) tooth

Gdje laž ruča, tu ne večera → U laži su kratke noge

51

Gdje ništa nema i car prava nema

~ Traži vatre na lanjskom ognjištu

Cf: Kad ne može - ne može

R: Как с быком ни биться, а всё молока от него не добиться (var. Захотел молочка от бычка); На нет и суда нет

E: The difficult is done once; the impossible takes a little longer

Gdje se jedna vrata zatvaraju, sto drugih se otvaraju → Bog zatvori jedna vrata, a otvori stotinu

Gdje si pjevao ljetos, pjevaj i zimus → Ko ljeti planduje, zimi gladuje

Gdje su prijatelji, tu je i bogatstvo

Prijatelj je najbolja imovina u životu

R: Не имей сто рублей, а имей сто друзей; Друг денег (рубля) дороже; Добрый друг лучше ста родственников; Не с деньгами жить, а с добрыми людьми

E: A friend is another self

Glad i kurjaka iz šume istjera → Gladan kurjak usred sela ide

Glad je najbolji kuhar (začin)

Gladnom psu i divljake slatke

Lat: Cibi condimentum esse famem; Fames optimum condimentum

Cf: Žedan konj mutnu vodu ne gleda

R: Голод – лучший повар; Голод – лучшая приправа

E: Hunger is the best sauce (relish)

Gladan kurjak usred sela ide
Glad i kurjaka iz šume istjera

R: Голод и волка из лесу (на село) гонит; Нужда и голод выгоняют на холод; Голод не тётка (пирожка не подсунет)

E: *Hunger fetches (drives) the wolf out of the woods (var. Hunger causes the wolf to sally from the wood)*

Gladan medvjed ne igra → Gladan pas ne može lajati

Gladan pas ne može lajati
Gladan medvjed ne igra

Lat: Plenus venter non studet libenter

Cf: Žedan konj mutnu vodu ne gleda

R: Голодное брюхо к учению глухо; У голодного брюха нет уха

E: *A hungry belly has no ears*

Gladnom psu i divljake slatke → Glad je najbolji kuhar (začin)

Glas naroda, glas božji

Lat: Vox populi vox dei

R: Глас народа — глас божий

E: *The voice of the people is the voice of God*

Godine nisu važne

Cf: Dame se ne pitaju za godine

R: Возраст не важен

E: *~ Age is just a number*

Gonio lisicu, izagnao vuka → Bježao od kiše, stigao ga grad

Gora se s gorom ne sastaje, a čovjek s čovjekom vazda → Brdo se s brdom ne može sastati, a živi se ljudi sastanu

Gospodareve oči konja goje

Cf: Tuđa ruka svrab ne češe

R: От хозяйского глаза и конь добреет (жиреет)

E: No eye like eye of the master (var. No eye like master's eye) ; The eye of the master does more work than both his hands; The master's eye makes the horse fat

Gospodskome smijehu i vedru vremenu ne valja vjerovati, jer se začas promijene → Nije tvrda vjera u jačega

Griješiti je ljudski

Ko se ne rodi, taj ne pogriješi

Cf: I guska katkad na ledu posrne; I pop u knjizi pogriješi; Niko nije savršen; Ko ne radi, taj ne griješi

R: Человеку собственно ошибаться; Грех да беда на кого не живёт; На грех мастера нет; Ошибка в фальшь не ставится

E: To err is human (to forgive divine); Every man makes mistakes; No man is without faults

Guska, prase, svak nek gleda za se → Svako za se svoju travu pase

Gvožđe se kuje dok je vruće

Cf: Sad ili nikad

R: Куй железо, пока горячо; Коси коса, пока роса

E: Strike while the iron is hot; Make hay while the sun shines

Н

Hej, drugovi, jel' vam žao, rastanak se primakao

R: ~ Дальние (долгие) проводы — лишние слёзы

E: *The best of friends must part*

Hladne ruke, toplo srce

R: Холодные руки — горячее сердце

E: *Cold hands, warm heart*

Hrabre sreća prati

Od junačke glave sreća nije daleko

Lat: Audaces fortuna iuvat (juvat)

R: Храброму счастье помогает; Смелому бог помогает

E: *Fortune favours the brave (the bold)*

Hrani pašče da te ujede

R: Не хочешь зла - не делай добра

E: *No good deed goes unpunished*

Htio - ne htio → Milom ili silom

Hvala je prazna plaća

Prazna hvala neće u torbu

Prazne riječi džep ne pune

Cf: Ne jedu meso vuci po poruci; Lijepe riječi ne mijese kolače

R: Спасибо в карман не положишь; Спасибом сыт не будешь

E: Thanks is a poor payment; Thanks would starve a cat to death; Praise without profit puts little in the pot

Hvali more, drž' se kraja (obale)

R: Хорошо море с берегу; Кто в море не бывал, тот (досыта) богу не маливался

E: Praise the sea, but keep on land

I

I brojene ovce vuk (kurjak) jede
R: Волк овец считанных, да ест; Крадёт волк и считанную овцу

E: *Nothing is certain but the unforeseen; The wolf eats often the sheep that have been told (counted sheep)*

I car legne da mu se (ručak) slegne
R: Без отдыха и конь не скачет

E: *After dinner rest a while, after supper walk a mile*

I crv se svija ako ga zgaziš → I strpljenju dođe kraj

I ćorava koka zrno nađe
R: ~ Временами и дурак умно говорит

E: *Even a blind pig finds an acorn sometimes (once in a while)*

I dren je malen, ali mu je drvo jako → Malena je 'tica prepelica, al'umori konja i junaka

I guska katkad na ledu posrne

I patka na ledu posrne

I konj od sto dukata posrne

Cf: I pop u knjizi pogriješi; Ko ne radi, taj ne grieši; Na greškama se uči; Niko nije savršen; Griješiti je ljudski

R: Конь о четырёх ногах, да и тот спотыкается; Без спотычки и конь не пробежит (var. И на добра коня спотычка живёт)

E: It's a good horse that never stumbles

I konj od sto dukata posrne → I guska katkad na ledu posrne

I mačka cara gleda (pa ga se ne boji)

R: ~ За погляд денег не берут

E: A cat may look at a king

I mi konja za trku imamo

R: В поле две воли: чья сильнее (чья возьмёт) (var. Посмотрим, чья возьмёт); Сами с усами; Есть ещё порох в пороховницах

E: Two can play at that game

...I mirna Bačka → ...I mirna Bosna

...I mirna Bosna

...I mirna Bačka

R: У самовара я и моя Маша; Мир да лад - большой клад (var. Не нужен и клад, коли в доме лад)

E: God's in his heaven; all's right with the world

I mudri nekad pogriješe
Cf: I guska katkad na ledu posrne; I pop u knjizi pogriješi; Ko ne radi, taj ne griješi; Na greškama se uči; Niko nije savršen; Griješiti je ljudski

R: На всякого мудреца довольно простоты

E: Even Homer sometimes nods

I muha je u mlinu bila, pa je rekla da je i ona mlinarica → Muha orala volu na rogu stojeći

I nad popom ima pop
Car nad carem se uvijek nađe
Svaka ptica ima nad sobom kopca

R: Ловит волк, да ловят и волка

E: Big fleas have little fleas upon their backs to bite them, and little fleas have lesser fleas, and so ad infinitum

I patka na ledu posrne → I guska katkad na ledu posrne

I pop u knjizi pogriješi
Lat: Nemo mortalium omnibus horis sapit

Cf: I mudri nekad pogriješe; I guska katkad na ledu posrne; Ko ne radi, taj ne griješi; Niko nije savršen; Na greškama se uči; Griješiti je ljudski

R: И на старуху бывает проруха; Живёт и на Машку промашка; Не всякое (не всяко) лыко в строку

E: Every man has a fool in his sleeve

I stara ovca so liže
Cf: Nikad nije kasno da se ljubi strasno

R: И старая кобыла до соли лакома; И старая корова любит быка

E: Every age wants its playthings

I strpljenju dođe kraj

I crv se svija ako ga zgaziš

R: И сырые дрова загораются; От жару и камень треснет; Всякому терпению бывает конец

E: Even a worm will turn

I to će proći

Cf: Nije svaka muka dovijeka; Daće Bog (raji) gaće, ali ne zna kad će

R: Всё пройдет (Всё мгновенно, всё пройдёт; что пройдёт, то будет мило); Обойдётся, оботрётся – всё по-старому пойдёт

E: This, too, shall pass; All things will pass

I vuk sit i ovce na broju

R: И волки сыты, и овцы целы

E: Have one's cake and eat it to

I zid ima uši i plot ima oči → I zidovi imaju uši

I zidovi imaju uši

I zid ima uši i plot ima oči

R: И у стен бывают (есть) уши (var. Стены имеют уши)

E: Walls have ears; Fields have eyes and woods have ears; Even the corn has ears

Ide kolo naokolo → Kolo sreće se okreće

Ili jaje kamenu ili kamen jajetu → Ili loncem o kamen, ili kamenom o lonac, teško loncu svakojako

Ili loncem o kamen, ili kamenom o lonac, teško loncu svakojako

Ili jaje kamenu ili kamen jajetu

Ako stijena kotluši, jao kotluši; ako kotluša stijeni, jao kotluši

R: Что совой о пень, что пнём о сову, а всё сове больно (var. Что пнём об сову, что совой об пень)

E: Whether the pitcher strikes the stone, or the stone the pitcher, it is bad for the pitcher

Ili ne pokušavaj, ili dovrši

Cf: Bolje je ne početi nego ne dočeti; Ne lipši, magarče, dok trava naraste!

R: ~ Велика Россия, а отступать некуда - позади Москва

E: It's idle to swallow the cow and choke on the tail (var. Don't swallow the cow and worry with the tail)

Ima dana za megdana

Cf: Posao nije zec, neće pobjeći

R: Над нами не каплет

E: Tomorrow is another day

Ima više sreće nego pameti

Lat: Fortuna favet fatuis

R: Дуракам везёт; Дуракам счастье; Дура спит, а счастье у ней в головах стоит (сидит); Бог дурака, поваля, кормит

E: Fortune favours fools; Fools for luck

Imadoh - ne znadoh, izgubih - poznadoh → Dobro se ne pozna dok se ne izgubi

Iskustvo je najbolji učitelj (u životu)

R: Опыт – лучший учитель; Не спрашивай старого, спрашивай бывалого; За (одного) битого (учёного) двух небитых (неучёных) дают (да и то не берут)

E: Experience is the best teacher; Years know more than books

Iskra užeže veliku vatru → Od male iskre velika vatra

Ispeci, pa reci!
Razmisli, pa reci
Cf: Devet puta valja riječ preko jezika prevaliti prije neg' je izrekneš; Prvo skoči, pa reci: "Hop!"

R: Сначала думай, потом говори (var. Сперва подумай, а там и скажи)
E: Second thoughts are best; Think first and speak afterwards; Think before you speak; ~ Think all you speak, but speak not all you think

Ispod (male) mire sto (devet) đavola vire
Potajni ugalj najgore ožeže
Cf: Tiha voda bregove valja; U maloj boci se otrov drži

R: В тихом омуте (болоте) чёрти водятся
E: The silent dog is a first to bite

Istina bode oči → Istina boli

Istina boli
Istina bode oči
Cf: Istina je gorka, ali se proždre

R: Правда глаза колет
E: Truth hurts; Nothing hurts like the truth

Istina je gorka, ali se proždre
Cf: Istina boli

R: ~ Правду говорить -- друга не нажить
E: Home truths are hard to swallow

Istina je u vinu
Lat: In vino veritas
Cf: Što trijezan misli, pijan govori; Djeca, budale i pijani istinu govore

R: Истина в вине
E: There is truth in wine (var. In wine is truth)

Istina suncem sja

R: Правда в огне не горит и в воде не тонет; Всё минется, одна правда останется

E: *Truth makes the Devil blush*

Isto sranje, drugo pakovanje (inf., vulg.)

Cf. Ništa nije novo na svijetu

R: Та же песня, да на новый лад; ~ Тех же щей, да пожиже влей; Та же щука, да под хреном; Тот же блин, да на другом блюде

E: *No matter how you slice it, it's still baloney; Same difference; New wine in old bottles (var. You can't put new wine in old bottles)*

Istorija se ponavlja

R: История повторяется

E: *History repeats itself*

Išla bi baba u Rim, ali nema s čim; kupila bi svašta, ali nema za šta

Cf: Ne pružaj se dalje od gubera; Puno je grad za dinar, kad dinara nema

R: Хотеть не вредно; Охота смертная, да (а) участь горькая; Купила б я накупила, да купило притупило; Купил бы село, да в кармане голо; Купил бы вотчину, да купило покорчило; По усам текло, а в рот не попало

E: *Eyes are bigger than one's stomach; Bite off more than one can chew*

Iver ne pada daleko od klade

Cf: Gdje će kruška no pod krušku; Kakav otac, takav sin; Kakva majka, onakva i kćerka; Krv nije voda

R: Яблоко (яблочко) от яблони (от яблоньки) недалеко падает

E: *An apple never falls far from the tree*

Iz malena se trn oštri → Drvo se savija dok je mlado

Iz ove kože ne može → Šta je, tu je

Iz potočića biva rijeka → Zrno po zrno pogača, kamen po kamen palača

Iz svake brade po dlaka, eto ćosi brade → Zrno po zrno pogača, kamen po kamen palača

Iz tvojih usta, pa u Božje uši   From your lips (to God's ears)

Iz vrane šta ispadne, teško soko postane → Gdje je sova (vrana) izlegla sokola?

Iza zime toplo, iza kiše sunce (biva) → Poslije kiše sunce sija

Iza zla vremena nema šta no ljepota → Poslije kiše sunce sija

Izdrž'o je Mujo i gore → Šuti i trpi

Izgled vara
Cf: Mantija ne čini kaluđera; Nije zlato sve što sija; Odijelo ne čini čovjeka; Pop se ne bira po bradi, nego po glavi

R: Внешность (наружность) обманчива
E: Appearances are deceptive (deceiving (Am.)); Never judge by appearances; You can't tell a book by its cover; You can't judge a car by its paint (job) (Am.); Things are seldom what they seem; You can not judge tree by its bark

Izuzetak potvrđuje pravilo

Lat: Exceptio probat regulam

R: Нет правила без исключения; Исключение подтверждает правило

E: The exception proves the rule (var. There is an exception to every rule)

J

Ja derem jarca, a on kozu → Jedan u klin, drugi u ploču

Ja tikvu u vodu, a tikva iz vode → Martin u Zagreb (Rim), Martin iz Zagreba (Rima)

Jača su dvojica nego sam Radojica → Dva loša ubiše Miloša

Jače selo od medvjeda → Kad se slože i slabi su jaki

Jazuk (je) baciti	R: Хоть лопни брюшко, да не останься добрецо
	E: Better belly burst than good food waste
Je li sjediš na ušima?	R: Глухому поп две обедни (двух обеден) не служит
Jedan, ali vrijedan	R: И один в поле воин

Jedan k'o nijedan (Jedna k'o nijedna)

Puno ljudi - gotov junak

Lat: Unus vir, nullus vir; Unus homo, nullus homo

Cf: Složna braća kuću grade

R: Один в поле не воин; Одной рукой узла не завяжешь; Одному и у каши неспоро; Один и у каши загинет; Один палец не кулак; Одна муха не проест брюха; Одна пчела не много мёду натаскает; ~ Один сын –не сын, два сына – полсына, (и) три сына - сын

E: One man, no man; (DRINK) A bird never flew on one wing

Jedan prob'o, pa se usr'o (inf., vulg.)

R: Пошёл за шерстью, а вернулся стриженым

E: Many go out for wool and come home shorn

Jedan se oteg'o, drugi se proteg'o

Cf: Bog zatvori jedna vrata, a otvori stotinu

R: Не одна ты, моя корова, на белом свете

E: Not the only pebble on the beach; There are other fish in the sea; There are plenty more fish in the sea

Jedan u klin, drugi u ploču

Ja derem jarca, a on kozu

R: Кто в лес, кто по дрова; Один про Фому, другой про Ерёму; Ты ближе к делу, а он про козу белу

E: I talk of Chalk and you of Cheese

Jedan za sve, svi za jednog → Svi za jednog, jedan za sve

Jedanput kao nijedanput → Jednom kao nijednom

Jedemo da živimo, a ne živimo da jedemo → Čovjek ne živi da bi jeo, već jede da bi živio

Jedna lasta ne čini proljeće

Cf: Jednom k'o nijednom

R: Одна (Первая) ласточка весны не делает

E: *One swallow does not make a summer*

Jedna šugava ovca svo stado ošuga

Cf: U svakom žitu ima kukolja

R: Одна паршивая овца всё стадо портит; Ложка дёгтя портит бочку мёда; Худую (дурную, сорную) траву из поля вон (var. Худая (дурная) трава из поля вон)

E: *One black (scabbed) sheep will mar a whole flock (var. There's a black sheep in every flock); One drop of poison infects the whole tun of wine*

Jedno na srcu, drugo na jeziku → Na jeziku med, a na srcu led

Jednoga smrt, drugoga uskrs → Dok jednom ne smrkne, drugom ne svane

Jednom će i nama zora svanuti → Doći će sunce i pred naša vrata

Jednom kao nijednom

Jedanput kao nijedanput

Cf: Jedna lasta ne čini proljeće

R: Один раз не в счёт

E: *Once is no custom*

Jednom se rađa, a jednom umire
Jednom se umire
Dvije smrti ne čekaju, a jedna ne manjka
Od dvije smrti niko ne gine
Nema smrti bez sudnjega dana

R: Двум смертям не бывать, а одной не миновать; Один раз мать родила, один раз и умирать

E: A man can only die once (var. You can only die once); Cowards die many times before their death

Jednom se umire → Jednom se rađa, a jednom umire

Jeftin espap kesu prazni (old) → Jeftino meso, čorba za plotom

Jeftino meso, čorba za plotom
Jeftin espap kesu prazni

R: Дорого, да мило, дёшево, да гнило; Скупой платит дважды; Дешёвое наведёт на дорогое; Хорошо дёшево не бывает

E: Buy the best and you only cry once (var. If you buy quality, you only cry once); Ill ware is never cheap

Jezik je više glava posjekao nego sablja
Cf: Jezik kosti nema, a kosti lomi

R: Не ножа бойся, а языка; Слово не стрела, а пуще стрелы; Хоть слово не обух, а от него люди гибнут

E: Words hurt (cut) more than swords; The tongue is not steel, yet it cuts

Jezik kosti nema, a kosti lomi
Cf: Jezik je više glava posjekao nego sablja

R: Язык без костей (мелёт)

E: Man's tongue is soft and bone does lack, yet a stroke therewith may break a man's back

69

Jezik veže ljude, uže konje i volove → Čovjek se veže za jezik, a vo za rogove

Jezik za zube
Brnjicu na gubicu

R: Ешь пирог с грибами, да язык держи за зубами; Зажми рот да не говори с год
E: Save your breath to cool your porridge; Mum's the word

Još kad je car kaplar bio → Za Kulina bana i dobrijeh dana

Jutro je pametnije (mudrije) od večeri
Starije je jutro od večera
Lat: Dies diem docet; In nocte consilium

R: Утро вечера мудренее
E: Night brings counsel; Take counsel of your pillow; It is better to sleep on it; Tomorrow is a new day

К

Kad bi čovjek znao gdje će pasti, prije toga bi sjeo
Da čovjek zna gdje će vrat slomiti, nikada ne bi tuda prošao

R: Кабы знал, где упасть, (так) соломки бы подостлал (подстелил); Кабы знала я, кабы ведала
E: *The unexpected always happens (var. It's always the unexpected that happens)*

Kad bi mladost znala, kad bi starost mogla

R: Если бы молодость знала, если бы старость могла
E: *If youth knew, if age could*

Kad bi ovako, kad bi onako...
Cf: Da imamo brašna, ko što nemamo masla (...)

R: Если бы да кабы
E: *If ifs and ands were pots and pans (there'd be no work for tinkers' hands) (var. If 'ifs' and 'ans' were pots and pans...)*

Kad Bog hoće koga da kazni, najprije mu uzme pamet
Lat: Quos deus (Juppiter) vult perdere, prius dementat

R: Кого бог хочет наказать, у того отнимает разум (var. Кого Юпитер хочет погубить, того лишает разума)
E: *Whom the Gods would destroy, they first make mad*

71

Kad čovjek nada se pljune, na obraz će mu pasti Ko više sebe pljuje, na obraz mu pada Lat: In expuentis recidit faciem, quod in caelum expuit	R: К верху плевать – свою бороду заплевать; Себя жалеючи, кверху не плюй (var. Вверх не плюй! Себя пожалей) E: *Who spits against the wind, spits in his own face*

Kad čovjek tone, i za vrelo gvožđe se hvata → Davljenik se i za slamku hvata

Kad je bal, nek je bal (maskenbal)	R: Коль пошла такая пьянка, режь последний огурец; Рождество раз в год бывает E: *Play it for all it's worth; Christmas comes but once a year; Let's go (the) whole hog*
Kad kuća gori, barem da se čovjek ogrije Od crknuta konja i potkova je korist	R: С паршивой овцы - хоть шерсти клок; Не годится богу молиться, годится горшки накрывать; На его бабушке сарафан горел, а мой дедушка пришел да руки погрел E: *Catch as catch can*
Kad lisica predikuje, pazi dobro na guske	R: Заговелась лиса – загоняй гусей E: *When the fox preaches, take care of your geese*
Kad lupež lupežu što ukrade, i sam se Bog smije Cf: Udario tuk na luk	R: Вор у вора дубинку украл; Обманутые обманщики E: *Set a thief to catch a thief; There is no honour among thieves*

Kad mačka ode, miševi kolo vode

R: Без кота мышам масленица (var. раздолье); Кошка из дому – мышки на стол

E: When the cat's away the mice will play

Kad na vrbi rodi grožđe

na kukovo ljeto

o Đurinu petku

Cf: Kad se dva petka sastanu zajedno

R: Когда рак на горе свистнет

E: When the hell freezes over; When pigs fly; At the Greek calends

Kad najviše grmi, najmanje kiše pada → Pas koji laje, ne ujeda

Kad ne može - ne može

Cf: Gdje ništa nema i car prava nema; Ne može se glavom kroz zid; Ne može se kriva Drina ramenom ispraviti

R: Выше лба уши (глаза) не растут; Своего локтя не укусишь; Выше головы не прыгнешь

E: No one is bound to do the impossible

Kad nema djevojke dobra je i baba

Kad nema kiše dobar je i grad

Kad nema sokola i kukavici se veseli

Suhoj zemlji i slana voda je dobra

Cf: Ako ne možemo kako hoćemo, mi ćemo kako možemo; Bolje išta nego ništa

R: На безрыбье и рак рыба; В темноте и гнилушка светит; В поле и жук мясо; На безлюдье и Фома дворянин; За неимением гербовой, пишут на простой

E: Any port in a storm; Dirty water will quench fire

Kad nema kiše dobar je i grad → Kad nema djevojke dobra je i baba

Kad nema sokola i kukavici se veseli → Kad nema djevojke dobra je i baba

Kad oko ne vidi, srce ne žudi Lat: Quod non videt oculus cor non dolet Cf: Daleko od očiju, daleko od srca	R: Чего глаз не видит, о том сердце не болит E: What the eye doesn't see, the heart doesn't grieve over
Kad porasteš, kaz'će ti se samo (hum.) Cf: Budala je ko hoće da zna šta se u svačijem lončiću vari; Zini da ti kažem	R: Много будешь знать, скоро состаришься; Хочу всё знать E: That's for me to know and you to find out
Kad se dva petka sastanu zajedno Cf: Kad na vrbi rodi grožđe	R: После дождичка в четверг (на сухую пятницу) E: When two Sundays come together

Kad se jede i pije, onda je dosta prijatelja → Nesta vina, nesta razgovora, nesta blaga, nesta prijatelja

Kad se mora, mora se	R: Надо, так надо; Грех воровать, да нельзя миновать; Против рожна не попрёшь E: A man's gotta do what a man's gotta do

Kad se prase naije, ono korito prevali → Prase sito prevrne korito

Kad se slože i slabi su jaki
Teško domu u kom sloge nema
Jače selo od medvjeda
~ Ko neće brata za brata, on će tuđina za gospodara

Cf: Dva loša ubiše Miloša; Složna braća kuću grade

R: В единстве - сила (var. В единении – сила); Доброе братство - лучшее богатство

E: Union is strength (var. In union there is strength)

Kad se tvoj vrag rodio, onda je moj gaće nosio

Cf: Što si stariji, to si pametniji

R: Молоко на губах не обсохло; Молода, в Саксонии не была

E: Wet behind ears

Kad si u kolu, valja da igraš → Ko se u kolo hvata, mora i poigrati

Kad spava, hljeba ne ište

R: Сонный (спящий) хлеба не просит; Кто спит, тот обедает

E: Qui dort dîne (French)

Kad stari pas laje, valja vidjet šta je

Cf: Stara koka, dobra supa

R: Старый конь борозды не испортит

E: There's many a good tune played on an old fiddle; The older the fiddle, the sweater the tune (Irish); An old ox makes a straight furrow

Kad sultan nazebe, raja kiše → Tukle se jetrve preko svekrve

Kadija te tuži, kadija ti sudi

Cf: Ko je jači, taj i tlači; Sila boga ne moli

R: Не бойся суда, (а) бойся судьи; А судьи кто?

E: The king can do no wrong; Any stick will serve to beat with; ~ One law for the rich and another for the poor

Kakav gospodar, onakav i sluga
Lat: Qualis dominus, talis et servus; Qualis rex, talis grex

R: ~ Каков поп, таков и приход
E: *Like master, like man*

Kakav gost, onakva mu čast
Cf: Prema svecu i tropar

R: По заслугам и честь
E: *Honour to whom honour is due*

Kakav je koji čovjek, onako s njim postupaj → Prema svecu i tropar

Kakav na jelu, takav na djelu

R: Работает упорно и ест задорно; Каков у дела, таков и у хлеба
E: *Quick at meat, quick at work; A swift eater, a swift worker*

Kakav otac, takav sin
Kakva vrba, takav klin, kakav otac, takav sin
Kakvo gnizdo, takva ptica, kakav otac, takva dica
Kakvo zvono, takav glas; kakvo žito, takav klas; kakvo drvo, takav klin; kakav otac, takav sin
Lat: Qualis pater, talis filius

Cf: Krv nije voda; Iver ne pada daleko od klade; Kakva majka, onakva i kćerka

R: Каков дуб, таков (и) клин, каков батька, таков и сын; Каков отец, таков и сын (var. Каков отец, таков и молодец); Каков батька, таковы и детки; Каков ствол, таковы и сучья; Отец – рыбак, и дети в воду смотрят; Кто от кого, тот и в того
E: *Like father, like son; What's bred in the bone will come out in the flesh; As the old cock crow, so doth the young*

Kakav pozdrav, onaki i odzdrav	R: Каков привет, таков и ответ (var. На добрый привет и добрый ответ); Как аукнется, так и откликнется; Как ты к людям, так и они к тебе E: *As the call, so the echo*
Kako bilo da bilo Kako god bilo	R: Как бы там ни было; Будь что будет E: *Be that as it may*
Kako došlo, onako i prošlo (tako i otišlo) Što voda donijela, voda odnijela Cf: Oteto - prokleto; Ko s nepravdom steče, s vragom rasteče	R: Дёшево досталось - легко потерялось; Что легко наживается, легко проживается; Пришло махом, пошло прахом Легко добыть, легко и прожить Недорого досталось, не больно и не жаль E: *Quickly come, quickly go; Easy come, easy go; Light come, light go*

Kako god bilo → Kako bilo da bilo

Kako poiješ, onako ćeš i požnjeti → Što posiješ, to ćeš i požnjeti

Kako prostreš, onako ćeš ležati Cf: Što posiješ, to ćeš i požnjeti	R: Как постелёшь, так и поспишь E: *As you make your bed, so you must lie upon it (var. One has made his bed and must lie on it)*
Kako se pita, tako se i odgovara	R: На глупый вопрос не бывает ответа; Глупым словам, глупое ухо E: *Ask a silly question and you get a silly answer; A civil question deserves a civil answer; ~ It is not every question that deserves an answer*

Kakva majka, onakva i kćerka

R: По матери дочка
E: *Like mother, like daughter*

Cf: Kakav otac, takav sin; Krv nije voda; Iver ne pada daleko od klade

Kakva plaća, takva rađa → Koliko para, toliko muzike

Kakva rađa, takva plaća → Kakva služba, onakva i plaća

Kakva sjetva, takva žetva → Što posiješ, to ćeš i požnjeti

Kakva služba, onakva i plaća

R: Какова работа, такова и плата; По работе и деньги
E: *As the work, so the pay*

Kakva plaća, takva rađa

Kakva vrba, takav klin, kakav otac, takav sin → Kakav otac, takav sin

Kakvo gnizdo, takva ptica, kakav otac, takva dica → Kakav otac, takav sin

Kakvo sjeme, onakav i plod → Iver ne pada daleko od klade

Kakvo zvono, takav glas; kakvo žito, takav klas; kakvo drvo, takav klin; kakav otac, takav sin → Kakav otac, takav sin

Kao pas kad leži na sijenu → Niti pas kosku glođe, niti je drugom daje

Kao pas vrtlarski: ni sam ije, ni drugom da jesti → Niti pas kosku glođe, niti je drugom daje

Kap koja je prelila čašu

R: Капля, которая переполнила чашу

E: *The last drop makes the cup run over; It's the last straw that breaks the camel's back*

Kaplja kamen dubi

Lat: Gutta cavat lapidem

Cf: Zrno po zrno pogača, kamen po kamen palača; Strpljen - spašen; Polako, ali sigurno

R: Капля (и) камень долбит (точит); Вода (и) камень точит

E: *Constant dropping wears away the stone; Little strokes fell great oaks; With many strokes is an oak overthrown*

Kasno Janko na Kosovo stiže → Kasno Marko na Kosovo stiže

Kasno Marko na Kosovo stiže

Kasno Janko na Kosovo stiže

Dockan, kume, popodne u crkvu

Lat: Post mortem medicina

Cf: Nakon boja kopljem u trnje; Prošao voz; Da je pamet do kadije kao od kadije

R: Спустя лето (да) в лес по малину (не ходят); Поздно пить боржоми, когда почки отвалились (отказали); После ужина горчица; После свадьбы сват не нужен

E: *After death the doctor; After meat, mustard*

Kašalj, šuga i ašikovanje ne može se sakriti

Siromaštvo i kašalj ne mogu se sakriti

Lat: Amor tussisque non celantur

R: Любви, огня и кашля от людей не утаишь

E: *Love and cough cannot be hid*

Kaži mi s kim si da znam ko si

Cf: S kim si, takav si; Ko s vragom tikve sadi o glavu mu se lupaju

R: Скажи мне, кто твой друг, и скажу, кто ты

E: Tell me who your friends are and I will tell you what kind of person you are

Klin se klinom izbija (a sjekira oba)

Lat: Similia similibus curantur

R: Клин клином вышибают (выбивают); Чем ушибся, тем и лечись

E: One nail drives out another; Fight fire with fire; Like cures like; Take a hair of a dog that bit you

Ko bi gori, sad je doli, a ko doli, gori ustaje

Cf: Kolo sreće se okreće

R: Временем в горку, а временем в норку

E: Up like a rocket, down like a stick; Up today, down tomorrow; If you are at the bottom, the only way is up

Ko čeka, taj i dočeka

Cf: Strpljen - spašen

R: Жди, так дождёшься

E: All (good) things come to those who wait

Ko će ispraviti krivu Drinu? → Ne može se kriva Drina ramenom ispraviti

Ko će kome, nego svoj svome?

R: Свой своему поневоле друг (брат)

Ko dobro čini, bolje dočeka (a ko zlo čini, gore dočeka) → Dobro se dobrim vraća

Ko dobro čini, neće se kajati → Čini dobro, pa i u vodu baci

Ko dobro počne, on je na pola radnje

Cf: Napola je učinio ko je dobro počeo; Dobar početak - lak svršetak

R: Доброе начало полдела откачало; Путному началу благой конец

E: A good beginning is half the battle; A good lather is half the shave

Ko drugom jamu kopa, sam u nju pada

R: Не рой другому яму (ямы), сам в нее попадёшь

E: Curses, like chickens, come home to roost; Evil to him who evil thinks (var. Honi soit qui mal y pense (French)); He that mischief hatches, mischief catches; The biter is sometimes bit; He who digs a pit for others falls in himself

Ko ga ne zna, skupo bi ga platio

Cf: Pod janjećom kožom mnogo puta vuk leži (često se vuk krije); Znam te, puško, kad si pištolj bila

R: Кому невдомёк, так добрый человек; Залетела ворона в высокие (боярские) хоромы; ~ Молодец среди овец, среди молодцов и сам овца; Далеко кулику до Петрова дня; Хоть ты и седьмой, а дурак

E: Butter wouldn't melt in his mouth; If I could buy him for what he's worth and sell him for what he thinks he's worth, I could buy an island! (I'd be rich)

Ko gdje nik'o, tu i obik'o

Cf: Teško žabu u vodu natjerati; Navika je druga priroda

R: Где кто родился, там и пригодился (годился)

E: You can take the boy out of the country but you can't take the country out of the boy

Ko hoće, taj i može
Sve se može kad se hoće

R: Где хотенье, там и уменье; Была бы охота, а возможность найдётся; Кто хочет – может; Хотеть – значит мочь

E: Where there's a will there's a way

Ko hoće (traži) veće, izgubi i ono iz vreće
Cf: Ne traži hljeba preko pogače

R: Лучшее – враг хорошего; Много захочешь, последнее потеряешь; Много желать – добра не видать; Много искать станешь, ничего не достанешь

E: Grasp all, lose all

Ko ima sreće u kartama, nema u ljubavi

R: Несчастлив в игре, так счастлив в любви; Кому не везёт в картах, повезёт в любви

E: Lucky at cards, unlucky in love

Ko je dužan, taj je tužan
Cf: Dug je zao drug

R: Заплатишь долг скорее, так будет веселее

E: He that goes a-borrowing, goes a-sorrowing

Ko je jači, taj i tlači
Cf: Kadija te tuži, kadija ti sudi; Sila boga ne moli

R: ~ Сила есть, ума не надо

E: You can't argue with the barrel of a gun (Am.); You can't argue (It's hard to argue, Don't argue) with a forty-five (Am.)

Ko je lud, ne budi mu drug

R: В воре, что в море, а в дураке, что в пресном молоке

E: Walk with a fool, you'll be a fool yourself

Ko je srećan i vrane mu jaja nose

Cf: Bolji je dram sreće nego oka pameti

R: Кому поведётся, тому и петух несётся; Кому счастье служит, тот ни о чём не тужит; Одна удача идёт, другую ведёт

E: He dances well to whom fortune pipes

Ko jedanput slaže, drugi put mu se ne vjeruje, iako istinu kaže →
Ko jedanput slaže, drugi put zaludu kaže

Ko jedanput slaže, drugi put zaludu kaže

Ko jedanput slaže, drugi put mu se ne vjeruje, iako istinu kaže

Lat: Mendax in uno, mendax in omnibus

Cf: U laži su kratke noge; Ko laže taj i krade

R: Один раз соврёшь (обманешь) - другой не поверят; Солжёшь сегодня, не поверят и завтра; Единожды солгавши, кто тебе поверит; Одна ложь тянет за собой другую; Раз солгал - навек лгуном стал

E: A liar is not believed when he tells the truth (var. Nobody believes a liar when he tells a truth); Once a liar, always a liar; One lie makes many

Ko jezika ima, pogodi do Rima (old)

Pitajući u Carigrad (može se otići) (old)

Cf: Ko pita, ne skita

R: Язык до Киева доведёт

E: A clever tongue will take you anywhere

Ko juri dva zeca odjednom, ne ulovi nijednog

Lat: Duos insequens lepores, neutrum capit

Cf: Ne može se sjediti na dvije stolice; Ko hoće (traži) veće, izgubi ono iz vreće

R: За двумя зайцами погонишься, ни одного не поймаешь

E: If you run after two hares you will catch neither; All covet, all lose

Ko kakvu pitu želi, onakve jufke i savija → Kusaj šta si udrobio

Ko kuca tome se i otvara → Dok ne pokucaš, neće ti se otvoriti

Ko laže, taj i krade Ko rad laže, rad i krade	R: Кто лжёт, тот и крадёт; Кто врёт, тот и денежки берёт; Бездна бездну призывает E: *A liar is worse than a thief; Show me a liar and I will show you a thief; If you lie, you steal; Cheats never prosper*
Ko lopova krije i on bolji nije	R: Что самому воровать, что вору стремянку держать E: *He who holds the ladder is as bad as the thief*
Ko ljeti planduje, zimi gladuje Gdje si pjevao ljetos, pjevaj i zimus	R: Лето – припасиха, зима – прибериха (подбериха); Лето работает на зиму, а зима на лето; Что летом приволочишь ногами, то зимой подберёшь губами; День (летний) год кормит; Ты всё пела? Это дело: так поди же, попляши! E: *~ Application in youth makes old age comfortable*
Ko me jedanput prevari, ubio ga Bog; ko me dvaput prevari, ubio me Bog	R: Человек, если обманул меня один раз, то он плохой, а если обманул во второй раз – то я глупый E: *Fool me once, shame on you; fool me twice, shame on me (var. If a man deceives me once, shame on him; if he deceives me twice, shame on me)*

Ko meće prst među tuđa vrata, otkinuće mu (old)	R: Свои собаки грызутся, чужая не приставай (var. Две собаки грызутся (дерутся), третья не приставай (третья кость грызёт))
	E: *Put not your hand between the bark and the tree*

Ko mnogo prijeti, onoga se ne boj → Pas koji laje, ne ujeda

Ko mnogo zna, mnogo i pati Cf: Istina boli	R: Меньше знаешь - крепче спишь; Горе от ума; Во многой мудрости много печали
	E: *Ignorance is bliss; Where ignorance is bliss, 'tis folly to be wise*

Ko na brdu ak' i malo stoji, više vidi no onaj pod brdom	R: Со стороны виднее
	E: *The view is always better from the high road; ~ If you are not the lead dog, the view never changes; ~ Lookers-on see most of the game*

Ko naglo ide, na putu ostaje, ko lakše ide, brže doma dolazi Cf: Ko polako ide, brže stigne; Požuri polako; Polako, ali sigurno; Ko žurio, vrat slomio	R: Скоро поедешь – не скоро приедешь; Кто едет скоро, тому в дороге неспоро; Что скоро, то не споро
	E: *Haste makes waste*

Ko ne čuva malo, ne može ni dosta imati Cf: U radiše svega biše, u štediše jošte više	R: Что охраняешь, то и имеешь (Ничего не охраняешь — ничего не имеешь)
	E: *Waste not, want not; Willful waste makes woeful want*

85

Ko ne radi, ne treba da jede
Lat: Qui non laborat, non manducat

R: Кто не работает, тот не ест
E: *If you won't work you shan't eat*

Ko ne radi, taj ne griješi
Cf: Griješiti je ljudski; I guska katkad na ledu posrne; I pop u knjizi pogriješi; Na greškama se uči; Niko nije savršen

R: Не ошибается тот, кто ничего не делает
E: *If you don't make mistakes you don't make anything; He that never climbed never fell*

Ko ne riskira ne dobija
Cf: Hrabre sreća prati; Kud puklo da puklo

R: Риск — благородное дело; Не играть, так и не выиграть; Кто не рискует – не выигрывает
E: *Nothing ventured, nothing gained (var. Nothing venture, nothing gain (have)); Nothing stake, nothing draw*

Ko ne zna sebi, ne zna ni drugome → Bog je prvo sebi bradu stvorio

Ko neće brata za brata, on će tuđina za gospodara → Kad se slože i slabi su jaki

Ko neće moje štene, ne treba ni mene
Lat: Qui me amat, amat et canem meam

R: Меня любишь, так и собаку мою не бей; Кто любит попа, тот ласкает и попову собаку
E: *Love me, love my dog*

Ko nema ništa, ne straši se od ništa

Lat: Nihil habenti nihil deest; Nihil habeo, nihil timeo (curo)

R: Голый, что святой (беды не боится); Голому разбой не страшен; Нам нечего терять, кроме собственных цепей; Голой овцы не стригут

E: The beggar may sing before the thief; He that is down need fear no fall; ~ You cannot lose what you never had

Ko nema u glavi, ima u nogama

Teško nogama pod ludom glavom

Cf: Da je pamet do kadije kao od kadije

R: Дурная голова ногам покоя не даёт (var. За худой (глупой) головой и ногам не покой (упокой))

E: If you don't use your head, you must use your legs; What your head forgets, your feet must remember; What you haven't got in your head, you have in your feet; Let your head save your heels (var. Use your head and save your feet)

Ko nije grešan, neka prvi baci kamen

R: Пусть первым бросит камень, кто безгрешен

E: Let him who is without sin cast the first stone

Ko nije sa mnom, protiv mene je

R: Кто не со мной, тот против меня

E: Whoever is not with me is against me

Ko nožem podire, od noža umire → Ko se mača lati, od mača će i poginuti

Ko o čemu, baba o uštipcima

Cf: Gdje koga boli, onde se i pipa

R: Песня та же, поёт она же; У голодной куме (лишь) хлеб на уме; Голодной курице всё просо снится; Про старые (про одни) дрожжи не говорят двожды; Заладила (затвердила) (как) сорока Якова (одно про всякого); Кто о чём, а вшивый о бане

E: Don't take your harp to the party; Harp not for ever on the same string

Ko pita, ne skita

Cf: Ko jezika ima pogodi do Rima

R: Запрос в карман не лезет; За спрос денег не берут (var. За спрос не бьют (дают) в нос); Спрос всё скажет; Не посмотришь – не увидишь, не расспросишь – не найдёшь

E: Counsel breaks not the head; Better ask the way than go astray; It costs nothing to ask

Ko pjeva, zlo ne misli

R: Кто поёт, того беда не берёт

E: He who sings drives away his care; Music hath charms to soothe the savage breast

Ko polagano ide, dalje će otići → Ko polako ide, brže stigne (prije doma dođe)

Ko polako ide, brže stigne (prije doma dođe)

Ko polagano ide, dalje će otići

Pametan polako ide, a brže dođe

Cf: Ko naglo ide, na putu ostaje; ko lakše ide, brže doma dolazi; Ko žurio, vrat slomio; Požuri polako; Polako, ali sigurno

R: Тише едешь, дальше будешь

E: More haste, less speed; Haste trips over its own heels

Ko prije djevojci, njegova je djevojka

Cf: Ko rano rani, dvije sreće grabi

R: Кто первый пришёл, первый (муку) смолол; Кто первее, тот (и) правее

E: First come, first served; He that comes first to the hill, may sit where he will

Ko prizna, pola mu se prašta

R: Признание – половина исправления; ~ Повинную голову и меч не сечёт

E: A fault confessed is half redressed

Ko pruža noge izvan bijeljine, ozepšće mu → Ne pružaj se dalje od gubera

Ko rad laže, rad i krade → Ko laže taj i krade

Ko radi ne boji se gladi

R: Волка ноги кормят; Труд человека кормит, а лень портит; Кто ленив сохой, тому весь год плохой; Что потопаешь, то и полопаешь

E: No bees, no honey; no work, no money; No song, no supper

Ko rano rani, dvije sreće grabi Ko rano ustaje nikad se ne kaje Cf. Ranoranilac i docnolegalac kuću teče; Ustani, lijeni, Bog sreću dijeli	R: Кто рано встаёт, тому бог даёт; Встанешь раньше, шагнешь дальше; Долго спать, с долгом встать; Какая пташка раньше проснулась, та скоро и корму найдёт; Ранняя пташка червяка ловит; Заря деньгу даёт E: The early bird catches (gets) the worm; Early to bed and early to rise (makes a man healthy, wealthy, and wise)

Ko rano ustaje nikad se ne kaje → Ko rano rani, dvije sreće grabi

Ko s nepravdom steče, s vragom rasteče Cf: Kako došlo, onako i prošlo; Oteto - prokleto	R: Что без труда наживается, легко проживается E: What's got over the devil's back is spent under his belly; Nothing goes over the back but that comes under the belly

Ko s vragom tikve sadi, o glavu mu se lupaju Ko se miješa sa tricama, pojedu ga svinje Ko sa djecom spava, budi se popišan (hum., inf.) Cf: Ko sa psima liježe, pun buha ustane; S kim si, takav si; U kakvo kolo dođeš, onako i igraj	R: Связался с чёртом – пеняй на себя E: He who soups with the Devil should have a long spoon (var. He must have a long spoon who soups with the devil); If you dance with the devil, you will get burned; He that touches pitch shall be defiled; Play (Mess) with a bull and you will get the horns (inf., vulg.) (Am.)

Ko s vukom druguje mora zavijati Cf: Ko s vragom tikve sadi, o glavu mu se lupaju; Ko se u kolo hvata, mora i poigrati; S kim si, takav si; U kakvo kolo dođeš, onako i igraj	R: С волками жить, по-волчьи выть; С воронами летать — по вороньи каркать E: Who keeps company with the wolf will learn how to howl

Ko sa djecom spava, budi se popišan (hum., inf.) → Ko s vragom tikve sadi, o glavu mu se lupaju

Ko sa psima liježe, pun buha ustane

Cf: Ko s vragom tikve sadi, o glavu mu se lupaju

R: С собакой ляжешь, с блохами встанешь; С пчёлкой водиться — в медку находиться, а с жуком связаться— в навозе оказаться

E: If you lie down with dogs, you will get up with fleas

Ko se bije, taj se voli

Lat: Amantium irae amoris integratis est

Cf: Ljubav je puna i meda i jeda

R: Милые бранятся — только тешатся; Кого люблю, того и бью; Бьёт – значит, любит

E: The quarrel of lovers is the renewal of love; Lovers' tiffs are harmless; Who loves well, chastises well

Ko se boji vrabaca, nek' ne sije proje

Ko se odveć vjetra plaši, nek ne ide na more

Cf: Ako u selu, Turci, ako u polju, vuci

R: Волков бояться – в лес не ходить

E: He that fears every bush must never go a-birding; If you can't ride two horses at once, you shouldn't be in the circus

Ko se brzo ženi, polako se kaje

Oženi se na brzinu, kajaćeš se natenane

Cigu migu za tri dana, kuku lele dovijeka

Cf: Ko žurio, vrat slomio; Požuri polako

R: Жениться на скорую руку, да на долгую муку; Не торопись жениться, чтобы потом на себя не сердиться; Кто на борзом коне жениться поскачет, тот скоро поплачет

E: Marry in haste and repent at leisure

Ko se čuva, i Bog ga čuva

Lat: Praemonitus praemunitis

Cf: Kokoš pije, a na nebo gleda

R: Бережёного (и) бог бережёт

E: Better be safe than sorry; Fore-warned, fore-armed (var. Forewarned is forearmed)

Ko se dima ne nadimi, taj se vatre ne ogrije (on se ognja ne ogrije)

Cf: Ako želiš jezgro, slomi ljusku; Nema raka bez mokrih gaća; Pokraj suha drveta i sirovo izgori; Svaki gušt se plaća

R: Люби пар, люби и угар; Любишь тепло – терпи и дым (var. Любить тепло – и дым терпеть)

E: He that would have eggs must endure the cackling of hens; You have to take rough with the smooth; A man must take the fat with the lean

Ko se drugom za šta ruga, ono će mu na vrat doći → Ko se tuđem zlu veseli, nek' se svome nada

Ko se hvali, sam se kvari

R: Хвастливое слово гнило; Тот человек пустой, который полон самим собой; ~ Хвастать - не косить, спина не болит

E: Self-praise is no recommendation

Ko se igra s vatrom mora da se opeče

Cf: Ko se mača lati, od mača će i poginuti

R: Не шути (играй) с огнём: обожжёшься; Не бери ёжа – уколешься; Не дразни собаку, так не укусит; Не балуйся с медведом - задавит

E: If you play with fire, you get burned; It is ill jesting with edged tools

Ko se jednom opeče i na hladno puše

Cf: Koga je zmija ujela, i guštera se boji

R: Обжёгся на молоке, дует и на воду (var. Обжёгшись на горячем, дуешь на холодное)

E: Once bitten, twice shy

Ko se mača lati, od mača će i poginuti

Ko nožem podire, od noža umire

Cf: Ko se igra s vatrom mora da se opeče

R: Кто с мечом к нам придёт, от меча и погибнет!

E: He who lives by the sword dies by the sword

Ko se miješa sa tricama, pojedu ga svinje → Ko s vragom tikve sadi, o glavu mu se lupaju

Ko se ne rodi, taj se ne griješi → Griješiti je ljudski

Ko se odveć vjetra plaši, nek ne ide na more → Ko se boji vrabaca, nek' ne sije proje

Ko se ovcom učini, kurjaci ga izjedu (old)

Cf: Ne zovu magarca na svadbu da igra, nego da vodu nosi

R: Сделайся овцой, а волки готовы; Кроткая овца волку всегда по зубам

E: Don't make yourself a mouse, or the cat will eat you; Make yourself all honey and the flies will devour you; He that makes himself a sheep shall be eaten by the wolves

Ko se rađa i umire

Lat: Mors et fugacem persequitur virum

Cf: U smrti su svi jednaki; Od smrti se ne otkupi

R: И всяк умрёт, как смерть придёт

E: Nothing is certain but death and taxes; Dying is as natural as living; All must die

Ko se tuđem zlu veseli, nek' se svome nada

Ko se drugom za šta ruga, ono će mu na vrat doći

Cf: Ko drugom jamu kopa, sam u nju pada

R: Не радуйся (не смейся) чужой беде, своя на гряде

E: Never rejoice about your neighbour's misfortunes

Ko se u kolo hvata, mora i poigrati

Ko se u kolo hvata, u noge se uzda

Kad si u kolu, valja da igraš

R: Назвался груздём, полезай в кузов; Взялся за гуж, не говори, что не дюж; Кто в кони пошёл, тот и воду вози; Пошел в попы, служи и панихиды

E: In for a penny, in for a pound; As the twig is bent, so is the tree inclined; If you don't like the heat, get out of the kitchen (var. If you can't take the heat get out of the kitchen); Trouble comes to him who seeks it; Don't do the crime if you can't do the time (var. If you can't do the time, don't do the crime) (Am.); Those that play at bowls must look out for rubbers (Am.); ~ Who says A must say B

Ko se u kolo hvata, u noge se uzda → Ko se u kolo hvata, mora i poigrati

Ko se za vješala rodio neće potonuti

Cf: Čovjek snuje, a Bog odlučuje; Od sudbine ne možeš pobjeći

R: Кому суждено быть повешенным, (тот) не утонет (не утопнет, не потонет) (var. Кому повешену быть, тот не утонет); Кому сгореть, тот не утонет

E: If you're born to be hanged than you'll never be drowned (var. He that is born to be hanged shall never be drowned)

Ko se zadnji smije, najslađe se smije

R: Хорошо смеётся тот, кто смеётся последним

E: *He laughs best who laughs last; Let them laugh that win; He who laughs last, laughs longest*

Ko šta voli, nek' izvoli

Ko zna bolje, široko mu polje!

R: Вольному воля (спасённому рай); Флаг тебе в руки!; Ныряй! Там глубоко...; Вперёд, и с песней!

E: *Little things please little minds; Knock yourself out; Be my guest; More power to you*

Ko što posije, to i požnje → Što posiješ, to ćeš i požnjeti

Ko što traži, naći će

Što tražiš, to i nađeš

R: Кто ищет — тот всегда найдёт! Ищите да обрящете За чем пойдёшь, то и найдёшь

E: *Seek and ye shall find*

Ko što umije, sramota mu nije

Cf: Svaki zanat je zlatan

R: Всяко ремесло честно, кроме воровства

E: *All work is noble; A job is a job*

Ko uči, taj i nauči

Niko se nije naučen rodio

Lat: Usus est magister optimus; Usus te plura docebit

Cf: Ponavljanje je majka znanja

R: Навык мастера ставит; Дело делу учит; Без ученья нет уменья; Бей сороку и ворону, добьёшься и до белого лебедя

E: *Practice makes perfect; We must learn to walk before we can run; In doing we learn; All things are difficult before they are easy*

Ko umije, njemu dvije

Lat: Carpe diem

R: Кто смел, тот два съел (да и подавился); Губа не дура (язык не лопатка — знают где горько, где сладко); Фигаро здесь, фигаро там

E: All is fish that comes to the net; All is grist that comes to the mill (var. It's all grist for the mill); Take time by the forelock; Seize the day

Ko ustraje taj se ne kaje

Cf: Strpljen – spašen

R: Терпи, казак, атаманом будешь

E: If at first you don't succeed, try, try, try again

Ko visoko leti nisko pada

Cf: Ne diži se na golemo da ne padneš na koljeno; Srednja sreća je najbolja

R: Высоко летит, да низко падает (var. Высоко летишь, где-то сядешь); С высокого места больно падать

E: The higher they fly, the harder (lower) they fall (var. The bigger they are (come), the harder they fall); Get down off your high horse; Climb not too high lest the fall be greater (old); Hew not too high lest the chips fall in thine eye (old)

Ko više ima, više mu se hoće

Cf: Kome nije na orahu, nije na tovaru (dosta)

R: Чем больше имеешь, тем большего хочется

E: The more you get, the more you want

Ko više sebe pljuje, na obraz mu pada → Kad čovjek nada se pljune, na obraz će mu pasti

Ko vjetar sije, buru žanje

R: Кто сеет ветер, тот пожнёт бурю

E: They that sow the wind shall reap the whirlwind (var. Sow the wind and reap the whirlwind); He who plants thorns should not expect to gather roses

Ko zna bolje, široko mu polje! → Ko šta voli, nek' izvoli

Ko zna zašto je to dobro?

Cf: Ne daj, Bože, većeg zla; U svakom zlu ima dobra

R: Всё к лучшему в этом лучшем из миров (var. Всё на свете к лучшему); Всё, что ни делается, всё к лучшему (var. Что ни делается (что бог ни делает), делается к лучшему); Страшен сон, да милостив бог

E: *All's for the best in the best of all possible worlds; Everything happens for a reason*

Ko žali ekser, izgubi potkovicu

R: Обрадовался крохе, да ломоть потерял

E: *Penny wise and pound foolish*

Ko živ, ko mrtav

Cf. Kom' opanci, kom' obojci

R: Пан или пропал

E: *Sink or swim; Let the chips fall where they may*

Ko žurio, vrat slomio

Što je brzo, to je i kuso

Lat: Quod cito fit, cito perit

Cf: Ko naglo ide, na putu ostaje; ko lakše ide, brže doma dolazi; Ko polako ide, brže stigne; Polako, ali sigurno; Požuri polako

R: Поспешишь - людей насмешишь; Вскачь не напашешься; Воробьи торопились, да маленькими уродились; От спеху чуть не наделал смеху; Что скоро, то (и) не споро

E: *Always in a hurry, always behind; It's the pace that kills; Hasty climbers have sudden falls; Haste is from the Devil; Nothing should be done in haste but gripping a flea; Fool's haste is no speed*

Kocka je bačena

Lat: Alea jacta est

R: Жребий брошен

E: Die is cast

Koga je zmija ujela i guštera se boji

Žežen kašu hladi

Koga su kurjaci tjerali, taj se i zečeva plaši (old)

Lat: Tranquillas etiam naufragus horret aquas

Cf: Ko se jednom opeče i na hladno puše

R: Пуганая ворона и куста боится

E: A burnt child dreads the fire; A scalded cat fears hot (cold) water (Am.); The man who has once been bitten by the snake fears every piece of rope (Chinese)

Koga nema, bez njega se može

Lat: Natura abhorret vacuum

Cf: Bez jednog čovjeka (Cigana) može biti vašar

R: Свято место пусто не бывает

E: Nature abhors a vacuum; Move your feet (meat), lose your seat; You move, you lose

Koga su kurjaci tjerali, taj se i zečeva plaši → Koga je zmija ujela i guštera se boji

Koja kokoš mnogo kakoće, malo jaja nosi → U mnogo zboga malo stvora

Koja tikva često ide na vodu, razbiće se → Lonac ide na vodu dok se ne razbije

Koje pseto hoće da ubiju, poviču: bijesno je (old)

Cf: Kriv što je živ

R: Быть собаке битой, найдётся и палка; Была бы спина, а кнут найдётся (var. Была бы спина – найдётся (и) вина); Клевещите, клевещите, что-нибудь да останется

E: It is easy to find a stick to beat a dog; He who has in mind to beat a dog will easily find a stick

Koji se kamen često premeće, neće mahovinom obrasti (old)

Cf: Mlad delija, star prosjak

R; Катучий камень мохнат не будет

E: Rolling stone gathers no moss; A tree often transplanted neither grows nor thrives

Koji se hrt silom u lov vodi, onaj zeca ne hvata → Ne može ništa na silu

Kojoj ovci svoje runo smeta, ondje nije ni ovce ni runa

R: Глупа та птица, которой гнездо своё не мило

E: It's an ill bird that fouls its own nest

Kokoš pije, a na nebo gleda

Cf: Ko se čuva, i Bog ga čuva; Što je sigurno, sigurno je

R: Осторожность и зверя бережёт

E: Trust in God but tie your camel; Put your trust in God, and keep your powder dry (Am.); Caution is a parent of safety; Safety first

Kola nenamazana škripe

Podmaži kola da ne škripe

R: Не подмажешь — не поедешь; Немазаное колесо скрипит; Сухая ложка рот дерёт

E: If you grease well, you speed well (var. Who greases his way travels easily)

99

Koliko ljudi, toliko ćudi

Lat: Quot homines tot sententiae; Quot capita, tot sensus

Cf: O ukusima se ne raspravlja; Svako je lud na svoj način

R: Сто голов – сто умов (var. Сколко голов, столько (и) умов); Сколько людей, столько и мнений

E: So many men, so many opinions (minds)

Koliko para, toliko muzike

Kakva plaća, takva rađa

Cf: Džaba (Badava) se ni Hristov grob ne čuva; Kakva služba, onakva i plaća; Plati, pa klati

R: Какова плата, такова и работа; По деньгам и работа

E: If you pay peanuts, you get monkeys; You get what you pay for; You never get anything for nothing; No pay, no play

Koliko sela, toliko adeta

Koliko krajeva, toliko krojeva

R: Что ни город, то норов (что ни деревня, то обычай); Сколько стран, столько и обычаев

E: So many countries, so many customs (var. Different countries, different customs); Every country has its own customs

Kolo sreće se okreće

Ide kolo naokolo

Cf. Sve se vraća, sve se plaća; Ko bi gori, sad je doli, a ko doli, gori ustaje

R: Счастье с несчастьем на одних санях ездят; Счастье с бесчастьем – ведро с ненастьем; Где радость, тут и горе; Счастье – вольная пташка где захотела, там и села

E: What goes up must come down; Turn about is a fair play; The worse luck now, the better another time; Sometimes (Some days) you get the bear, sometimes the bear gets you (Am.); Sometimes you're the bug, and sometimes you're the windshield (Am.)); Every flow must have its ebb

Kom' opanci, kom' obojci

Cf: Što mora biti, biće; Kud puklo da puklo

R: Семь бед - один ответ

E: May the better man win

Komad u tuđoj ruci je svagda veći → U tuđe krave veliko vime

Kome Bog sreće nije dao, onome je kovač ne može skovati → Da padne na leđa, razbio bi nos

Kome je Bog otac, lako mu je biti svetac

Cf: Ni po babu, ni po stričevima

R: Хорошо тому жить, кому бабушка ворожит

E: It's not what you know but who you know; He whose father is judge goes safe to his trial

Kome nije na orahu, nije na tovaru (dosta)

Ko više ima, više mu se hoće

R: Ненасытному всё мало; Сам сыт, а глаза голодны; Бездонную бочку не наполнишь (жадное брюхо не накормишь)

E: Much would have more; The more you get, the more you want; The sea complains it wants water; The sea refuses no river

Komšija bliži nego brat

R: Лучше добрые соседи, чем далёкая родня; Нет большей беды, чем плохие соседи; ~ Не купи двора, (а) купи соседа

E: Better is a neighbor that is near than a brother far off

Konac djelo krasi

Lat: Finis coronat opus

R: Конец — (всему) делу венец

E: The end crowns the work

Konji se mjere peđu, a ljudi pameću

Cf: Malena je 'tica prepelica, al' umori konja i junaka

R: Аршином человека не мерь; Красна птица пером, а человек умом

E: *Men are not to be measured in inches*

Košeno striženo → Nije šija nego vrat

Košulja je bliža od kaputa → Košulja je preča od kabanice

Košulja je preča od kabanice

Košulja je bliža od kaputa

Bliža je košulja nego haljina

Lat: Tunica propior pallio est

Cf: Bog je prvo sebi bradu stvorio

R: Своя рубашка ближе к телу

E: *Near is my shirt, but nearer is my skin; Near is my kirtle, but nearer is my smock*

Kriv što je živ

Cf. Koje pseto hoće da ubiju, poviču: bijesno je

R: Без вины виноват; Ты виноват уж тем, что хочется мне кушать

E: *Give a dog a bad name and hang him; He that has an ill name is half hanged; Throw dirt enough, and some will stick;* ~ *Hang now...trial tomorrow*

Krivac se i sjenke boji → Lopov se sam izdaje

Kroz Banjaluku ne pjevaj, kroz Sarajevo ne kradi, a u Mostaru ne laži → U šumu drva nosi

Krsti vuka, a vuk u goru → Vuk dlaku mijenja, a ćud nikada (ali ćud nikako)

Kruška pada pod krušku, jabuka pod jabuku → Iver ne pada daleko od klade

Krv nije voda
R: Кровь не водица (вода)
E: Blood is thicker than water

Kržljava koka uvijek pile → Sitna koka pile dovijeka

Kuća (dom) je tamo gdje je srce
R: Твой дом там, где твоё сердце
E: Home is where the heart (hearth) is

Kud je voda jednom tekla, opet će poteći → Gdje je potok, biće i potočina

Kud puklo da puklo
Nek pukne kud pukne
Šta bude da bude
Bilo kako mu drago
Cf: Kom' opanci, kom' obojci; Šta bude, biće; Ko živ, ko mrtav

R: Где наше не пропадало; Была не была (катай сплеча); Чем чёрт не шутит
E: Come what may; Devil take the hindmost (var. Every man for himself, and devil take the hindmost)

Kud svi Turci, tud i mali Mujo
Cf: Sa ljudima ni smrt nije strašna; Sve sa svijetom

R: Куда стадо, туда и овца
E: There is safety in numbers; ~ Do as most men do, than most men will speak well of you

Kuma nuđena kao i čašćena → Ako nećeš, ti poljubi pa ostavi

Kupio mačka u džaku (vreći)
R: Купил кота в мешке
E: Don't buy a pig in a poke

Kurjak ostari, ćudi ne ostavi → Vuk dlaku mijenja, a ćud nikada (ali ćud nikako)

Kus pijevac pile dovijeka → Sitna koka pile dovijeka

Kusaj šta si udrobio
Ako si zamrsio, sam i odmrsi
Ko kakvu pitu želi, onakve jufke i savija

Cf: Kako prostreš, onako ćeš ležati; Što posiješ, to ćeš i požnjeti

R: Сам кашу заварил – сам и расхлёбывай
E: As you brew, so shall you drink (bake)

L

Lako je tuđim rukama za vrelo gvožđe hvatati

R: Легко (Хорошо) чужими руками жар загребать

E: Pull someone's chestnuts out of the fire

Lako je govoriti, al' je teško tvoriti

Cf: Od zbora do tvora - ima prostora

R: Скоро сказка сказывается, да (а) не скоро дело делается; Не по словам судят, а по делам; Легко сказать, но трудно сделать; Нужны дела, а не слова

E: Actions speak louder than words; Deeds, not words; Deeds are fruits, words are but leaves; Easier said than done; Saying is one thing and doing another

Laž se pređe primi nego istina

R: Сладкая ложь милее горькой правды

E: A lie can go around the world and back again while the truth is lacing up its boots (Am.); A lie is half way around the world (var. A lie is half way around the world before the truth has got its boots on) (Am.)

Lija lija, pa dolija

Cf: Nije ničija do zore gorila; Doće maca na vratanca

R: Попался, который кусался

E: He's done for

Lijepa riječ i gvozdena vrata otvara

Cf: Umiljato jagnje dvije majke sisa; Ko pita, ne skita

R: Доброе слово и кошке приятно; Ласковое слово пуще дубины (мягкого пирога); Покорное слово гнев укрощает

E: A soft answer turneth away the wrath; Fair and softly goes far in a day; With a sweet tongue and kindness, you can drag an elephant by hair; Soft words win a hard heart; Flattery will get you everywhere (anywhere)

Lijepe riječi ne mijese kolače

Cf: Čovjek ne živi samo od hljeba; Prazne riječi džep ne pune; Hvala je prazna plaća; Ne jedu meso vuci po poruci

R: Из спасиба шубы не шить

E: He who gives fair words feeds you with an empty spoon; The belly has no ears; The belly is not filled with fair words

Lonac ide na vodu dok se ne razbije

Koja tikva često ide na vodu, razbiće se (old)

R: Повадился кувшин по воду ходить, тут ему и голову сломить

E: The pitcher will go to the well once too often; The pitcher goes so often to the well that it is broken at last

Lopov se sam izdaje

Krivac se i sjenke boji

R: Знает кошка, чьё мясо съела; На воре шапка горит; Бог шельму (плута) метит

E: He that commits a fault thinks everyone speak of it; An uneasy conscience betrays itself; ~ If the cap (shoe) fits, wear it; ~ He that has a great nose thinks everybody is speaking of it

Lovac je da lovi, prepelica da se čuva Lat: Sutor, ne supra crepidam Cf: Svako za se svoju travu pase	R: На то и щука в море, чтобы (чтоб) карась не дремал; Пусть сапожник судит не выше сапога; Беда, коли сапожник начнёт печь пироги, а кузнец тачать сапоги (var. Беда, коль пироги начнёт печь сапожник) E: Every man to his trade; Let the cobbler stick to his last (var. The cobbler to his last and the gunner to his linstock)
Lovac, da uvijek ulovi, zvao bi se nosac, a ne lovac	R: Раз на раз не приходится E: You can't hit a home run every time; You can't win them all
Luda pamet, gotova pogibija Pošalji luda na vojsku, pa sjedi i plači	R: Заставь дурака богу молиться, он и лоб разобьёт (расшибёт); Дуракам закон не писан; Что ни делает дурак, всё он делает не так; Дураков не пашут, не сеют, они сами родятся; ~ Чудаки украшают мир E: Fools rush in where angels fear to tread; Give one enough rope and he will hang himself; Zeal without knowledge is a runnaway horse

Lj

Ljepota je prolazna R: Красота проходит (не вечна); Красота до венца, а ум до конца; Была красота, да вся вышла

E: The fairest rose is at last withered; Beauty is a fading flower; Beauty is but a blossom

Ljeskova je mast čudotvorna (hum.) → Batina je iz raja izašla

Ljubav je lijepa, al'je slijepa R: Любовь зла, полюбишь и козла; Полюбится (понравится) сатана пуще (лучше) ясного сокола; Любовь слепа

E: Love is blind; Affection blinds reason

Ljubav je puna i meda i jeda R: Любовь, хоть и мука, а без неё скука

E: The course of true love never did run smooth

Ljubav na usta ulazi R: Путь к сердцу мужчины лежит через желудок

E: The way to a man's heart is through his stomach

Ljubav nije pura (šala)	R: Любовь не картошка (не выбросишь в (за) окошко)
	E: *No herb will cure love*
Ljutu travu na ljutu ranu	R: Отчаянные болезни требуют отчаянных средств
	E: *Desperate diseases must have desperate remedies*

M

Magarac u Beč, magarac iz Beča → Martin u Zagreb (Rim), Martin iz Zagreba (Rima)

Magarac u Carigradu, magarac u Caribrodu → Martin u Zagreb (Rim), Martin iz Zagreba (Rima)

Majmun je majmun, ako ćeš ga u kakve haljine oblačiti

Begovac je begovac (Carevac je carevac), ako neće imati novac; a magarac je magarac, ako će imati i zlatan pokrovac (old)

Lat: Simia simia est, etiamsi aurea gestet insignia

Cf: Martin u Zagreb (Rim), Martin iz Zagreba (Rima)

R: Осёл останется ослом, хотя осыпь его звездами; Свинья в золотом ошейнике всё свинья

E: *An ape's an ape, a varlet's a varlet, though they be clad in silk or skarlet*

Mala djeca mala briga; velika djeca velika briga	R: Маленькие детки, маленькие бедки, а вырастут велики – большие будут; Маленькие детки - маленькие бедки, большие дети – большие беды; С малыми детками горе, с большими вдвоё; Маленькие дети спать не дают, а большие дети жить не дают
	E: Little children, little trouble (problems); big children, big trouble (problems); ~ Children are certain cares but uncertain comforts
Malen lončić brzo pokipi	R: Дурака рассердить нетрудно; Только спичку зажёг - уж вскипел котелок
	E: A little pot is soon hot
Malena je 'tica prepelica, al' umori konja i junaka I dren je malen, ali mu je drvo jako Cf: U maloj boci se otrov drži	R: Мал, да удал (Маленький, да удаленький) Мала (невелика) птичка, да ноготок востер (остер) Мал соловей, да голос велик
	E: Little bodies may have great souls; A little body often harbours a great soul

Maleno je zrno biserovo, al' se nosi na gospodskom grlu → U maloj boci se otrov drži

Mantija ne čini kaluđera Cf: Izgled vara; Nije zlato sve što sija; Odijelo ne čini čovjeka	R: Не всяк монах, на ком клобук; Ряса не делает монахом
	E: The cowl does not make the monk

Manje jedi, pa kupi (hum.)

Cf: Čuvaj bijele novce za crne dane; U radiše svega biše, u štediše jošte više

R: Не по наживе еда – невидимая беда; Не пилось бы, не елось, никуда б и добро делось; Пироги да блины, а там сиди да гляди

E: A fat kitchen makes a lean will (purse)

Martin u Zagreb (Rim), Martin iz Zagreba (Rima)

Tikva pošla, tikva došla

Ja tikvu u vodu, a tikva iz vode

Magarac u Beč, magarac iz Beča

Magarac u Carigradu, magarac u Caribrodu (old)

Odvedi magarca u Stambol - magarac opet magarac (old)

Cf: Vuk dlaku mijenja, a ćud nikada (ali ćud nikako); Majmun je majmun, ako ćeš ga u kakve haljine oblačiti

R: Осла хоть в Париж, он всё будет рыж; Осёл в Цареграде конём не будет; Ворона и за море летала, да лучше (умней) не стала (вороной и вернулась); Журавли са море летают, а всё одно куры; Постригся кот, намылся (посхимился) кот, а всё (тот) же кот; Дурака в ступе толки, всё останется дураком

E: A golden bit does not make the horse any better

Medna je rječca, srce otrovno → Na jeziku med, a na srcu led

Među ćoravim ko ima jedno oko meću ga za cara (old)

Lat: Inter caecos luscus rex

R: Между слепыми и кривой король (var. Кривой среди слепых – король)

E: In the country of the blind, the one-eyed man is king

Meso pri kosti, a zemlja pri kršu (valja)

R: Остатки (всегда) сладки

E: The nearer the bone, the sweater the flesh

Mi o vuku, a vuk na vrata

R: Про волка речь, а волк навстречь (var. Про серого речь, а серый – навстречь); О волке помолвка, а волк и тут (var. О волке толк, а тут и волк); На ловца и зверь бежит; Лёгок на помине

E: Talk of the devil and he is bound to appear (var. Talk of the devil; Speak of the devil (and he appears))

Milom ili silom

Ako neće moljen, a on će gonjen

Htio - ne htio

R: Не мытьём, так катаньем; Наступи на горло, да по доброй воле

E: By hook or by crook; Willy-nilly

Mimo svijet, ni ubi' Bože, ni pomozi Bože → Sve sa svijetom

Mlad delija, star prosjak

Cf: Koji se kamen često premeće, neće mahovinom obrasti

R: Праздная молодость - беспутная старость; ~ Учись смолоду, не умрёшь под старость с голоду

E: An idle youth, a needy age

Mlad može, a star mora umrijeti

Smrt ne pazi (ne bira) ni staro ni mlado

R: Смерть и молодых за углом подстерегает; Жизнь не по молодости, смерть не по старости; Смерть не спросит, придёт да скосит

E: Young men may die, but old men must die

Mlado - ludo → Mladost - ludost

Mladost - ludost
Mlado - ludo

R: Молодо — зелено (погулять велено)

E: The young will sow their wild oats; Youth must be served; Boys will be boys (var. Girls will be girls)

Mnogo vike (buke) ni oko čega

Cf: Tresla se gora, rodio se miš

R: Много шума из ничего

E: Much ado about nothing; Much smoke, little fire; All talk and no cider

Mnogo zrna gomilu načine kamen palača → Zrno po zrno pogača, kamen po kamen palača

More izvorima počinje → Zrno po zrno pogača, kamen po kamen palača

More se prozrijeti more, a čovječje srce ne more
Nikome nije napisano na čelu šta je u njemu

R: Чужая душа — потёмки; Чужая душа — тёмный лес (лес дремучий)

E: Don't judge a man until you have walked in his boots (var. Never judge someone until you've walked a mile in his shoes)

Mrtva usta ne govore

R: Мёртвые не говорят; Из-за гроба нет голоса (нет вести); Околевший пёс не укусит (var. Мёртвая собака не укусит)

E: Dead men tell no tales; Dead men don't bite

Mudra glava, šteta što je samo dvije noge nose (a ne četiri, kao živinče) (hum.)
Cf: Blago onom ko pameti nema

R: Умная голова, да дураку досталась (hum.)
E: *No fool, no fun*

Muha orala volu na rogu stojeći
I muha je u mlinu bila, pa je rekla da je i ona mlinarica

R: Мы пахали! (сказала муха на рогах у вола)
E: *The fly sat upon the axle - tree of the chariot - wheel and said: "What a dust do I raise!" ; Our fathers won Boulogne, who never came within the report of the cannon*

Muka i nevolja uče čovjeka → Nevolja svačemu čovjeka nauči

N

Na čijim se kolima voziš, onoga konje hvali

Cf: Ruku koju ne možeš posjeći, valja je ljubiti

R: На чьём возу сижу, того и песеньку пою; По которой реке плыть, той и песенки петь

E: Praise the bridge that carries you over (var. Everyone speaks well of the bridge which carries him over)

Na greškama se uči

Cf: Griješiti je ljudski; I guska katkad na ledu posrne; I pop u knjizi pogriješi; Ko ne radi, taj ne griješi; Niko nije savršen

R: На ошибках учатся

E: We learn from our mistakes

Na jedno uho ušlo, na drugo izašlo

R: В одно ухо впустил (влтело), в другое выпустил (вылетело)

E: In one ear and out the other (var. Go in one ear and out the other)

Na jeziku med, a na srcu led

Jedno na srcu, drugo na jeziku

Medna je rječca, srce otrovno

Lat: Mel in ore, verba lactis, fed in corde, fraus in factus

R: На языке мёд, а на сердце – лёд (var. На словах медок, а в сердце ледок); Спереди лижет, а сзади стрижет (царапает); Всяк крестится, да не всяк молится; Богу молится, а с чёртом водится

E: A honey tongue, a heart of gall; Honey is sweet, but the bee stings

Na kukovo ljeto → Kad na vrbi rodi grožđe

Na mladima svijet ostaje

R: ~ Старое старится (стареется), (а) молодое растёт (var. Старый старится, (а) молодой растёт)

E: The young shall inherit the earth

Na mladu je, zarašće

Cf: Nije svaka muka dovijeka; Daće Bog (raji) gaće, ali ne zna kad će; I to će proći

R: До свадьбы заживёт

E: You will bounce back; You will come around

Na mostu dobio, na ćupriji izgubio

Cf: Kolo sreće se okreće

R: Не знаешь, где найдёшь, где потеряешь; На одном потеряешь, на другом найдёшь

E: What you lose on the swings you gain on the roundabouts; You win a few, you lose a few; You win some, you lose some; Sometimes you win, sometimes you lose

Na muci se poznaju junaci

Ne pada snijeg da pomori svijet, nego da svaka zvjerka svoj trag pokaže

Cf: Prijatelj se u nevolji poznaje (kao zlato u vatri); Strpljen - spašen

R: Человек познаётся в беде

E: When the going gets tough, the tough get going; Calamity is the touchstone of a brave mind (var. Calamity is man's true touchstone); Valour delights in the test

Na nesretnom se kola lome → Da se za zelen bor uhvatim, i on bi se zelen osušio

Na tuđim leđima lako je breme → Tuđa rana ne boli

Na vrbi svirala

Cf: Žaba davi rodu; Ne padaju s neba pečene mušmule (ševe); Gdje je magla panj izvalila?

R: Бабушка (ещё) надвое сказала (гадала) (либо дождик, либо снег, либо будет, либо нет); Это вилами на воде писано; Семь вёрст до небес и всё лесом; Сказала Настя, как удастся

E: There's many a slip between cup and lip

Na vuka vika, a iza vuka lisice vuku

Na vuka vika, a lisice meso jedu

Cf: Ni luk jeo ni luk mirisao

R: На волка только слава, а ест овец — то Савва; В чужом пиру похмелье

E: Put the saddle on the right horse

Na vuka vika, a lisice meso jedu → Na vuka vika, a iza vuka lisice vuku

Nada zadnja umire

Cf: Čovjek se nada dok je god duše u njemu

R: Надежда умирает последней

E: Hope springs eternal

Najedanput se hrast ne posiječe → Od jednog udara dub ne pada

Najmilijeg gosta tri je dana dosta → Svakog gosta tri dana dosta

Nakon boja kopljem u trnje Poslije kiše japundže ne treba Cf: Dockan, kume, po podne u crkvu; Kasno Marko (Janko) na Kosovo stiže	R: После драки кулаками не машут; ~ Снявши голову, по волосам не плачут; Хватился, когда с горы скатился; После свадьбы в барабаны не бьют *E: It is too late to shut the stable-door after the horse has bolted (var. It is too late to lock the stable when the horse has been stolen; Lock the barn door after the horse is stolen; Don't shut the barn door after the horse is stolen)*
Napad je najbolja odbrana	R: Нападение – лучший вид защиты *E: The best defense is a good offense; Attack is the best form of defence (var. Attack is the best defense)*
Napola je učinio ko je dobro počeo Cf: Ko dobro počne, on je na pola radnje; Dobar početak - lak svršetak	R: Хорошее начало – половина дела *E: Well begun is half done*

Našla kosa brus → Udario tuk na luk

119

Našla krpa (vreća) zakrpu
Našla slika priliku
Obradovala se rđa gvožđu
Lat: Arcades ambo; Ejusdem farinae
Cf: Svaka ptica svome jatu leti; Sastalo se zlo i gore da se malo porazgovore

R: Два сапога – пара; Одного поля ягоды; Одним миром мазаны
E: There is a lid for every pot; Tarred with the same brush; They make a pair; ~ Everyone finds someone; ~ Every Jack has his Jill

Navika je druga priroda
Što dikla (na)vikla to nevjesta ne odviče (old)
Lat: Consuetudo est altera natura
Cf: Teško žabu u vodu natjerati; Ko gdje nik'o, tu i obik'o

R: Привычка - вторая натура; Привычка — не рукавичка, её не повесишь на спичку
E: Old habits die hard; Habit is second nature

Ne bi kriv ko prde, već ko ču (inf.)

R: ~ Кто сказал, тот и навонял
E: You smelt it, you dealt it (var. He who smelt it, dealt it; Whoever smelt it, dealt it)

Ne daj, Bože, većeg zla
Ništa nije tako loše da ne može da bude gore
Cf: Ko zna zašto je to dobro?; U svakom zlu ima dobra

R: Это ещё цветочки, а ягодки впереди
E: Nothing is so bad but it might be worse

Ne diraj lava dok spava

R: Не буди лиха, пока спит тихо; Не будите спящую собаку; ~ Не ищи беды – беда сама тебя найдет

E: *Let sleeping dogs lie; Never trouble trouble till trouble troubles you; Do not meet troubles halfway; Never bid the Devil good morrow until you meet him; Wake not a sleeping lion*

Ne diraj u govno da ne smrdi (inf., vulg.)

R: Не тронь дерьмо, чтоб не воняло (vulg.) (var. Не тронь, так не воняет)

E: *The more you stir dirt, the more it stinks (var. The more you stir it, the worse it stinks)*

Ne diži se na golemo da ne padneš na koljeno

Cf: Ko visoko leti, nisko pada

R: Дьявол гордился (Чёрт хвалился), да с неба свалился; Хвалился чёрт всем миром владеть, а Бог ему и над свиньёй не дал власти; Фараон гордился, да в море утопился

E: *Pride goes (comes) before a fall*

Ne gledaj što pop tvori, nego slušaj što zbori

Cf: Dobar primjer zlata vrijedi

R: Дурные примеры заразительны; Говорит бело, а делает черно

E: *Practice what you preach; Do as I say, not as I do; Example is better than precept*

Ne hvali dan prije večeri

Dan se hvali kad veče, a život kad smrt dođe

Cf: Prvo skoči, pa reci: "Hop!"; Siječe ražanj, a zec u šumi; Pravi račun bez krčmara

R: Цыплят по осени считают; Хвали утро вечером; Рано пташечка запела, как бы кошечка не съела; Не хвали пива в сусле, а ржи в озими; Ранний смех – поздные слёзы; Не хвастай, когда в поле едешь, а хвастай, когда с поля едешь

E: Don't count your chickens before they are hatched; If you sing before breakfast, you will cry before night (supper); Praise a fine day at night (var. Praise not the day before evening)

Ne jedu meso vuci po poruci

Cf: Hvala je prazna plaća; Lijepe riječi ne mijese kolače

R: Языком масла не собьёшь; Соловья баснями не кормят; Аминем беса не избыть

E: Fine words butter no parsnips; Mere words will not fill a bushel

Ne laje pas radi sela, nego sebe radi → Bog je prvo sebi bradu stvorio

Ne lipši, magarče, do zelene trave → Ne lipši, magarče, dok trava naraste!

Ne lipši, magarče, dok trava naraste!

Ne lipši, magarče, do zelene trave

Lat: Dum gramen crescit, equus in moriendo quiescit

R: Покуда солнце взойдёт, роса очи (глаза) выест; Пока травка подрастёт, лошадка с голоду умрёт (var. Пока трава вырастёт, кобыла сдохнет)

E: While the grass grows, the steed (horse) starves

Ne mjeri drugoga svojim aršinom

R: На свой аршин (других) не мерь (var. Не мерь на свой аршин)

E: Don't measure other people's corn by your own bushel (Am)

Ne miješaj žabe i babe

R: Не путай Божий дар с яичницей

E: It's like comparing apples and oranges; Comparisons are odious

Ne može i jare i pare

Ne možeš imati i ovce i novce

Ne može se spavati i pipune čuvati

Cf: Ne može se istovremeno duvati i srkati; Ne može se sjediti na dvije stolice

R: Нельзя иметь и то, и другое; Один пирог два раза не съешь

E: A door must either be shut or open; You can't eat your cake and have it, too (var. You can't have your cake and eat it, too); You can't have it both ways; You cannot sell the cow and have the milk

Ne može ništa na silu

R: Не всё удаётся, что силой берётся; ~ Насильно мил не будешь

E: You can take (lead) a horse to the water but you can't make him drink

Ne može od govneta pita (inf., vulg.)

R: Из ничего и выйдет ничего

E: You cannot make a silk purse out of a sow's ear; Garbage in, garbage out; Nothing comes of nothing; Nothing for nothing (var. You get nothing for nothing)

Ne može se glavom kroz zid

Cf: Kad ne može - ne može; Ruku koju ne možeš posjeći, valja je ljubiti

R: Лбом стены (стену, стенку) не прошибёшь; (И) рад бы в рай, да грехи не пускают; ~ Умный в гору не пойдёт, умный гору обойдёт

E: It's ill striving against the stream (var. Strive not against the stream)

Ne može se istovremeno duvati i srkati

Cf: Kad ne može - ne može; Ne može i jare i pare; Ne može se sjediti na dvije stolice

R: На двух свадьбах сразу не танцуют

E: A man cannot whistle and drink at the same time

Ne može se kriva Drina ramenom ispraviti

Ko će ispraviti krivu Drinu?

Cf: Kad ne može - ne može; Ne može se glavom kroz zid

R: Плетью обуха не перешибёшь

E: You cannot get a quart into a pint pot

Ne može se sjediti na dvije stolice

Platno se ne tka na dva razboja

Cf: Ko juri dva zeca odjednom, ne ulovi nijednog; Ne može se spavati i pipune čuvati; Ne može i jare i pare

R: На двух стульях не усидишь; Нельзя служить двум господам; Два арбуза в одной руке не удержишь

E: No man can serve two masters; You cannot run with the hare and hunt with the hounds; Between two stools one falls to the ground

Ne može se spavati i pipune čuvati → Ne može i jare i pare

Ne može svanuti prije zore → Sve u svoje vrijeme

Ne možeš imati i ovce i novce → Ne može i jare i pare

Ne možeš se sa rogatim bosti Šut s rogatim ne može	R: С сильным не борись, с богатым не судись; Кобыла с волком (с медведем) тягалась, только хвост да грива осталась; Против ветра не надуешься; Против силы не устоишь
	E: ~ Those who live in glass houses shouldn't throw stones; ~ If you can't beat them, join them
Ne niči gdje te ne siju	R: Не в свои сани не садись; Не мой (не твой, не наш, не ваш) воз, не мне (не тебе, не нам, не вам) его и везти; У вас своя свадьба, у нас — своя; Твоё (наше) дело телячье
	E: Stay out of it; Mind your own business
Ne ostavljaj za sutra ono što možeš uraditi danas Lat: Ne differas in crastinum Cf: Bolje je ne početi nego ne dočeti; Bolje reci neću, nego sad ću; Posao nije zec, neće pobjeći	R: Не откладывай на завтра то, что можно сделать сегодня; В дождь избы не кроют, а в вёдро и сама не каплет
	E: Never put off till tomorrow what you can do today; (There is) no time like present; One today is worth two tomorrows; Procrastination is a thief of time; Tomorrow never comes; Delays are dangerous; There is no day but today

Ne pada snijeg da pomori svijet, nego da svaka zvjerka svoj trag pokaže → Na muci se poznaju junaci

Ne padaju s neba pečene mušmule (ševe) Pečeni golubi iz neba ne padaju Cf: Gdje je magla panj izvalila?; Kad bi ovako, kad bi onako...; Na vrbi svirala; Žaba davi rodu	R: Говорят - кур доят (а коровы яйца несут) (var. Говорят, что в Москве кур доят); Бывает, что коровы летают *E: Pigs may fly*

Ne prodaji bostandžiji bostana → U šumu drva nosi

Ne pružaj se dalje od gubera Pruži se prema guberu Ko pruža noge izvan bijeljine, ozepšće mu	R: По одёжке протягивай ножки; Каков приход, таков и расход (var. По приходу и расход держи) *E: Cut your coat according to your cloth; Stretch your arm no further than your sleeve will reach; Everyone stretches his legs according to the length of his coverlet (var. Stretch you legs according to your coverlet); Make not your sail too large for your ship*

Ne reci: neka! dok ne vidiš na trpezi → Siječe ražanj, a zec u šumi

Ne stavljaj sva jaja u jednu košaru	R: На одном гвозде всего не повесишь; Не клади все яйца в одну корзину *E: Don't put all your eggs in one basket*

Ne stoji kuća na zemlji, nego na ženi	R: Добрая жена дом сбережёт, а плохая — рукавом разнесёт *E: ~ A woman's work is never done*

Ne šije se marama uoči Bajrama Sjetila se prelja kudelje uoči nedelje Cf: Prase se ne goji (tovi) uoči Božića	Перед смертью не надышишься; Дорого яичко к великому (к светлому, к Христову) дню (празднику); Дорога (богата) милостыня в скудости (во время скудости); Дорога ложка к обеду; *E: Don't have thy cloak to make (or Have not the cloak to be made) when it begins to rain*
Ne traži hljeba preko pogače Cf: Išla bi baba u Rim, ali nema s čim; kupila bi svašta, ali nema za šta; Ko hoće (traži) veće, izgubi ono iz vreće; Kome nije na orahu, nije na tovaru (dosta); Srednja sreća je najbolja	R: От добра добра не ищут *E: Leave well enough alone (var. Let well alone); Enough is as good as a feast; Go further and fare worse; The best is often the enemy of the good; ~ If it ain't broke, don't fix it*
Ne trči kao ždrijebe pred rudu	R: Не спросясь (не зная) броду, не суйся в воду E: Don't put the cart before the horse
Ne umije magarac plivati, dokle mu voda do ušiju ne dođe Cf. Nužda nauči i babu igrati	R: Гром не грянет, мужик не перекрестится *E: Needs must when the devil drives*

Ne valja jarca za baštovana namjestiti (old)

R: Пустили козла в огород (var. Доверили козлу капусту)

E: *Do not call a wolf to help you against the dogs; Send a fox to keep one's geese; Put the cat near the goldfish bowl; It's a foolish sheep that makes the wolf his confessor*

Ne valja svakom loncu biti poklopac, ni svakoj čorbi zapršku → Svakom loncu poklopac

Ne vjeruj Danajcima i kad darove donose → Bojim se Danajaca i kad darove donose

Ne vrijedi ni lule duhana

Ne vrijedi ni pišljiva boba

R: Выеденного яйца не стоит; Гроша медного (ломаного) не стоит

E: *It is not worth a brass farthing (a twopence; a button; a hill of beans; a red cent)*

Ne vrijedi ni pišljiva boba → Ne vrijedi ni lule duhana

Ne vrijedi plakati nad prolivenim mlijekom

Cf: U nevolji ne treba plakati nego lijeka tražiti

R: Над пролитым молоком не плачут

E: *It is no use crying over spilt (spilled) milk*

Ne zna rakija šta je kadija	R: Вино с разумом не ладит; Вина больше – ума меньше; Водку пить – себя погубить; Пьянство до добра не доведёт; Пьяный скачет, а проспался — плачет; Кто пьёт до дна, тот живёт без ума; Вино вину творит; ~ Пьяному (и) море по колено (по колена)
	E: When the wine is in, the wit is out
Ne zna se ko pije, a ko plaća Pas s maslom ne bi pojeo	R: Левая рука не знает, что делает правая; Ни складу ни ладу E: Left hand doesn't know what the right hand is doing

Ne zna se šta nosi dan, a šta noć → Danas jesmo, sutra nismo (a sutra nas nema)

Ne zovu magarca na svadbu da igra, nego da vodu nosi Cf: Ko se ovcom učini, kurjaci ga izjedu	R: Вола зовут не пиво пить, а хотят на нём воду возить; Кто везёт, на того и накладывают; Работа дураков любит E: All lay loads on the willing horse; The willing horse carries the load; Whither shall the ox go where he shall not labour

Nebo visoko, a zemlja tvrda → Bog visoko, a car daleko

Nebojšu najprije psi ujedu	R: Удалой без ран не живёт; На задорном буяне век шкура на изъяне; Задорных всегда бьют
	E: The nail that ticks up gets hammered down; Quarreling dogs come halting home

Neće grom u koprive Cf: Orao ne lovi muhe	R: Только добро погибает юным; Не боги горшки обжигают; Гроза бьёт по высокому дереву; Не всякий гром бьёт, а и бьёт да не по нас E: *Devil watches (looks after) his own; Only) the good die young*
Neće svijet propasti → Nije smak svijeta	
Nek pukne kud pukne → Kom' opanci, kom' obojci	
Neka svako očisti ispred svoje kuće	R: Всякий пусть метёт перед своей дверью (var. Мети всяк перед своими воротами) E: *If every man would sweep his own doorstep the city would soon be clean*
Neko hvali popa, neko popadiju Cf: O ukusima se ne raspravlja	R: Что русскому здорово, то немцу смерть; Кто любит попа, кто попадью, кто попову дочку; Одному нравится арбуз, другому — свиной хрящик E: *Different strokes for different folks*

Nekom i pluto (slama) tone, a nekome i olovo pluta

R: Кому бублик, а кому дырка от бублика; Кому пироги да пышки, кому синяки да шишки; Кому жилетка, кому рукава от жилетки; Кому вершки, а кому корешки; Иному счастье мать, иному мачеха; У людей и шило бреет, а у нас и бритва не бреет; Кому чай да кофей, а над нам чад да клопоть; Кому чин, кому блин, а кому и клин; Кому кнут да вожжи в руки, кому хомут на шею; Одни плачут, а другие скачут

E: *Some have the hap, some stick in the gap*

Nekom rat, nekom brat

R: Кому война, а кому мать родна

E: *~ War is hell*

Nema džabe ni kod (stare) babe (hum., vulg.)

Cf: Džaba (Badava) se ni Hristov grob ne čuva

R: Даром только птички поют

E: *You don't get something for nothing; There's always free cheese in a mousetrap; Ass, gas, or grass: Nobody rides for free (Am; inf, vulg.)*

Nema odmora dok traje obnova (hum.)

R: Сделал дело, гуляй смело; ~ Бестолковый отдых утомляет хуже работы

E: *No rest (peace) for the wicked (weary) (hum.)*

Nema raka bez mokrih gaća (old)	R: Без труда не вынешь (и) рыбку из пруда; Грибов ищут, по лесу рыщут
Cf: Ako želiš jezgro, slomi ljusku; Bez muke nema nauke; Ko se dima ne nadimi, taj se vatre ne ogrije; Preko trnja do zvijezda	E: No pain, no gain (var. No gains without pains); No cross, no crown
Nema ruže bez trnja	R: Нет розы без шипов; Нет пчёлки без жальца; Без костей рыбки (мяса) не бывает
	E: No rose without a thorn; ~ You buy land, you buy stones; you buy meat, you buy bones
Nema smrti bez sudnjega dana → Jednom se rađa, a jednom umire	
Nema vijesti - dobra vijest	R: Отсутствие новостей - лучшие новости; Отсувсие вестей – неплохая весть
	E: No news is good news
Neprijatelj mog neprijatelja je moj prijatelj	R: Враги наших врагов — наши друзья
Cf: Prijatelj moga prijatelja je moj prijatelj	E: The enemy of my enemy is my friend
Neprijatelj nikad ne spava	R: Враг не дремлет никогда
	E: The enemy never sleeps
Neprijatelja koji bježi ne tjeraj	R: ~ Лежачего не бьют
	E: It is good to make a bridge of gold to a flying enemy

Nesložna braća - propala kuća

Cf: Složna braća kuću grade

R: Когда в товарищах согласья нет, на лад их дело не пойдёт; Царство, разделившееся в себе, не устоит

E: *A house divided against itself cannot stand*

Nesreća nikad ne dolazi sama

Cf: Bježao od kiše, stigao ga grad

R: Пришла беда, отворяй (растворяй, открывай) ворота; Беда никогда не приходит одна; Беда на селе, коль лебеда на столе; Одна беда не ходит – за собою горе водит

E: *Misfortunes never come singly; It never rains but it pours (var. When it rains, it pours); One damned thing after another; When sorrows come, they come not single spies, but in battalions*

Nesta vina, nesta razgovora, nesta blaga, nesta prijatelja

Kad se jede i pije, onda je dosta prijatelja

Cf: Prijatelj se u nevolji poznaje (kao zlato u vatri); Daj ti meni plačidruga, a pjevidruga je lako naći

R: Скатерть со стола – и друзья со двора (и служба сплыла); На обеде все соседи, а пришла беда – они прочь, как вода; Пили, ели – кудрявчиком звали, попили, поели – прощай шелудяк!; Денежки в кармане - все друзья с нами

E: *When the child is christened, you may have godfathers enough; Wealth makes many friends; He that has a full purse never wanted a friend; Success has many fathers, while failure is an orphan; Prosperity makes friends, adversity tries them; ~ Laugh and the world laughs with you; weep and you weep alone*

Nešto je trulo u državi Danskoj

R: Подгнило что-то в Датском Королевстве

E: *Something is rotten in the State of Denmark (var. There is something rotten in Denmark)*

Nevolja je najveći učitelj → Nevolja svačemu čovjeka nauči

Nevolja svačemu čovjeka nauči
Nevolja je najveći učitelj
Muka i nevolja uče čovjeka
Čovjek je u nevolji dosjetljiv

Lat: Paupertas omnes artes perdocet, ubi quem attigit

Cf: Nužda nauči i babu igrati

R: Голь на выдумки хитра; Беды мучат, (да) уму учат; В нужде кулик соловьём свищет

E: Necessity is the mother of invention

Nezvanom gostu mjesto iza vrata

Cf: Dođoše divlji, istjeraše pitome; Svakoga gosta tri dana dosta

R: Незваного гостя с пира долой; На незваного гостя не припасена и ложка

E: Unbidden guests are (most) welcome when they are gone; He who comes uncalled, sits unserved

Ni drveta bez grane, ni čovjeka bez mane

Cf: Niko nije savršen

R: Нет человека без недостатков

E: No man is infallible

Ni luk jeo, ni luk mirisao
Ni moj lov, ni moj zec
Ni kriv, ni dužan

Cf. Na vuka vika, a iza vuka lisice vuku

R: Я не я, (и) лошадь не моя (и я не извозчик); Моя хата с краю - ничего не знаю; Мотороллер не мой, я просто разместил объяву; Мопед не мой

E: Not have cut, shuffle or deal to do with something; None of my (yours,...) business (concern); I mind my own business;~ Not have a dog in this fight

Ni kriv, ni dužan → Ni luk jeo, ni luk mirisao

Ni moj lov, ni moj zec → Ni luk jeo, ni luk mirisao

Ni platiša, ni vratiša

R: Занимает, кланяется, а отдаёт, так чванится

E: ~ Lend your money and lose your friend

Ni po babu, ni po stričevima (već po pravdi boga istinoga)

R: Дружба дружбой, а служба службой

E: A fair field and no favour; Be just before you're generous; Fair play's a jewel; Fair is fair

Ni voda, ni vino → Niti smrdi, niti miriše

Nigdar ni tak bilo da ni nekak bilo

Cf: U svakom zlu ima dobra; Daće Bog (raji) gaće, ali ne zna kad će; Nije svaka muka dovijeka; I to će proći; Doći će sunce i pred naša vrata; Poslije kiše sunce sja

R: Бог не без милости (казак не без счастья); Бог (господь) не выдаст, свинья не съест; Что-нибудь да будет; Будет, так будет; а не будет, так, что-нибудь да будет; Так чтобы ничего не было никогда не бывает;

E: ~ One never knows

Nije beg cicija

R: Благословенна рука дающая; ~ На тебе, боже, что нам негоже

E: It is more blessed to give than to receive; Sharing is caring

135

Nije blago ni srebro ni zlato, već je blago što je srcu drago
Cf: Ljubav je lijepa, al' je slijepa; O ukusima se ne raspravlja

R: Не по хорошу мил, а по милу хорош; Не то мило, что хорошо, а то хорошо, что мило; Сердцу не прикажешь; Не славится красавица, а кому что нравится

E: *Beauty is in the eye of the beholder; Beauty lies in lover's eyes*

Nije čiko ostario u sreći ležeći već od zla bježeći → Zid ruši vlaga, a čovjeka briga

Nije đavo nego vrag → Nije šija nego vrat

Nije kome rečeno, nego kome suđeno → Čovjek snuje, a Bog odlučuje (određuje)

Nije ni đavo tako crn kao što ga pišu (kao što ljudi govore) → Đavo nije tako crn kao što izgleda

Nije ničija do zore gorila
Cf: Doće maca na vratanca; Lija lija, pa dolija

R: Сколько верёвочке не виться - конец будет; И лиса хитра – да шкуру её продают; Лукава лисица, да в капкан попадает

E: *The game (jig) is up*

Nije od Boga već od roda

R: От дурного семени не жди доброго племени

E: *Blood will tell*

Nije smak svijeta
Neće svijet propasti

R: Это не конец света

E: *It's not the end of the world; The world doesn't stop turning*

Nije svaka muka dovijeka

Cf: I to će proći; Doći će sunce i pred naša vrata

R: (Всё) перемелётся, мука будет; Наш атлас не уйдёт от нас; Одна беда не беда

E: It is a long lane (road) that has no turning; The longest day must have an end; Be the day weary or be the day long, at last it ringeth to evensong; The darkest hour is just before the dawn

Nije svaki dan Božić (Bajram)

Nije uvijek mačku sirna nedelja, doći će i veliki post (old)

Lat: Non semper crunt Saturnalia

R: Не всё коту масленица, будет и великий пост

E: Every day is not Sunday

Nije sve u parama

R: Не в деньгах счастье (а в добром согласье); И через золото слёзы льются (текут)

E: Money isn't everything; Money can't buy happiness

Nije šija nego vrat

Nije đavo nego vrag
Košeno striženo

R: Кто (что) ни поп, тот (то) (и) батька; Всё едино, что хлеб, что мякина; Бур чёрт, сер чёрт, всё один бес

E: It's six of one and half a dozen of the other; It is as broad as it is long; Tomato, tomato (tomayto, tomahto)

Nije uvijek mačku sirna nedelja, doći će i veliki post → Nije svaki dan Božić (Bajram)

Nije tvrda vjera u jačega
Gospodskome smijehu i vedru vremenu ne valja vjerovati, jer se začas promijene

R: Барская милость – кисельная сытость; Барской лаской не хвастай

E: ~ It's a silly goose that comes to fox's sermon

Nije zlato sve što sija (nije pećina sve što zija)
Cf: Izgled vara; Odijelo ne čini čovjeka; Mantija ne čini kaludera; Pop se ne bira po bradi, nego po glavi

R: Не всё то золото, что блестит

E: All that glitters is not gold

Nikad ne reci nikad

R: Никогда не говори «никогда»; От сумы и от тюрьмы не зарекайся

E: Never say never

Nikad nije kasno da se ljubi strasno
I stara ovca so liže

R: Любви все возрасты покорны; ~ Жива (живая) душа калачика хочет

Niko ne može cijelom svijetu kolača namijesiti → Niko se nije rodio da je svijetu ugodio

Niko ne može natkati marama da cijelom svijetu usta poveže
Cf: Psi laju, karavani prolaze

R: На чужой (на всякий) роток не накинешь платок; На чужой рот пуговицы не нашьёшь; Собаке и на свой хвост вольно брехать

E: Pigs grunt about everything and nothing

Niko nije prorok u svojoj zemlji (kući)

Lat: In patria natus non est propheta vocatus

R: Никто не мудрец (пророк) в своем отечестве (var. В своем отечестве пророков нет); В своей земле никто пророком не бывает (не бывал)

E: *A prophet is not without honour, save in his own country; ~ No man is a hero to his valet*

Niko nije savršen

Ni drveta bez grane, ni čovjeka bez mane

Lat: Nihil est omnia parte beatum

R: И на солнце бывают (есть) пятна; Все (мы) люди, все (мы) человеки; Кто богу не грешен, царю не виноват?

E: *Nobody's perfect; There is no garden without its weeds; Every bean has its black; No man is infallible*

Niko se nije naučen rodio → Ko uči, taj i nauči

Niko se nije rodio da je svijetu ugodio

Niko ne može cijelom svijetu kolača namijesiti

R: На всех не угодишь; На всякое чиханье (на всякий чох (чих)) не наздравствуешься; На весь мир мягко не постелёшь; На всех и солнышко не усветит (var. И красное солнышко на всех не угождает)

E: *He labours in vain who tries to please everybody; You can't please everybody; You can't be all things to all men; You can't win them all*

Nikome nije napisano na čelu šta je u njemu → More se prozrijeti more, a čovječje srce ne more

Nisu svi ljudi isti
Cf: U božjoj bašti ima mjesta za svakoga; Koliko ljudi, toliko ćudi

R: В одно перо и птица не родится

E: There are no two people alike; People differ; There is some difference between Peter and Peter; All bread is not baked in one oven; There may be blue and a better blue; Some are wise and some are otherwise

Ništa nije nemoguće
Cf: Sve je moguće

R: Нет ничего невозможного

E: Nothing is impossible

Ništa nije novo na svijetu
Ništa novo pod kapom nebeskom
Lat: Nil novi sub sole

R: Ничто не ново под луной; Всё возвращается на круги своя

E: There is nothing new under the sun; Everything old is new again; What's new cannot be true

Ništa nije tako loše da ne može da bude gore → Ne daj, Bože, većeg zla

Ništa novo pod kapom nebeskom → Ništa nije novo na svijetu

Niti pas kosku glođe, niti je drugom daje
Kao pas vrtlarski: ni sam ije, ni drugom da jesti
Kao pas kad leži na sijenu

R: Собака на сене лежит, сама не ест и другим не даёт

E: Dog in the manger

Niti smrdi, niti miriše
Ni voda, ni vino

R: Ни рыба, ни мясо (ни кафтан, ни ряса); Ни кожи, ни рожи; Ни пава, на ворона

E: Neither fish nor fowl (var. Neither fish, flesh, nor fowl); Neither fish, flesh nor good red herring

Noću je svaka mačka (krava) siva

R: Ночью все кошки серы

E: All cats are grey in the dark

Nova metla lijepo mete → Novo sito samo sije

Novac ne smrdi
Pare ne smrde
Lat: Pecunia non olet

R: Деньги не пахнут

E: Money has no smell

Novi dan, nova nafaka
Drugi dan, druga nafaka

R: Бог даст день, (Бог) даст (и) пищу (var. Будет день, будет пища)

E: Another day, another dollar (Am.)

Novo sito o klinu visi
Lat: Grata rerum novitas

R: Новое ситце на колике нависится, а заваляется – под лавкой наваляется; Новая ложка – с полочки на полочку, а состарется – под лавочкою наваляется; Старая плитка под лавкой лежит, а новая на стенке висит

E: Novelty always appears handsome

Novo sito samo sije
Nova metla lijepo mete

R: Новая метла чисто (по-новому) метёт

E: New brooms sweep clean

Novo vrijeme, novi običaji → Drugo vrijeme, drugi običaji

Nužda nauči i babu igrati
Za nevolju i medvjed nauči igrati
Cf. Ne umije magarac plivati, dokle mu voda do ušiju ne dođe; Nevolja svačemu čovjeka nauči

R: Нужда научит калачи есть; Беды мучат, уму учат
E: Need makes the old wife trot; Tough times make monkeys eat red peppers

Nužda zakon mijenja

R: Нужда скачет, нужда пляшет (плачет), нужда песенки поёт; Горе заставит – бык соловьём запоёт; Нужда свой закон пишет
E: Necessity knows no law

Nj

Njegova bolest drugoga zdravlje → Dok jednom ne smrkne, drugom ne svane

O Đurinu petku → Kad na vrbi rodi grožđe

O mrtvima sve najbolje

Lat: De mortuis aut bene aut nihil; De mortuis nil nisi bonum

R: О мёртвых — или хорошо, или ничего; Покойника не поминай лихом

E: Never speak ill of the dead

O tom, potom

R: Наперёд не загадывай

E: Don't cross the (that) bridge till (until) you come to it (var. Cross that bridge when you come to it)

O ukusima se ne raspravlja

Lat: De gustibus et coloribus non est disputandum

Cf: Neko hvali popa, neko popadiju

R: О вкусах не спорят; На вкус и цвет товарищей нет

E: Tastes differ; Every man to his own taste (var. Everyone to his taste); There is no accounting for tastes; Each to his own (to each his own)

Obećanje je kao dužnost → Obećanje - sveto dugovanje

Obećanje - ludom radovanje

Cf: Od zbora do tvora - ima prostora; Obećanje - sveto dugovanje

R: Обещанного три года ждут; Обещать – не значит жениться; Улита едет, когда-то будет; Дурак и посуленному рад; Наделала синица славы, а моря не зажгла; Обещанная шапка на уши не лезет

E: Promises are like pie-crust, made to be broken; Long on promises, short on performance; ~ Jam tomorrow and jam yesterday, but never jam today

Obećanje - sveto dugovanje

Obećato kao dato

Obećanje je kao dužnost

Što rek'o ne porek'o

Cf: Carska se ne poriče; Čovjek se veže za jezik, a vo za rogove

R: Уговор дороже (лучше) денег

E: A promise made is debt unpaid; A promise is debt

Obećato kao dato → Obećanje - sveto dugovanje

Obradovala se rđa gvožđu → Našla krpa (vreća) zakrpu

Očima se ljubav kuje

Oko je prvi u ljubavi poklisar

R: Где сердце лежит, туда и око бежит

Oči su ogledalo duše

Lat: Ut imago est animi voltus sic indices oculi; Voltus (Oculus) est index animi

R: Глаза - зеркало души; ~ Что в сердце варится, то в лице не утаится

E: The eyes are the window of the soul

Očima više valja vjerovati nego ušima → Što čuješ, ne vjeruj; što vidiš, to vjeruj

Od crknuta konja i potkova je korist → Kad kuća gori, barem da se čovjek ogrije

Od djece ljudi bivaju
Od pruta biva veliko drvo
Od plašljiva ždrijebeta mnogo puta dobar konj izađe

R: Всякий бык телёнком был
E: *Great oaks from little acorns grow; Every oak must be an acorn*

Od dobre volje nema ništa bolje
Cf: Ko hoće, taj i može; Koji se hrt silom u lovi vodi, onaj zeca ne hvata; Što se mora nije teško

R: Охота пуще неволи
E: *One volunteer is worth two pressed men; ~ He that complies against his will is of his own opinion still*

Od drveća ne vidi šumu

R: Из-за деревьев леса не видно
E: *Can't see the wood (woods, forest) for the trees*

Od dva zla izaberi manje
Lat: Minima de malis

R: Из двух зол выбирают меньшее; Хрен редьки не слаще
E: *Of two evils chose the less*

Od dvije smrti niko ne gine → Jednom se rađa, a jednom umire

Od inata nema goreg zanata
Cf: Pametniji popušta

R: Назло мужу сяду в лужу; Невестке в отместку
E: *Don't cut off your nose to spite your face*

Od jednog udara dub ne pada
Najedanput se hrast ne posiječe

Cf: Strpljen-spašen

R: (И) Москва не сразу (не вдруг) строилась; За один раз дерева не срубишь

E: Rome was not built in a day

Od junačke glave sreća nije daleko → Hrabre sreća prati

Od male iskre velika vatra
Iskra užeže veliku vatru

R: От маленькой искры большой пожар бывает; Москва от копеечной свечки (свечи) сгорела (загорелась); Из искры возгорится пламя

E: Little leaks sink the ship (var. A small leak will sink a great ship)

Od oca sermiju, a od Boga ženu (old)

Cf: Nije kome rečeno, nego kome suđeno

R: Суженого (и) конём (на коне) не объедешь; Кому на ком жениться, тот в того и родится; Всякая невеста для своего жениха родится; Смерть да жена богом суждена

E: Marriages are made in heaven

Od plašljiva ždrijebeta mnogo puta dobar konj izađe → Od djece ljudi bivaju

Od riječi do čina - trista aršina → Od zbora do tvora - ima prostora

147

Od smrti se ne otkupi

Cf: Ko se rađa i umire

R: От смерти не отмолишься (не открестишься, не выкупишься); На смерть поруки нет; Кроме смерти, всё на свете поправимо (от всего вылечишься)

E: ~ Nothing is certain but death and taxes

Od sudbine ne možeš pobjeći

Lat: Fata viam invenient

Cf: Čovjek snuje, a Bog odlučuje; Ko se za vješala rodio neće potonuti; Od suđenja se ne može uteći; ; Što mora biti, biće; Šta bude, biće

R: От судьбы (пули) не уйдёшь

E: Every bullet has its billet; Every elm has its man

Od suđenja se ne može uteći

Bog je spor, ali je dostižan

Pravda je spora, ali dostižna

Bog nikom dužan ne ostaje

R: Сколько вору ни воровать, (а) кнута не миновать; Не скор бог, да меток; Бог долго терпит (ждёт), да больно бьёт; Пуля – дура, а виноватого найдёт

E: The mills of God grind slowly (yet they grind exceedingly small)

Od tuđega tuga bije → S vragom došlo, s vragom i otišlo

Od viška glava ne boli

Lat: Quod abondat non vitiat

Cf: Što više, to bolje

R: Кашу маслом не испортишь; От прибыли голова не болит; Лишняя денежка карману не в тягость

E: Plenty is no plague; You can never have too much of a good thing

Od zbora do tvora - ima prostora

Od riječi do čina - trista aršina

Lat: Inter verba et actus magnus quidam mons est

Cf: Obećanje - ludom radovanje; Lako je govoriti, al'je teško tvoriti

R: На посуле, что на стуле: посидишь да и встанешь; Много сулит, да мало даёт; Из посула шубы не сошьёшь; На посуле тароват, а на деле скуповат

E: Brag is a good dog, but Holdfast is better; Be slow to promise, but quick to perform

Od zla oca, još od gore majke (ne mogu ni djeca biti valjana) → Gdje je sova (vrana) izlegla sokola?

Od znanja glava ne boli → Bolje je pametna glava nego dolina para

Odijelo ne čini čovjeka

Cf: Mantija ne čini kaluđera; Izgled vara; Nije zlato sve što sija

R: По платью (по одёжке) встречают, по уму провожают

E: Clothes do not make the man; It's not the gay coat that makes the gentleman

Odvedi magarca u Stambol - magarac opet magarac → Martin u Zagreb (Rim), Martin iz Zagreba (Rima)

Oko je prvi u ljubavi poklisar → Očima se ljubav kuje

Oko za oko, zub za zub

Lat: Oculum pro oculo, et dentem pro dente

Cf: Pamti, pa vrati

R: Око за око, зуб за зуб

E: An eye for an eye, and a tooth for a tooth

Okrnjen sud mnogo stoji (old) → Žuti žutuju, a crveni putuju

149

Oni su kao nebo i zemlja	R: Гусь свинье не товарищ; Пеший конному не товарищ (не попутчик)
	E: Oil and water do not mix; They are like chalk and cheese
Opet Jovo nanovo	R: Опять двадцать пять; Опять за рыбу деньги
	E: Here we go again
Orao ne lovi muhe	R: Орёл мух не ловит
Lat: Aquilla not capit muscas	E: Eagles don't catch flies
Ostario, a pameti ne stekao → Sjedine u glavu, a pamet u stranu	
Osveta je jelo koje se poslužuje hladno	R: Месть – блюдо, которое едят холодным
	E: Revenge is a dish that can be eaten cold; Revenge is sweet; Don't get mad, get even
Oteto - prokleto	R: Чужое добро впрок нейдёт; С чужого коня среди грязи долой; На чужой каравай рот (рта) не разевай (а пораньше вставай да свой затевай)
Bolje je nemati nego otimati	
Cf: Kako došlo, onako i prošlo; Ko s nepravdom steče, s vragom rasteče; S vragom došlo, s vragom i otišlo	E: Ill-gotten goods never thrive; Ill-gotten gains never prosper; Crime doesn't pay

Otkako je gavran pocrnio → Za Kulina bana i dobrijeh dana

Otkako je svijeta i vijeka → Za Kulina bana i dobrijeh dana

Oženi se na brzinu, kajaćeš se natenane → Ko se brzo ženi, polako se kaje

P

Pacovi prvi napuštaju brod R: Крысы первыми бегут с тонущего корабля

E: *Rats abandon a sinking ship*

Pametan polako ide, a brže dođe → Ko polako ide, brže stigne (prije doma dođe)

Pametan se uči na tuđim greškama, budala na svojim R: Умный учится на чужих ошибках, а дурак на своих

Cf: Blago onom ko se tuđom štetom opameti, a teško onom koji svojom mora

E: *Wise men learn by other men's mistakes; fools by their own*

Pametniji popušta

Od inata nema goreg zanata

Lat: Cedere majori virtutis fama secunda est

Cf: Bolje je mršav mir nego debeo proces (debela parnica)

R: Умный уступает

E: *Never argue with a fool; people might not know the difference; The wiser head gives in; The wisest are the first to give way*

Pametnome dosta

Lat: Verbum sapienti sat est

R: Умному достаточно; Умный понимает с полуслова

E: *A word to the wise (is enough); Verb. sap.*

Pamti, pa vrati

Cf: Oko za oko, zub za zub; Ti meni, ja tebi

R: Долг платежом красен

E: *One good turn deserves another; Give as good as one gets*

Papir sve trpi

Lat: Epistula non erubescit

R: Бумага все терпит

E: *Paper is patient (does not blush)*

Para dinar čuva

Cf: Gdje je potok, biće i potočina; U radiše svega biše, u štediše jošte više; Zrno po zrno pogača, kamen po kamen palača

R: Копейка рубль бережёт; Без копейки рубля не живёт

E: *Take care of the pence and the pounds will take care of themselves; Take care of the pennies and the dollars will take care of themselves (Am); Light gains make heavy purses*

Para na paru ide

Cf: Gdje je potok, biće i potočina

R: Деньги к деньгам идут; Деньга деньгу наживает; Деньга на деньгу набегает

E: *Money makes money; Money begets money; Those that have, get*

Para vrti gdje burgija neće

Pare od mrtvoga živa čine

Cf: Zlatan ključić i željezna vrata otvara

R: Не гони коня кнутом, а гони коня рублём; Денежка дорожку прокладывает; За свой грош везде хорош; За деньги и поп пляшет; Мошна туга – всяк ей слуга

E: *Money talks; Money makes the mare go (the pot boil; the ball roll; the world go round; the wheels go round); Money will do most things; Money works miracles*

153

Pare kvare ljude	R: Деньги портят человека; Деньги глаза слепят
	E: Power corrupts
Pare ne rastu na drvetu	R: Деньги не растут на деревьях
	E: Money doesn't grow on trees
Pare ne smrde → Novac ne smrdi	
Pare od mrtvoga živa čine → Para vrti gdje burgija neće	
Pare su da se troše	R: Деньги нужны, чтобы их тратить
	E: Money is meant to be spent
Parola "snađi se"	R: Хочешь жить - умей вертеться; ~ Хорошая мина при плохой игре
	E: Fake it till you make it (Am.)
Pas bio, pasji i prošao Pasji živio, pasji i umro Lat: Qualis vita, et mors ita	R: Собаке собачья (и) смерть
	E: As a man lives so shall he die (as a tree falls so shall he lie); A cur's death for a cur!
Pas koji laje, ne ujeda Ko mnogo prijeti, onoga se ne boj Kad najviše grmi, najmanje kiše pada	R: Не бойся собаки, что лает, а бойся той, что молчит и хвостом виляет; Не бойся собаки брехливой, а бойся молчаливой
	E: A barking dog never bites; A dog's bark is worse than his bite

Pas laje, vjetar nosi → Psi laju, karavani prolaze

Pas s maslom ne bi pojeo → Ne zna se ko pije, a ko plaća

Pasji živio, pasji i umro → Pas bio, pasji i prošao

Pečeni golubi iz neba ne padaju → Ne padaju s neba pečene mušmule (ševe)

Pitajući u Carigrad (može se otići) (old) → Ko jezika ima, pogodi do Rima

Pjanca i dijete Bog čuva	R: Пьяного да малого бог бережёт
Cf: Djeca, budale i pijani istinu govore	E: *Heaven protects children, sailors and drunken men*
Plači, manje ćeš pišati (hum, vulg.)	R: Больше плачешь, меньше писаешь (hum, vulg.)
	E: *The more one pisses the less he cries* (hum, vulg.)
Plati, pa klati	R: Утром деньги – вечером стулья
Cf: Koliko para, toliko muzike	E: *You pays your money and you takes your choice* (Am.)

Platno se ne tka na dva razboja → Ne može se sjediti na dvije stolice

Po glasu ptica, a po šapama se lav poznaje	R: Льва узнают по его когтям
	E: *A bird is known by its note*
Cf. Poznaje se ptica po perju	

155

Pod janjećom kožom mnogo puta vuk leži (često se vuk krije) (old)

R: Видать (знать) волка в овечей шкуре

E: A wolf in sheep's clothing

Podmaži kola da ne škripe → Kola nenamazana škripe

Podsmijevao se kotao loncu → Smijala se kuka krivom drvetu

Pođi za stara, pođi za cara; pođi za mlada, pođi za vraga

R: За молодым жить весело, а за старым хорошо

E: Better be an old man's darling, than a young man's slave

Poklonu se u zube ne gleda

Poklonjenom konju se u zube ne gleda

Na daru se zubi ne broje

Lat: Si quis dat mannos, ne quere in dentibus annos

R: Дареному коню в зубы не смотрят

E: Never look a gift horse in the mouth

Poklonjenom konju se u zube ne gleda → Poklonu se u zube ne gleda

Pokraj furune sjedeći ništa se ne dobija → U ležećih prazna kuća

Pokraj suha drveta i sirovo izgori

R: Лес рубят - щепки летят

E: You can't make an omelette without breaking eggs

Polako, ali sigurno

Cf: Požuri polako; Ko polako ide, brže stigne; Ko žurio, vrat slomio; Ko naglo ide, na putu ostaje; ko lakše ide, brže doma dolazi

R: Медленно, но верно

E: Slow but sure; Slow and steady wins the race

Pomozi sam sebi, pa će ti Bog pomoći

Bogu se moli, ali k brijegu grebi

Cf: Uzdaj se u se i u svoje kljuse; Tuđa ruka svrab ne češe

R: На Бога надейся, а сам не плошай; Бог-то бог, да сам не будь плох

E: Gods help them that help themselves

Ponavljanje je majka znanja

Lat: Repetitio mater studiorum est

Cf: Ko uči, taj i nauči; Iskustvo je najbolji učitelj (u životu)

R: Повторение - мать ученья

E: An ounce of practice is worth a pound of precept; Repetition is the mother of all learning

Ponuđen k'o počašćen → Ako nećeš, ti poljubi pa ostavi

Pop se ne bira po bradi, nego po glavi

Zaman brci, kad pameti nema

Lat: Barba non facit philosophum

Cf: Sjedine u glavu, a pamet u stranu

R: Борода не в честь, она и у козла есть; Борода выросла, ума не нанесла; Ум не в бороде, а в голове; Ум бороды не ждёт

E: The beard does not make the doctor or philosopher; If the beard were all, the goat might preach

Posao nije zec, neće pobjeći

Ako ima posla, ima i dana

Ako je kratak dan, duga je godina

Ima dana za megdana

Cf: Bolje reci neću nego sad ću; Ne ostavljaj za sutra ono što možeš uraditi danas

R: Дело не медведь (не волк), в лес не уйдёт (не убежит) (var. Работа не волк, в лес не убежит)

E: Tomorrow is another day; Hurry no man's cattle

Poslije kiše japundže ne treba → Nakon boja kopljem u trnje

Poslije kiše sunce sija

Iza zime toplo, iza kiše sunce (biva)

Iza zla vremena nema šta no ljepota

Cf: Doći će sunce i pred naša vrata; Nije svaka muka dovijeka; Kolo sreće se okreće

R: После дождичка будет и солнышко (var. После дождика даст бог солнышко; После ненастья солнышко (после солнышка дождь)); После грозы ведро, после горя радость

E: After a storm comes a calm; When things are at the worst they begin to mend

Poslije nas potop

R: После нас хоть потоп

E: After us the deluge

Pošalji luda na vojsku, pa sjedi i plači → Luda pamet, gotova pogibija

Pošteno ime ne gine

Poštenjak vjekovnjak

Cf: Čini dobro, pa i u vodu baci

R: Хлеб-соль ешь, а правду-матку режь; Хорошее (Доброе) дело два века живёт

E: Honesty is best policy; Honesty pays

Poštenjak - vjekovnjak → Pošteno ime ne gine

Pošto kupio, po to i prodao

R: За что купил, за то и продаю; Люди ложь, и мы то ж

E: Don't shoot the messenger

Pošto se izljeze na mejdan, nije vrijeme oštriti sablju → Prase se ne goji (tovi) uoči Božića

Potajni ugalj najgore ožeže → Ispod (male) mire sto (devet) đavola vire

Poznaje se ptica po perju

Lat: Ex ungue leonem

Cf: Odijelo ne čini čovjeka; Po glasu ptica, a po šapama se lav poznaje

R: Видна птица по полёту

E: Fine feathers make fine birds; Manners maketh man

Požuri polako

Lat: Festina lente

Cf: Polako, ali sigurno; Ko polako ide, brže stigne; Ko žurio, vrat slomio; Ko naglo ide, na putu ostaje; ko lakše ide, brže doma dolazi

R: Торопись (Спеши) медленно; Не спеши, но поторапливайся

E: Make haste slowly

Prase se ne goji (tovi) uoči Božića

Pošto se izljeze na mejdan, nije vrijeme oštriti sablju (old)

R: На охоту ехать — собак кормить; Пока жареный петух не клюнет

E: Don't have thy cloak to make (or Have not the cloak to be made) when it begins to rain

Prase sito prevrne korito
Kad se prase naije, ono korito prevali

R: Посади свинью за стол - она и ноги на стол

E: *Set a beggar on a horseback and he'll ride to the devil; What can you expect from a pig but a grunt?*

Pravda je slijepa

R: Правосудие слепо

E: *Justice is blind*

Pravda je spora, ali dostižna → Od suđenja se ne može uteći

Pravi račun bez krčmara

R: Делить шкуру неубитого медведя; Не убивь медведя, не продавай шкуры; Без меня меня женили

E: *He that reckons without his host must reckon again (Am.)*

Pravila su tu da se krše

R: ~ Закон, что дышло: куда повернул (повернёшь), туда и вышло

E: *Rules are made to be broken*

Prazan klas se uvis diže, a pun ka zemlji savija → Prazno bure više zveči

Prazna hvala neće u torbu → Prazne riječi džep ne pune

Prazna tikva na vjetru svira → Prazno bure više zveči

Prazna vreća ne može uzgor stajati

R: Пустой мешок стоять не будет

E: *Empty sacks will never stand upright*

Prazne riječi džep ne pune → Hvala je prazna plaća

Prazno bure više zveči
Prazna tikva na vjetru svira
Prazan klas se uvis diže, a pun ka zemlji savija
Cf: U mnogo zbora malo stvora

R: Пустая бочка пуще гремит; В пустой бочке звону больше; Пустой колос голову кверху носит

E: *Empty vessels make the most sound; The worst wheel of the cart makes the most noise (Am); They brag most who can do least (Am)*

Preči put kola lomi → Preko preče, naokolo bliže

Preko preče, naokolo bliže
Preči put kola lomi

R: Кто праямо ездит, тот дома не ночует; В объезд, так к обеду, а прямо, так дай бог к ночи; Прямо (только) вороны летают

E: *The longest way around is the shortest way home; The shortcut is often the wrong cut (Am)*

Preko trnja do zvijezda
Lat: Per aspera ad astra

R: Через тернии к звёздам

E: *Through hardship to the stars*

Prema svecu i tropar
Kakav gost, onakva mu čast
Kakav je koji čovjek, onako s njim postupaj

R: По Сеньке и шапка (по Ерёме и колпак); По барину и говядина, а по говядине и вилка; Каковы сами, таковы и сани

E: *Give credit where credit is due; Give the Devil his due; Honour to whom honour is due; Horses for courses*

Prešao s konja na magarca

R: Променял (сменял) кукушку на ястреба; Променял шило на мыло

E: *Give a lark to catch a kite; Go from bad to worse*

Prigoda čini lupeža
Lat: Occasio facit furem

R: Подальше положишь, поближе возьмёшь; Где плохо лежит, туда вор и глядит; Плохо не клади, (вора) в грех не вводи

E: Opportunity makes a thief; A postern door makes a thief

Prijatelj je najbolja imovina u životu → Gdje su prijatelji, tu je i bogatstvo

Prijatelj moga prijatelja je moj prijatelj
Cf: Neprijatelj mog neprijatelja je moj prijatelj

R: Друзья наших друзей - наши друзья

E: Any friend of yours is a friend of mine

Prijatelj se u nevolji poznaje (kao zlato u vatri)
Zlato se u vatri probira, a čovjek u nevolji
Cf: Na muci se poznaju junaci; Dok čovjek s čovjekom vreću brašna ne izije, ne može ga poznati

R: Друзья познаются в беде; Конь узнаётся при горе, а друг при беде; Сам погибай, а товарища выручай

E: A friend in need is a friend indeed; A (true, good) friend walks in when (all) others walk out; Friends are known in adversity

Probirač nađe otirač
Cf: Daj šta daš

R: Много выбирать, женатому не бывать; Кто думает тридни, выберёт злыдни

E: He who (that) has a choice, has trouble; Scornful dogs will eat dirty pudding

Prošao voz
Prošla baba s kolačima
Cf: Kasno Marko na Kosovo stiže

R: Аннушка уже разлила масло

E: That ship has sailed; There are no birds in last year's nest; The bird has flown; What is gone is gone

Prošla baba s kolačima → Prošao voz

Pruži se prema guberu → Ne pružaj se dalje od gubera

Prva ljubav zaborava nema	R: Старая любовь не ржавеет
	E: One always returns to his first love (Am)
Prvi korak je najteži	R: Лиха беда начало; Страшно дело до зачина
Svaki početak je težak	
Lat: Omne initium difficile (est)	E: It's the first step that is difficult; The first step is the hardest
Prvi se mačići u vodu bacaju	R: Первый блин (всегда) комом
Cf: Prvi korak je najteži	E: You must spoil before you spin
Prvo skoči, pa reci: "Hop!"	R: Не говори гоп, пока не перепрыгнешь
Cf: Ne hvali dan prije večeri; Siječe ražanj, a zec u šumi; Ispeci pa reci	E: Look before you leap; Don't halloo till you are out of the wood; Don't sing triumph before you have conquered
Psi laju, karavani prolaze	R: Собака лает, ветер носит; Собаки лают, а караван идёт
Pas laje, vjetar nosi	
Cf: Niko ne može natkati marama da cijelom svijetu usta poveže	E: Dogs bark, but the caravan goes on

Puno je grad za dinar, kad dinara nema

Cf: Išla bi baba u Rim, ali nema s čim; kupila bi svašta, ali nema za šta

R: ~ Без денег в город — сам себе ворог

E: ~ A moneyless man goes fast through the market

Puno ljudi – gotov junak → Jedan k'o nijedan

R

Ranoranilac i docnolegalac kuću teče (old)

Cf: Ko rano rani, dvije sreće grabi

R: Ранняя птичка носок прочищает (очищает), (а) поздняя глаза (глазки) продирает

E: *The early man never borrows from the late man*

Reci bobu bob, a popu pop

R: Надо называть вещи своими именами

E: *Call a spade a spade; ~ If it walks like a duck, talks like a duck, it's a duck (Am.)*

Rečeno - učinjeno

Lat: Dictum factum

R: Сказано — сделано

E: *No sooner said than done*

Rep glavi ne zapovijeda → Gdje bi jaje kokoš učilo?

Riba s glave smrdi

R: Рыба с головы гниёт (воняет)

E: *The fish always stinks from the head downwards*

Ribu uči plivati

Lat: Piscem natare doces

Cf: Gdje bi jaje kokoš učilo?

R: Не учи учёного; Учёного учить – только портить; Не учи рыбу плавать

E: Don't teach fish how to swim

Riječ iz usta, a kamen iz ruke

Što pređe preko devet zuba, ode preko devet brda

Lat: Nescit vox missa reverti

Cf: Šutnja je zlato; Bolje se pokliznuti nogom nego jezikom

R: Слово - не воробей: вылетит - не поймаешь

E: A word spoken is past recalling; You can't unring a bell

Ruka ruku mije (a obraz obadvije)

Lat: Manus manum lavat

Cf: Ti meni, ja tebi; Svi za jednog, jedan za sve

R: Рука руку моет (и обе белы бывают)

E: One hand washes the other; Claw me, and I will claw thee

Ruku koju ne možeš posjeći, valja je ljubiti

Cf: Na čijim se kolima voziš, onoga konje hvali

R: Кряхти да гнись, а упрёшься – переломишься

E: Better bend than break; Don't bite the hand that feeds you; It's hard to live in Rome and strive against the Pope (var. It's ill sitting at Rome and striving with the Pope)

S

S kim si, takav si

Cf: Kaži mi s kim si da znam ko si; Ko s vragom tikve sadi o glavu mu se lupaju; U kakvo kolo dođeš, onako i igraj

R: С кем поведёшься, от того́ и наберёшься; Скажи мне, с кем ты дружен, и я скажу, кто ты таков; С пчёлкой водиться – в медку находиться, а с жуком связаться – в навозе оказаться; По товарищам и слава; С кем хлеб-соль водишь, на того и походишь; С кем живёшь, тем и слывёшь

E: A man is known by the company he keeps; Like breeds like; Like begets like; ~ It takes one to know one

S vragom došlo, s vragom i otišlo

Od tuđega tuga bije

Lat: Male parta, male dilabuntur

Cf: Oteto - prokleto

R: Как нажито, так и прожито

E: Ill-gotten, ill-spent

Sa ljudima ni smrt nije strašna

Cf: Kud svi Turci, tud i mali Mujo; Sve sa svijetom

R: На миру (на людях, с людьми) и смерть красна

E: ~ A trouble shared is a trouble halved; ~ Misery loves company

167

Sabur – selamet → Strpljen - spašen

Saburom je dženet pokriven → Strpljen - spašen

Sačuvaj me, Bože, njihove dobrote → Sačuvaj me, Bože, od prijatelja, a od neprijatelja čuvaću se sam

Sačuvaj me, Bože, od prijatelja, a od neprijatelja čuvaću se sam	R: Избавь меня, Боже, от друзей, а с врагами я сам и управлюсь
Sačuvaj me, Bože, njihove dobrote	*E: Save us from our friends; May God defend me from my friends; I can defend myself from my enemies; God deliver me from my friends; ~ You can pick your friends, and you can pick your nose, but you can't pick your family*
Cf: Čuvaj ti mene od svoga, a od tuđega ću se ja sam (čuvati)	

Sad ili nikad	R: Теперь или никогда
Cf: Gvožđe se kuje dok je vruće	*E: Now or never; Time is ripe; ~ He that will not when he may, when he will he may have nay; ~ There are no second acts; ~ Opportunity never knocks twice at any man's door*

Sam pao, sam se ubio	R: Не ищи в селе, а ищи в себе

Samo jednom se živi	R: Один раз живём
Cf: Jednom se rađa, a jednom umire	*E: You only live once; Gather ye rosebuds while ye may*

Samo peko mene mrtvog	R: Только через мой труп
	E: Over my dead body

Sastalo se zlo i gore da se malo porazgovore

R: ~ Муж и (да) жена — одна сатана; Better one house spoiled than two

E: Better one house spoiled than two

Selo gori, a baba se češlja

R: Пировать во время чумы

E: Fiddle while Rome burns

Siječe ražanj, a zec u šumi

Ne reci: neka! dok ne vidiš na trpezi

Cf: Ne hvali dan prije večeri; Pravi račun bez krčmara; Prvo skoči, pa reci: "Hop!"

R: Не хвальна похвала до дела; Не хвались, идучи на рать, хвались, идучи с рати

E: First catch your hare; Don't sell the skin till you have caught the bear (var. Catch your bear before you sell its skin; Sell not your bearskin till you have the bear); Catching's before hanging; Never fry a fish till it's caught; Don't skin your wolves until you get them (Am); There is no telling just yet

Sila boga ne moli

Čija sila, onoga i pravda

Čija sila, toga je i sud

Cf: Ko je jači, taj i tlači; Kadija te tuži, kadija ti sudi

R: Сила солому ломит

E: Might is right

Siromaštvo i kašalj ne mogu se sakriti → Kašalj, šuga i ašikovanje ne može se sakriti

Sirotinja nema srodstva

Cf: Sirotinjo, i bogu si teška!

R: ~ В сиротстве жить — (только) слёзы лить

E: A poor man has no friends

Sirotinja nije grijeh
Uboštvo nije sramota

R: Бедность не порок (var. Бедность не порок, а большое свинство (hum.))

E: Poverty is not a crime (var. Poverty is no sin (disgrace, crime, vice)); Poverty is no disgrace, but it is a great inconvenience)

Sirotinjo, i bogu si teška!
Cf: Sirotinja nema srodstva

R: Привяжется сума – откажется родня; На убогого всюду капает (var. На бедного всюду (везде) каплет); Бедному жениться и ночь коротка; Бедному везде бедно; Бедному зятю и тесть не рад

E: A light purse makes a heavy heart; The rich man has his ice in the summer and the poor man gets his in the winter

Sit gladnom ne vjeruje
Zdrav bolesnom ne vjeruje

R: Сытый голодного не разумеет

E: It's ill speaking between a full man and a fasting; The fat man knoweth not what the lean thinketh; A full belly does not understand an empty one; One half of the world does not know how the other half lives

Sitna koka pile dovijeka
Kržljava koka uvijek pile
Kus pijevac pile dovijeka

R: Маленькая (Малая) собачка до старости щенок

E: Small is beautiful

Sjaši Kurta da uzjaši Murta

R: Власть переменилась! (iron.); Чем больше перемен, тем больше всё остаётся по-старому

E: The more things change, the more things stay the same

Sjedine u glavu, a pamet u stranu

Ostario, a pameti ne stekao

Brada narasla, a pameti ne donijela

R: Седина в бороду (в голову), а бес (чёрт) в ребро; Вырос, а ума не донёс; Велик пень, да дурень

E: *There's no fool like an old fool*

Sjetila se prelja kudelje uoči nedelje → Ne šije se marama uoči Bajrama

Skuplja dara nego maslo

Skuplja pita od tepsije

R: Овчинка выделки не стоит; Игра не стоит свеч

E: *The game is not worth the candle; The game is hardly worth the chase*

Skuplja pita od tepsije → Skuplja dara nego maslo

Slađa smokva preko plota

Cf: Zabranjeno voće je najslađe; U tuđe krave veliko vime

R: Хорошо там, где нас нет; Славны бубны за горами (а к нам придут, как лукошко); Краденое яичко школьнику слаще

E: *The apples on the other side of the wall are the sweetest*

Slijepca za put i budalu za savjet ne treba pitati

R: С дураками шутить опасно; Пьяница проспится, (а) дурак никогда; ~ Посмотрим, сказал слепой

E: *~ Blind men can judge no colours*

Složna braća kuću grade

Složna braća nove dvore grade, a nesložna stare razgrađuju

Nesložna braća - propala kuća

Lat: Concordia parvae res crescunt, discordia maximae dilabuntur

Cf: Dva loša ubiše Miloša

R: Дружно — не грузно, а врозь — хоть брось; Согласного стада и волк не берёт (var. Согласному стаду и волк не страшен); Артель воюет, а один горюет

E: A house divided against itself cannot stand; United we stand, divided we fall

Složna braća nove dvore grade, a nesložna stare razgrađuju → Složna braća kuću grade

Smijala se kuka krivom drvetu

Podsmijevao se kotao loncu

Cf: U tuđem oku vidi slamku, a u svome grede ne vidi

R: Говорил горшку котелок: уж больно ты чёрен, дружок; Не смейся, горох, не лучше бобов (намокнешь и сам лопнешь); Других-то кормишь, на себя не глядишь; Ахал бы дядя, на себя глядя; Чья бы корова мычала, а твоя бы молчала

E: The pot calling the kettle black

Smijeh je zdravlje

Cf: Bježi, rđo, eto meda!

R: Смех - это здоровье

E: Laughter is the best medicine

Smrt ne pazi (ne bira) ni staro ni mlado → Mlad može, a star mora umrijeti

Snaga na usta ulazi

R: На лошадь не плеть покупают, а овёс; Не кони везут, а овёс

E: The belly (stomach) carries the feet; An army marches on its stomach

Sova nikad ne rodi sokola → Gdje je sova (vrana) izlegla sokola?

Spasavaj se ko može

R: Спасайся, кто может

E: *Run for your life!*

Spolja gladac, iznutra jadac

R: На брюхе (-то) шёлк, а в брюхе (-то) щёлк; Что за честь (Что наша честь), коли нечего есть (var. Велика честь, коли нечего есть); Пуговички золочёные, а три дня не евши

E: *Great boast, small roast*

Srditu popu prazne bisage

R: На сердитых воду возят; Юпитер, ты сердишься, значит, ты не прав

E: *He that is angry is seldom at ease; Anger improves nothing but the arch of a cat's back (Am.)*

Srednja sreća je najbolja

Lat: In medio stat virtus

Cf. Ne traži hljeba preko pogače

R: Хорошенького (хорошего) понемножку (понемногу); Всё хорошо в меру; Всякое дело мера красит; Во всём знай меру; Мера всему делу вера; Знай край, да не падай

E: *There is measure in all things; Moderation in all things; Enough is enough; Safety lies in the middle course; More than enough is too much; ~ The half is better than the whole; ~ Too much of a good thing (var. You can have too much of a good thing)*

Stalo (nekome do nečega) kao do lanjskog snijega → Sve ravno do Kosova (do mora)

Star se konj ne uči igrati	R: Старого не учат – мёртвого не лечат; Старого пса к цепи не приучишь
	E: *You can't teach an old dog new tricks; Too old a bird to learn a new tune*
Stara koka, dobra supa	R: Стар пестрец, да уха сладка
Cf: Kad stari pas laje, valja vidjet šta je	E: *Good broth may be made in an old pot*
Stara lisica u gvožđe ne upada	R: Старого воробья на мякине не проведёшь (не обманешь)
	E: *You cannot catch old birds with chaff*
Stari trik, nova budala	R: На наш век дураков хватит; Дураков не сеют, не жнут, сами родятся; Простота хуже воровства
	E: *There's a sucker born every minute*

Starije je jutro od večera → Jutro je pametnije (mudrije) od večeri

Staro se drvo ne savija → Drvo se savija dok je mlado

Starog vina i stara prijatelja drži se → Više vrijedi jedan stari prijatelj nego nova dva

Starost je teška	R: Под старость всё неволя
Cf: Starost nije radost	E: *Old age is not for sissies*
Starost nije radost	R: Старость не радость (не красные дни)
Cf: Starost je teška	E: *Old age is hell*

Sto godina se nismo vidjeli!

R: Сколько лет, сколько зим

E: *Long time no see (Am.)*

Strpljen - spašen

Sabur - selamet

Saburom je dženet pokriven

Lat: Sustine et abstine

Cf: Ko ustraje taj se ne kaje; Polako, ali sigurno; Šuti i trpi; Živa glava sve podnese i na sve se navikne

R: Терпение и труд всё перетрут

E: *It's dogged that (as) does it; Easy does it; Gently does it; Softly, softly, catchee monkey (Am.); Patience is a virtue; Well endured is half cured*

Suhoj zemlji i slana voda je dobra → Kad nema djevojke dobra je i baba

Suprotnosti se privlače

R: Крайности сходятся

E: *Extremes meet; Opposites attract*

Svak svoje traži → Svaka ptica svome jatu leti

Svaka ptica ima nad sobom kopca → I nad popom ima pop

Svaka ptica svome jatu leti

Svak svoje traži

Cf: Našla vreća zakrpu

R: Рыбак рыбака видит издалека (var. Рыбак рыбака далеко в плёсе видит); Масть к масти подбирается; Свой своего ищет

E: *Birds of a feather flock together; Like will to like; Like attracts like; Water seeks its own level*

175

Svaka škola se plaća

R: Убыток - уму прибыток

E: Sadder but wiser

Svaki Cigo svoga konja hvali

Lat: Laudat venales quos vult extrudere merces

Cf: Svakom svoje lijepo

R: Всяк кулик своё болото хвалит; Всяк купец свой товар хвалит; Каждая курица свой насест хвалит

E: Every cook praises his own broth

Svaki gušt se plaća

Cf: Ko se dima ne nadimi, taj se vatre ne ogrije (on se ognja ne ogrije)

R: Любишь кататься, люби и саночки возить; ~ Ели, пили, веселились, подсчитали, прослезились

E: After the feast comes the reckoning; They that dance must pay the fiddler

Svaki je domaćin svome domu vladika

Cf: Svuda pođi, kući dođi

R: Всяк господин в своем доме; Угольщик хозяин в своем доме; Своя избушка (свой уголок) – свой простор; Мой дом — моя крепость

E: An Englishman's house is his castle (var. A man's home is his castle; My home is my castle)

Svaki pijevac na svom bunjištu jači

R: Всяк (всякий) кулик в (на) своем болоте велик; И петух на своем пепелище храбрится; В подполье и мышь геройствует; На своей улочке храбра и курочка; Из-за куста и ворона востра

E: Every cock will crow (is bold) upon his own dunghill; Every dog is a lion at home

Svaki početak je težak → Prvi korak je najteži

Svaki rod ima po jedan rog → U svakom žitu ima kukolja

Svaki zanat je zlatan	R: Все профессии нужны, все профессии важны (var. Все профессии важны, все профессии хороши; Все работы хороши, все профессии важны)
	E: ~ A job is a job
Svako djelo dođe na vidjelo	R; Шила в мешке не утаишь; Нет ничего тайного, что не стало бы явным (var. Тайное всегда становится явным)
Cf: U laži su kratke noge; Zaklela se zemlja raju da se svake tajne znaju	E: Truth will out; Murder will out; Truth and oil always come to the top (are ever above)
Svako je kovač svoje sreće	R: Каждый – (сам) кузнец своей судьбы (своего счастья); Всяк человек своего счястья кузнец
	E: Every man is the architect of his own happiness (fortune); Life is what you make it
Svako je lud na svoj način	R: Всякий по-своему с ума сходит; Всякий (всяк) молодец на свой образец; У всякой пташки свои замашки; У всякого скота своя пестрота; У всякой избушки свои поскрипушки (var. В каждой избушке свои погремушки)
	E: Every man in his own way (after his fashion); Everyone enjoys himself in his own way; Everybody's queer but you and me, and even you are a little queer; There's nowt so queer as folk

Svako je mudar po šteti → Da je pamet do kadije kao od kadije

Svako lice s nosom lijepo R: С лица не воду пить

Cf: Ljepota je prolazna E: Beauty is but skin deep

Svako nosi svoj krst (križ) R: Нести свой крест

E: We all have our cross to bear; There is never a cross you can't bear; God sends no cross that you cannot bear

Svako za se svoju travu pase Guska, prase, svak nek gleda za se R: Всяк сверчок знай свой шесток (var. Знай сверчок свой шесток)

Cf: Lovac je da lovi, prepelica da se čuva E: Everyman for himself, and God for us all; Every herring must hang by its own gill; The cow must gaze where she is tied (Am.)

Svako zlo ima svoje dobro → U svakom zlu ima dobra

Svakog čuda za tri dana R: ~ Всё новое — это хорошо забытое старое

E: The novelty of noon is out of date itself by night; Novelty wears off

Svakog gosta tri dana dosta R: Гостям два раза рады: когда они приходят и когда уходят; Мил гость, что недолго сидит (var. Хорош гость, коли редко ходит); Гость до трех дней; гость первый день золото, на другой день - олово; Пора гостям и честь знать

Najmilijeg gosta tri je dana dosta

Cf: Nezvanom gostu mjesto iza vrata

E: Fish and guests stink after three days; Short visit is best (Am); Do not wear out your welcome

Svakom je svoje breme najteže

Cf. Tuđa rana ne boli

R: На чужой спине бремя легко

E: Every horse thinks its own pack heaviest; Everyone thinks his sack heaviest

Svakom je tuđa briga najlakša → Tuđa rana ne boli

Svakom loncu poklopac

Ne valja svakom loncu biti poklopac, ni svakoj čorbi zaprška

U svakoj čorbi mirođija

Cf: Ne niči gdje te ne siju

R: Быть в каждой бочке затычкой; ~ Наш пострел везде поспел

E: To have a finger in every pie; ~ Sharp's the word and quick's the action (motion); Mind your own business

Svakom svoje

Lat: Suum cuique

Cf: Caru carevo, a Bogu Božje (dati)

R: Каждому своё

E: Each to his own (var. To each his own)

Svakom svoje lijepo

Cf: Svaki Cigo svoga konja hvali

R: Хороша дочь Аннушка, коли хвалит мать и бабушка

E: Every bird likes its own nest; Every man thinks his own geese are swan

Svašta na svijetu

R: Всякое бывает; Вот так номер, чтоб я помер! (hum.)

E: It's a funny world

Sve ili ništa

R: Всё или ничего

E: All or nothing; Whole hog or nothing

Sve ima svoju cijenu

R: У всего есть своя цена

E: Everything has a price

Sve je dobro, što se dobro svrši

R: Всё хорошо, что хорошо кончается
E: All's well that ends well

Sve je moguće
Sve je moguće (pa i drvena peć (drven šporet))
Cf. Ništa nije nemoguće

R: И невозможное возможно; Ничему не удивляйся
E: All things are possible with God

Sve je moguće (pa i drvena peć (drven šporet)) → Sve je moguće

Sve ravno do Kosova (do mora)
Šta me briga što Mađarska nema more
Stalo (nekome do nečega) kao do lanjskog snijega

R: Нам, татарам, всё равно; А нам всё равно!
E: Not to care a bean (a brass farthing, a button, a cent, a curse, a damn, a fig, a feather, a hang, a host, a jot, a rap, two beans, two straws, a whoop); All the same to me; Don't give a damn (a hoot, a heck, a fig); Could care less (var. Couldn't care less)

Sve sa svijetom
Mimo svijet, ni ubi' Bože, ni pomozi Bože
Cf: Kud svi Turci, tud i mali Mujo; Sa ljudima ni smrt nije strašna

R: С миром и беда не убыток; На людях и горе вполгоря
E: Go with the flow

Sve se može kad se hoće → Ko hoće, taj i može

Sve se vraća, sve se plaća
Cf: Kolo sreće se okreće

R: За всё есть расплата
E: What goes around comes around

Sve što je lijepo kratko traje

R: Всё хорошее быстро проходит; Нет веселья без похмелья

E: *All good things (must) come to an end; Pleasant hours fly fast*

Sve u svoje vrijeme

Ne može svanuti prije zore

Cf: O tom, potom

R: Всему своё время; Всякому овощу своё время; Всякое семя знает своё время; Время подойдёт, так и лёд пойдёт

E: *All in (its own) good time; There is a time and place for everything; There is a time to sow and a time to reap; Everything is good in its season*

Sve zbog mira u kući

R: Чем бы дитя ни тешилось, лишь бы не плакало; Давайте жить дружно!

E: *Anything for a quiet life*

Sve žene su iste

Cf: Svi muškarci su isti

R: Все женщины одинаковые

E: *All women are the same*

Svemu dođe kraj → Top puče, Bajram prođe

Svi muškarci su isti

Cf: Sve žene su iste

R: Все мужчины одинаковые

E: *All men are the same*

Svi putevi vode u Rim

Cf: Išla bi baba u Rim, ali nema s čim, kupila bi svašta, ali nema za šta; Ko jezika ima, pogodi do Rima; Martin u Rim, Martin iz Rima

R: Все дороги ведут в Рим

E: *All roads lead to Rome*

Svi za jednog, jedan za sve

Jedan za sve, svi za jednog

Cf: Složna braća kuću grade

R: Один за всех, все за одного

E: All for one and one for all

Svijet je mali

Cf: Brdo se s brdom ne može sastati, a živi se ljudi sastanu

R: Мир тесен

E: It's a small world

Svoja kućica, svoja slobodica

Dome, slatki dome

Cf: Svaki je domaćin svome domu vladika; Svuda pođi, kući dođi

R: Дома (и) стены помогают; Своя хатка – родная матка

E: Home, sweet home

Svuda pođi, kući dođi

Cf: Svugdje je dobro, ali kod kuće je najbolje; Svaki je domaćin svome domu vladika; Svoja kućica - svoja slobodica

R: В гостях хорошо, а дома лучше; Вот моя деревня, вот мой дом родной; А я в Россию, домой хочу, я так давно не видел маму

E: East or west, home is best; There's no place like home

Svugdje je dobro, ali kod kuće je najbolje → Svuda pođi, kući dođi

Š

Šaljiva druga družina ljubi

R: Кто людей веселит, за того весь свет стоит

Široko ti polje!
Daleko ti kuća od moje!

R: Скатертью дорога!; Вот (тебе) бог, (а) вот (и) порог (var. Вон порог на семь дорог); Баба с возу — кобыле легче

E: *Good riddance (to bad rubbish)!*

Šta bi bilo kad bi bilo → Da imamo brašna, ko što nemamo masla, pa još u selu tepsiju da posudimo, što bismo dobru pogaču ispekli

Šta bude da bude → Kud puklo da puklo

Šta bude, biće
Biće šta će biti
Cf: Što mora biti, biće

R: Будь что будет; Что в лоб, что по лбу

E: *What will be, will be*

Šta će svijet reći?

R: Что скажет Марья Алексевна?

E: *What will Mrs. Grundy say?*

Šta je bilo, bilo je

Cf: Bilo, pa prošlo (ka' i lanjski snijeg)

R: Что с возу (с воза) упало, то (и) пропало; Пролитую воду не соберёшь; Мёртвых с погоста не носят; Прожитое, что пролитое – не воротишь (var. Битого, пролитого да прожитого не воротишь); Прежнего не вернёшь (не воротишь); Быль молодцу не укор

E: What's done cannot be undone; Things past cannot be recalled

Šta je, tu je

Tako je, kako je

Iz ove kože ne može

R: Вот такие пироги; Владей, Фаддей, моей (своей) Маланьей

E: It is what it is; This is (That's) how the cookie crumbles; That's the way the ball bounces

Šta me (ga) briga što Mađarska nema more

Cf: Sve ravno do Kosova (do mora)E:

R: С него как с гуся вода; И в ус (себе) не дуть

E: Here's a quarter. Call someone who cares; Obviously you've mistaken me for someone who cares; Frankly, my dear, I don't give a damn

Štednja je prvo tečenje

Cf: U radiše svega biše, u štediše jošte više

R: Из грошей рубли вырастут; Бережливость спорее барышей; Бережливость лучше богатства; Запас кармана (мешка) не трёт (не дерёт)

E: Sparing is the first gaining

A Dictionary of Proverbs and Sayings: S / B / C - Russian - English

Što čuješ, ne vjeruj; što vidiš, to vjeruj Očima više valja vjerovati nego ušima	R: Лучше один раз увидеть, чем сто (десять) раз услышать; Не верь ушам, а верь глазам; Гляженое лучше хваленого
Cf: Bolje je vjerovati svojim očima nego tuđim riječima	E: Believe nothing of what you hear, and only half of what you see; Believe only half of what you hear

Što dalje - sve bliže smrti → Danci k'o sanci, a godišta k'o ništa

Što dikla (na)vikla to nevjesta ne odviče (old) → Navika je druga priroda

Što izgubiš, ne traži, što nađeš, ne kaži Lat: Habeas ut nanctu's	R: Потерял – не сказывай, нашёл – не показывай; Кто-то теряет, кто-то находит; Ищи ветра в поле
	E: Finders keepers (losers weepers); Findings keepings

Što je babi milo, to se babi snilo Što se babi htilo, to se babi snilo	R: Что наяву бредится, то и во сне грезится; Лиса и во сне кур считает; Желание — отец мысли
	E: The wish is father to the thought; The devil can quote Scripture for his own ends; One believes what he wants to believe

Što je brzo, to je i kuso → Ko žurio, vrat slomio

Što je džaba i Bogu je drago Ako je sirće badava, slađe je od meda	R: На халяву и уксус сладок; Даровое лычко лучше купленного ремешка
	E: The best things in life are free

185

Što je sigurno, sigurno je

Cf: Kokoš pije, a na nebo gleda

R: Доверяй, но проверяй

E: It is best (better) to be on the safe side

Što je svačije, to je ničije

Cf: Gdje je puno baba kilava su djeca

R: Принадлежит всем и никому

E: Everybody's business is nobody's business

Što je veća ptica, veće joj gnijezdo treba → Velike ribe veliku vodu traže

Što jedan lud zamrsi, sto mudrih ne mogu razmrsiti

R: Дурак завяжет – и умный не развяжет; Дурак в воду кинет камень, а десять умных не вынут; Умный всегда развяжет, что глупый развяжет

E: A fool may throw a stone into a well which a hundred wise men cannot pull out

Što kolijevka zaljuljala, to motika zakopala → Teško žabu u vodu natjerati

Što mora biti, biće

Cf: Šta bude, biće;; Od sudbine ne možeš pobjeći

R: Чему быть, того (тому) не миновать

E: What must be, must be

Što na srcu, to i na jeziku → Što na umu, to na drumu

Što na umu, to na drumu

Što na srcu, to i na jeziku

Cf: Što trijezan misli, pijan govori

R: Что на уме, то и на языке

E: Wear your heart on your sleeve; What the heart thinks, the tongue speaks

Što ne želiš sebi, nemoj ni drugome → Čini drugom što je tebi drago da ti se učini

Što posiješ, to ćeš i požnjeti

Kako posiješ, onako ćeš i požnjeti (var. Ko što posije, to i požnje)

Kakva sjetva, takva žetva

R: Что посеешь, то и пожнёшь

E: As you sow, so you reap

Što pređe preko devet zuba, ode preko devet brda → Riječ iz usta, a kamen iz ruke

Što prije, to bolje

R: Чем раньше, тем лучше; Раньше начнёшь, раньше поспеешь

E: The sooner begun, the sooner done; The sooner the better

Što rek'o ne porek'o → Obećanje - sveto dugovanje

Što se babi htilo, to se babi snilo → Što je babi milo, to se babi snilo

Što se mora nije teško

Cf: Od dobre volje nema ništa bolje

R: Своя ноша не тянет

E: Nothing is impossible to a willing heart; A burden of one's choice is not felt; A burden one likes is cheerfully borne

Što si stariji, to si pametniji

Kad se tvoj vrag rodio, onda je moj gaće nosio

R: ~ Учились бы, на старших глядя

E: Older is wiser

Što tražiš, to i nađeš → Ko što traži, naći će

Što trijezan misli, pijan govori	R: Что у трезвого на уме, то у пьяного на языке
Čaša iza čaše, a iza čaše istina	E: Drunkenness revelas what soberness conceals; Alcohol will preserve anything but a secret
Cf: Djeca, budale i pijani istinu govore; Istina je u vinu; Ne zna rakija šta je kadija	

Što više, to bolje	R: Чем больше, тем лучше
Cf: Gdje čeljad nije bijesna, kuća nije tijesna; Od viška glava ne boli	E: The more the merrier

Što voda donijela, voda odnijela → Kako došlo, onako i prošlo (tako i otišlo)

Šut s rogatim ne može → Ne možeš se sa rogatim bosti

Šuti i trpi	R: Христос терпел и нам велел; Эх, как бы дожить бы до свадьбы-женитьбы (hum.); Ещё немного, ещё чуть-чуть; Если долго мучиться, что-нибудь получится; Нам бы только ночь простоять да день продержаться
Izdrž'o je Mujo i gore	
Cf. Strpljen - spašen	
	E: Bear and forbear; Grin and bear it; You must take two bears to live with you – bear and forbear (Am.)

188

Šutnja je zlato

R: Слово - серебро, молчание – золото; Сказанное слово серебряное, (а) несказанное — золотое

E: Speech is silver and silence is golden (var. Silence is golden); A shut mouth catches no flies

Šutnja je znak odobravanja

Lat: Silentium videtur confessio

R: Молчание — знак согласия; Кто молчит, тот соглашается

E: Silence means consent

T

Ta se u bari, ta u moru udavio

Cf: Kom' opanci, kom' obojci; Kud puklo da puklo

R: Либо грудь в крестах, либо голова в кустах; Либо в стремя ногой, либо в пень головой; Либо рыбку съесть, либо на мель сесть; Либо сена клок, либо вилы в бок; Либо со сковороды отведать, либо сковородника

E: One might as well be hanged for a sheep as a lamb

Takav sam, kakav sam

R: Я такой как есть

E: What you see is what you get

Tako blizu, a tako daleko

R: (Хоть) видит око (глаз), да зуб неймет; Близок локоть, да не укусишь; Видит собака молоко, да рыло коротко; Зелён виноград

E: So near but yet so far; Sour grapes

Tako je, kako je → Šta je, tu je

Tebe ću po smrt poslati kad mi bude trebala → Bilo bi ga (te...) dobro po smrt poslati

Teško domu u kom sloge nema → Kad se slože i slabi su jaki

Teško kući gdje je kokoška glasnija od pijetla

Cf: Gdje bi jaje kokoš učilo?

R: Курице не петь петухом

E: *It is a sad house where the hen crows louder than the cock*

Teško mišu (Rđav je ono miš) koji samo jednu rupu ima

R: Худа та мышь, которая одну лазейку знает

E: *The mouse that has but one hole is quickly taken*

Teško nogama pod ludom glavom → Ko nema u glavi, ima u nogama

Teško žabu u vodu natjerati

Što kolijevka zaljuljala, to motika zakopala

Cf: Vuk dlaku mijenja, a ćud nikada (ali ćud nikako); Navika je druga priroda

R: Каков в колыбельку (в колыбельке), таков и в могилку (в могилке); Чёрного кобеля не отмоешь добела; Родимое пятно не смоешь; Чёрную душу и мылом не отмоешь; Чёрный пёс никогда не станет белой кошкой

E: *You can drive out Nature with a pitchfork, but she keeps on coming back; Human nature is human nature*

Ti meni, ja tebi

Usluga za uslugu

Cf: Pamti, pa vrati; Ruka ruku mije

R: Ты мне - я тебе; Услуга за услугу

E: *You scratch my back and I'll scratch yours; Roll my log and I'll roll yours*

Tiha voda bregove valja
Tiha voda brijeg roni
Cf: Ispod (male) mire sto (devet) đavola vire

R: Тихие воды глубоки; Тихая вода берега подмывает

E: Still waters run deep

Tiha voda brijeg roni → Tiha voda bregove valja

Tikva pošla, tikva došla → Martin u Zagreb (Rim), Martin iz Zagreba (Rima)

Točak vremena ne može se vratiti

R: Мечтам и годам нет возврата

E: A mill cannot grind with the water that is past; Yesterday will not be called again; One cannot put back clock; Lost time is never found again

Top puče, bajram (božić) prođe

R: Всё пройдет, как с белых яблонь дым

E: Everything has an end and a piece of string has two; Everything has an end

Traži vatre na lanjskom ognjištu → Gdje ništa nema i car prava nema

Treba htjeti, treba smjeti

R: Хочу быть дерзким, хочу быть смелым; Трус не играет в хоккей

E: The sky is the limit

Treća sreća

Bez treće nije sreće

Treći put (triput) Bog pomaže

U trojstvu Bog pomaže

R: Бог любит троицу; Без троицы дом не строится (без четырёх углов изба не становится); Один карась сорвётся, другой сорвётся, третий, бог даст, и попадётся

E: Third time lucky; Third time's a charm; The third time pays for all; Things come in threes

Treći put (triput) Bog pomaže → Treća sreća

Tresla se gora (brda), rodio se miš

Lat: Parturiunt montes, nascetur ridiculus mus

Cf: Mnogo vike ni oko čega

R: Гора родила мышь

E: Make a mountain out of a molehill; The mountain in labour (var. The mountain laboured and brought forth a mouse)

Tri žene i jedna guska čine vašar

R: Одна женщина - баба, две бабы - базар, а три - ярмарка; Гусь, да баба – торг, два гуся да две бабы - ярмарка

E: Three women and a goose make a market

Triput mjeri, jednom sijeci

R: Семь раз отмерь, один отрежь; Укоротишь - не воротишь

E: Measure twice, cut once; Think twice, cut once

Trla (prela) baba lan da joj prođe dan

Cf: Besposlen pop i jariće krsti

R: Шей да пори - не будет пустой поры; Моты мотать – дни коротать; От нечего делять и таракан на полати лезет

E: As good be an addled egg as an idle bird; Idle people have the least leisure; Time stays not the fool's leisure; What greater crime than loss of time

Tuđa koka ćureća jaja nosi → U tuđe krave veliko vime

Tuđa rana ne boli

Svakom je tuđa briga najlakša

Na tuđim leđima lako je breme

Cf. Svakom je svoje breme najteže; Tuđa rana ne boli

R: Чужую беду руками разведу, а к своей ума не приложу; Чужая боль никому не больна; Чужое горе не болит ; За чужой щёкой зуб не болит

E: It is easy to bear misfortunes of others

Tuđa ruka svrab ne češe

Cf: Tuđa rana ne boli

R: Свой глаз —алмаз (а чужой стекло)

E: If you would be well served, serve yourself

Tukle se jetrve preko svekrve

Kad sultan nazebe, raja kiše

R: Паны (Бары) дерутся, а у холопов (у хлопов, у хлопцев) чубы трещат; Кошке игрушки, а мышке слёзки

E: When elephants fight, it is the grass that suffers

Tvrd je orah voćka čudnovata, ne slomi ga, al' zube polomi

R: Орешек не по зубам

E: A hard (tough) nut to crack

U

U božjoj bašti ima mjesta za svakoga

Cf: Nisu svi ljudi isti; Koliko ljudi, toliko ćudi

R: Человек человеку рознь; Все люди разные

E: (VARIETY OF PEOPLE) It takes all sorts to make a world (var. It takes all kinds of people to make a world); (ROOM FOR MORE) ~ There is always room at the top

U crnoj zemlji bijelo žito rodi → Crna koka bijela jaja nosi

U društvu se i kaluđer ženi (old) → U društvu se i pop oženio

U društvu se i pop oženio

U društvu se i kaluđer ženi

R: За компанию и жид повесился (удавился)

E: It's always fair weather when good friends get together

U kakav grad dođeš, takav zakon primaš → U kakvo kolo dođeš, onako i igraj

U kakvo kolo dođeš, onako i igraj

(var. U kakvom si kolu, onako i pleši)

U kakav grad dođeš, takav zakon primaš

Cf: Ko s vragom tikve sadi, o glavu mu se lupaju; Ko s vukom druguje mora zavijati; Ko se u kolo hvata, mora i poigrati; S kim si, takav si

R: В чужой монастырь со своим уставом не ходят; В каком народе живёшь, того и обычая держись

E: When in Rome, do as the Romans (do); Every land has its own law

U kakvom si kolu, onako i pleši → U kakvo kolo dođeš, onako i igraj

U kog je pogača, u tog je nož

R: Кто палку взял, тот и капрал; Хозяин – барин; Кто платит, тот и заказывает музыку

E: He who pays the piper calls the tune

U kovača je najgora sjekira

U krojača nikad hlača

R: Сапожник без сапог

E: The shoemaker's son always goes barefoot; Who is worse shod than the shoemaker's wife?

U krojača nikad hlača → U kovača je najgora sjekira

U laži su kratke noge

Gdje laž ruča, tu ne večera

Cf: Svako djelo dođe na vidjelo; Zbori pravo, sjedi gdje ti je drago

R: Ложь на тараканьих (глиняных) ногах ходит; У лжи – короткие ноги; Вранью короткий век (var. Ложь не живуща, вранью короткий век);Ври, да помни

E: A liar ought to (should) have a good memory; A lie stands on one leg, truth on two; A lie has no legs

U ležećih prazna kuća (old)

Pokraj furune sjedeći ništa se ne dobija

Cf: Ko radi ne boji se gladi; Ustani, lijeni, Bog sreću dijeli

R: Под лежачий камень вода не течёт

E: Better to wear out than to rust out

U ljubavi i ratu je sve dozvoljeno

R: В любви и на войне все средства хороши

E: All's fair in love and war

U maloj boci se otrov drži

Maleno je zrno biserovo, al' se nosi na gospodskom grlu

Cf: Malena je 'tica prepelica, al' umori konja i junaka

R: Мал клоп, да вонюч; Мал золотник, да дорог (велика Федора, да дура); Невеличка мышка, да зубок остёр; Неказиста кляча, да бежь хороша

E: The best things come in small packages

U mnogo zbora malo stvora

Koja kokoš mnogo kakoće, malo jaja nosi

Ne treba kvocati, nego jaja nositi

Dobra ovca mnogo ne bleji, ali mnogo vune daje

Cf: Prazno bure većma zveči; Obećanje, ludom radovanje; Od zbora do tvora - ima prostora; Ne treba kvocati, nego jaja nositi

R: Криком изба не рубится (дело не спорится); Не спеши языком, спеши (торопись) делом; Где много слов, там мало дел (Слов много, а дела мало)

E: A still tongue makes a wise head; A man of words and not of deeds is like a garden full of weeds; The greatest talkers are the least doers; A long tongue has a short hand

U more pijesak sipati → U šumu drva nosi

U mutnoj vodi se riba lovi

R: В мутной воде рыбу ловят (var. ловить рыбу в мутной воде)

E: It is good fishing in troubled waters

U nevolji ne treba plakati nego lijeka tražiti

Cf: Ne vrijedi plakati nad prolivenim mlijekom

R: Слезами (Плачем) горю не поможешь; Печаль беде не помощник; Глупый киснет, а умный всё промыслит

E: Action is worry's worst enemy

U radiše svega biše, u štediše jošte više

Cf: Ko ne čuva malo, ne može ni dosta imati; Para dinar čuva; Manje jedi, pa kupi; Čuvaj bijele novce za crne dane; Štednja je prvo tečenje

R: Запасливый нужды не терпит

E: A penny saved is penny earned; Thrift is a great revenue

U ratara crne ruke, a bijela pogača

Cf: Crna koka bijela jaja nosi

R: Мыло серо, да моет бело

E: Dirty hands make clean money

U smrti su svi jednaki

Lat: Omnia mors aequat

Cf: Ko se rađa i umire

R: Смерть всех сравняет; Смерть не разбирает чина

E: Death is the great leveler; The end makes all equal

U strahu su velike oči

R: У страха глаза велики

E: Fear has magnifying eyes

U svakoj čorbi mirođija → Svakom loncu poklopac

A Dictionary of Proverbs and Sayings: S / B / C - Russian - English

U svakoj šali pola istine (zbilje)

Lat: Ridentem dicere verum: quid vetat?

R: В каждой шутке есть доля правды

E: Many a true word is spoken in jest

U svakom zlu ima dobra

Svako zlo ima svoje dobro

Gdje je sreća, tu je i nesreća; gdje je nesreća, tu i sreće ima

Lat: Malum nullum est sine aliquo bono

Cf: Ko zna zašto je to dobro?; Ne daj, Bože, većeg zla

R: Нет худа без добра; Не было бы счастья, да несчастье помогло; Теля умерло, хлеба прибыло

E: Every cloud has a silver lining; There is no great loss without some gain; Always look on the bright side; A blessing in disguise

U svakom žitu ima kukolja

Svaki rod ima po jedan rog

Cf: Jedna šugava ovca svo stado ošuga

R: В семье не без урода; Ложка дёгтя портит бочку мёда

E: One bad apple spoils the barrel; The rotten apple injures its neighbour (var. There is (at least) one rotten (bad) apple in every barrel (box)); Every garden has its weeds; ~ Ill weeds grow apace

U šumu drva nosi

U more pijesak sipati

Ne prodaji bostandžiji bostana

Kroz Banjaluku ne pjevaj, kroz Sarajevo ne kradi, a u Mostaru ne laži (hum.)

R: В Тулу со своим самоваром не ездят (var. В гости со своим самоваром не ездят); В лес дров не возят (в колодец воды не льют)

E: Don't take (carry) coals to Newcastle; Don't sell snow to eskimos

U tom grmu leži zec

Lat: Hic jacet lupus

R: Вот где собака зарыта

E: That's where the shoe pinches; That's the devil of it; That's where the trouble lies

199

U trojstvu Bog pomaže → Treća sreća

U tuđe krave veliko vime
U tuđoj kozi više loja
Tuđa koka ćureća jaja nosi
Komad u tuđoj ruci je svagda veći

Cf: Zabranjeno voće je najslađe; Slađa smokva preko plota

R: Хороша рыба на чужом блюде

E: The grass is always greener on the other side of the fence; Blue are the hills that are far away

U tuđem oku vidi slamku, a u svome grede ne vidi
Vidi trn u tuđem oku, a ne vidi brvno u svom

R: В чужом глазу сучок видим, а в своём (и) бревна не замечаем

E: You can see a mote in another's eye but cannot see a beam in your own

U tuđoj kozi više loja → U tuđe krave veliko vime

U zdravom tijelu - zdrav duh

R: В здоровом теле — здоровый дух

E: A sound mind in a sound body

Uboštvo nije sramota → Sirotinja nije grijeh

Učini dobro, ne kaj se; učini zlo, nadaj se → Čini dobro, pa i u vodu baci

Udario tuk na luk

Našla kosa brus

Cf: I mi konja za trku imamo; Kad lupež lupežu što ukrade, i sam se Bog smije

R: Нашла коса на камень; Налетел топор на сук; На крепкий сук – острый топор (var. Остёр топор, да (и) сук зубаст); Алмаз алмазом режется

E: Diamond cut diamond; When Greek meets Greek, then comes the tug of war (var. Greek meets Greek); You can't (Don't try to) con a con (con man) (am.); Don't bullshit a bullshitter (inf., vulg., am.); You can't kid a kidder (am.)

Udri brigu na veselje

Cf: Zid ruši vlaga, a čovjeka briga

R: Завей (завьём, завяжи) горе верёвочкой; ~ Мешай дело в бездельем, проживёшь век с весельем; Унеси ты моё горе; ~ Штандарт скачет

E: Eat, drink and be merry (for tomorrow we die); It's a poor (sad) heart that never rejoices; Don't sweat the small stuff (shit) (inf., vulg); It's all small stuff (shit) (inf., vulg)

Um caruje, snaga klade valja

Bolja je unča pameti nego sto litara snage (уст.)

R: И сила уму уступает; Лиса семерых волков проведёт; Не гонкой волка бьют, а уловкой; Где силой не возьмёшь, там хитрость на подмогу (там надобно уменье); Где силой взять нельзя, там надобна ухватка

E: Wisdom goes beyond strength; Use brains not brawn; Mind triumphs over matter; Strong back, weak mind

Umiljato jagnje dvije majke sisa	R: Ласковое теля (телятко, телёнок) двух маток (две матки) сосёт; Мёдом больше мух наловишь, чем уксусом
	E: Honey catches more flies than vinegar
Upoznaj svoju domovinu (zemlju) da bi je više volio	R: Широка страна моя родная
	E: Travel broadens the mind; Travel is broadening
Ustani, lijeni, Bog sreću dijeli	R: Хочешь есть калачи, не лежи на печи; На окошке грибы не растут; Ты меня, работа, не бойся, я тебя не трону
Cf. Ko rano rani, dvije sreće grabi	
	E: Rise and shine; Sleeping cats catch no mice; You snooze, you lose

Usluga za uslugu → Ti meni, ja tebi

Uzdaj se u se i u svoje kljuse	R: Свой ум — царь в голове (var. У каждого свой царь в голове); Всяк Еремей про себя разумей; Спасение утопающих — дело рук самих утопающих
Cf: Pomozi sam sebi, pa će ti i Bog pomoći; Tuđa ruka svrab ne češe	
	E: Paddle one's own canoe; Every tub must stand on its own bottom
Uzmi ili ostavi	R: Бери или уходи
Cf: Ako nećeš, ti poljubi pa ostavi	*E: Take it or leave it*

Uzmi sve što ti život pruža   R: Бери от жизни всё, что сможешь

E: Life hands you lemons, make lemonade; Take (Grab) the bull (life, the world) by the balls (inf., vulg.); Take the goods the God provide

V

Velike ribe male proždiru
Cf: Ko je jači, taj i tlači

R: Большая рыба маленькую целиком глотает

E: Big fish eat little fish

Velike ribe veliku vodu traže
Što je veća ptica, veće joj gnijezdo treba

R: Большому кораблю — большое (и) плавание

E: A great ship asks deep waters

Vidi trn u tuđem oku, a ne vidi brvno u svom → U tuđem oku vidi slamku, a u svome grede ne vidi

Vidjela žaba da se konj potkiva, pa i ona digla nogu

R: Куда конь с копытом, туда и рак с клешнёй

E: Monkey see, monkey do; Imitation is the sincerest form of flattery

Više je ljudi pomrlo od jela i pića nego od gladi i žeđi
Cf: Manje jedi, pa kupi

R: Умеренность есть лучший пир

E: Gluttony kills more than sword

Više ruku više urade

R: Артельный (общий) горшок гуще кипит; В полплеча работа тяжела, а оба подставишь — легче справишь; Берись дружно, не будет грузно; Дружно не грузно, а врозь хоть брось; Один и камень не поднимешь, а миром и город передвинешь

E: *Many hands make light work*

Više vrijedi jedan stari prijatelj nego nova dva

Starog vina i stara prijatelja drži se

Drž' se nova puta i stara prijatelja

Cf: Dok s nekim vreću brašna ne pojedeš, ne možeš ga upoznati

R: Старый друг лучше новых двух; Внешний лёд обманчив, а новый друг ненадёжен

E: *Old friends and old wines are best; Short acquaintance brings repentance*

Vlakno po vlakno – runo → Zrno po zrno pogača, kamen po kamen palača

Voda i vatra su dobre sluge, ali zli gospodari

R: Огонь - хороший слуга, но плохой хозяин

E: *Fire is a good servant but a bad master*

Vodu koju ćeš piti nemoj mutiti

R: Не плюй в колодец - пригодится воды напиться

E: *Don't foul the well, you may need its waters*

Vrana vrani oči(ju) ne vadi Cf: Vuk na vuka ni u gori neće	R: Ворон ворону глаз не выклюет E: Hawks will not pick out hawk's eyes; Crows do not pick crow's eyes
Vremena se mijenjaju Lat: Tempora mutantur Cf: Drugo vrijeme, drugi običaji	R: Времена меняются, и мы меняемся с ними E: Time changes (and we with time)
Vrijedne su ruke najbolja alatka Cf: Bez alata nema zanata; Zanatliju posao pokazuje	R: Плохому танцору ноги мешают (var. Плохому танцору яйца мешают (inf, vulg.)); Ножницы прямые, да руки кривые; Мастер глуп – нож туп; У плохого мастера и пила плохая (var. у худого пильщика пила виновата) E: A bad workman always blames his tools; A bad shearer never had a good sickle
Vrijeme će reći Cf: Živi-bili, pa vidjeli	R: Время покажет E: Time will tell (show) (var. Time alone will tell)
Vrijeme gradi niz kotare kule, vrijeme gradi, vrijeme razgrađuje	R: Всё великое земное разлетается как дым E: Time changes all things
Vrijeme je novac	R: Время — деньги E: Time is money; Time is precious

Vrijeme leti

Lat: Tempus fugit

Cf: Danci k'o sanci, a godišta k'o ništa

R: Время бежит как вода; А годы летят

E: Time flies

Vrijeme liječi sve rane

R: Время — лучший доктор (врач, лекарь); Время пройдёт — слезы утрёт

E: Time is the the great healer; Time heals all wounds; Time will heal; Time works wonders

Vrijeme nikog ne čeka

R: Время (никого) не ждёт; А годы проходят — всё лучшие годы!

E: Time and tide wait for no man

Vuk dlaku mijenja, a ćud nikada (ali ćud nikako)

Kurjak ostari, ćudi ne ostavi

Krsti vuka, a vuk u goru

Vuk uvijek u šumu gleda

Lat: Lupus pilum mutat, non mentem; Vulpem pilum mutare, non mores

Cf: Ne može se kriva Drina ramenom ispraviti; Teško žabu u vodu natjerati

R: Горбатого (одна) могила исправит; Сколько волка ни корми, он всё в лес смотрит; Волк каждый год линяет, а всё сер бывает (да обычая не меняет)

E: The leopard does not change his spots (var. A leopard can't change its spots); Wolves may loose their teeth, but they never loose their nature; A wolf may change his mind but never his fur; The fox may grow grey but never good; The fox changes his skin but not his habits

Vuk na vuka ni u gori neće

Lat: Canis caninam non est

Cf: Vrana vrani oči(ju) ne vadi

R: Волк волка не съест

E: Dog does not eat dog; Wolf should not eat wolf

Vuk uvijek u šumu gleda → Vuk dlaku mijenja, a ćud nikada (ali ćud nikako)

Z

Za čisto zlato rđa ne prijanja

Cf: Za dobrim konjem se prašina diže

R: Грязное к чистому не пристанет ; Придорожная пыль небо не коптит; Грязь — не сало, потёр — и отстало

E: The sun is never the worse for shining on a dunghill; True blue will never stain

Za dobrim konjem se prašina diže

Cf: Za čisto zlato rđa ne prijanja

R: Доброму Савве добрая (и) слава

E: *Better be envied than pittied*

Za Kulina bana (i dobrijeh dana)

Još kad je car kaplar bio
Otkako je gavran pocrnio
Otkako je svijeta i vijeka

R: Это ещё при царе Горохе было; Это при Адаме было

E: *Since Adam was a boy; Since Hector was a pup; In days of yore*

Za nevolju i medvjed nauči igrati → Nužda nauči i babu igrati

Za svađu je potrebno dvoje Cf: Za tango je potrebno dvoje	R: Для ссоры нужны двое E: *It takes two to make a quarrel*
Za sve ima lijeka	R: Всё на свете можно исправить, кроме смерти E: *There is a remedy for everything except death*
Za sve postoji razlog	R: Всему есть своя причина; Без причины нет кручины E: *There is reason in the roasting of eggs*
Za tango je potrebno dvoje Cf: Za svađu je potrebno dvoje	R: Для танго нужны двое (пер.) E: *It takes two to tango*
Zabranjeno voće je najslađe Cf: Slađa smokva preko plota; U tuđe krave veliko vime	R: Запретный плод (всегда) сладок (вкуснее) E: *Stolen fruit is sweet; Stolen waters are sweet; Forbidden fruit is the sweetest*

Zaigraće mečka i pred našom kućom → Doći će sunce i pred naša vrata

Zaklela se zemlja raju da se svake tajne znaju Cf: Svako djelo dođe na vidjelo	R: По секрету всему свету; Нет ничего тайного, что не стало бы явным E: *Nothing is secret, that shall not be made manifest*

Zaman brci, kad pameti nema → Pop se ne bira po bradi, nego po glavi

Zanatliju posao pokazuje
Djelo čovjeka hvali
Dobar posao se sam hvali
Cf: Drvo se poznaje po plodu; Dobar majstor para vrijedi

R: Дело мастера боится; По работе и мастера (работника) знать; Про нашу пряжу худо не скажут; Всякая работа мастера хвалит; Дело не ворона: не каркает, а скажется

E: A carpenter is known by his chips; He works best who knows his trade

Zaoriće se i naša davorija → Doći će sunce i pred naša vrata

Zavadi, pa vladaj
Lat: Divide et impera; Divide ut regnes (imperes)

R: Разделяй и властвуй
E: Divide and rule

Zbog jednog vesla brod ne ostaje → Bez jednog čovjeka (Cigana) može biti vašar

Zbori pravo, sjedi gdje ti je drago
Cf: U laži su kratke noge

R: За правое дело стой смело
E: Tell the truth and shame the devil; Truth pays best; Truth is best

Zdrav bolesnom ne vjeruje → Sit gladnom ne vjeruje

Zdravlje je najveće blago (najveći raj) ovoga svijeta
(var. Zdravlje je najveće bogatstvo; Bez zdravlja nema bogatstva)
Lat: Valetudo bonum optimum

R: Здоровье дороже богатства (золота); Здоровье всего дороже; Здоровью цены нет

E: Health is better than wealth

211

Zdravlje je najveće bogatstvo → Zdravlje je najveće blago (najveći raj) ovoga svijeta

Zid ruši vlaga, a čovjeka briga Nije čiko ostario u sreći ležeći već od zla bježeći Cf: Udri brigu na veselje	R: Был конь, да изъездился; Укатали сивку крутые горки; Человек худеет от заботы, а не от работы (var. Не работа сушит, а забота); Ржа есть железо, а печаль (беда) – сердце; Горе одного только рака красит; Время красит, безвременье старит; Против жара (от жару) и камень треснет; Кручина иссушит и лучину E: *It is not work that kills, but worry (var. Worry kills more men than work); Care killed a cat; Sufficient unto the day is the evil thereof*
Zini da ti kažem Cf: Kad porasteš, kaz'će ti se samo	R: Тайна сия велика есть E: *That's for me to know and you to find out*
Zlatan lanac slobodu ne pruža	R: Хорошо птичке в золотой клетке, а того лучше на зеленой ветке; Не нужна соловью золотая клетка, а нужна зеленая ветка; Золотая клетка соловью не потеха (соловья не красит) E: *Nightingales will not sing in a cage*

Zlatan ključić i carev grad otvori → Zlatan ključić i željezna (gvozdena) vrata otvara

Zlatan ključić i željezna (gvozdena) vrata otvara
Zlatan ključić i carev grad otvori

Cf: Para vrti gdje burgija neće

R: Золотой молоток и железные ворота отпирает (прокует); Золотой ключик все двери открывает

E: *A golden key can open any door*

Zlato se u vatri probira, a čovjek u nevolji → Prijatelj se u nevolji poznaje (kao zlato u vatri)

Zlatu će se kujundžija naći → Dobrom konju se i u štali nađe kupac

Zlo se čuje dalje nego dobro

Cf: Bolji je dobar glas nego zlatan pâs; Dobar glas daleko se čuje

R: Худые вести не лежат на месте; Плохая молва на крыльях летит; Добрая слава лежит, а худая (дурная) (далеко) бежит (var. Добрая слава в углу сидит, а худая по свету бежит)

E: *Bad news travels fast; Ill news comes apace*

Zna magarac gdje ga samar žulji

R: Всяк знает, где его сапог жмёт

E: *Only the wearer knows where the shoe pinches*

Zna se zlato i u đubretu

R: Золото и в грязи блестит

E: *The sun loses nothing by shining into a puddle*

Znam te, puško, kad si pištolj bila

Cf: Ko ga ne zna, skupo bi ga platio

R: Федот, да не тот; С суконным рылом (да) в калачный ряд (не суйся)

E: *The higher a monkey goes the more he shows his behind*

Znanje je pravo imanje

Bolje je znanje nego imanje

Bolje je znati nego imati

Bolje je umjeti nego imati

Cf: Bolje je pametna glava nego dolina para

R: Знание лучше богатства; Был бы ум, будет и рубль; Ученье свет (а неученье тьма); Кто грамоте горазд, тому не пропасть

E: Learning is better than house and land; When house and land are gone and spent, then learning is most excellent

Zrno po zrno, eto pogača; dlaka po dlaka, eto bjelača; kaplja po kaplja, eto Morača → Zrno po zrno pogača, kamen po kamen palača

Zrno po zrno pogača, kamen po kamen palača

Zrno po zrno, eto pogača; dlaka po dlaka, eto bjelača; kaplja po kaplja, eto Morača

Mnogo zrna gomilu načine

Vlakno po vlakno - runo

Iz potočića biva rijeka

More izvorima počinje

Iz svake brade po dlaka, eto ćosi brade

Cf: U radiše svega biše, u štediše jošte više

R: Ягодка по ягодке - будет кузовок (var. Собирай по ягодке, наберёшь кузовок); С миру по нитке — голому рубашка (рубаха); Курочка по зёрнышку клюёт, да сыта бывает; Пушинка к пушинке – выйдет перинка; Полено к полену – сажень; По капле и море собирается; По зёрнышку – ворох, по капельке – море

E: Many a little makes a mickle; Many a mickle makes a muckle; Every little helps; Little by little and bit by bit; One step at a time; Baby steps first; It is possible to swallow (You can eat) an elephant – one bite at a time (var. Don't try to swallow an elephant whole)

Ž

Žaba davi rodu

Cf: Gdje je magla panj izvalila?; Na vrbi svirala; Ne padaju s neba pečene mušmule (ševe)

R: А дело бывало — и коза волка съедала

E: *Too good to be true (var. If it sounds too good to be true, it probably is)*

Žali, Bože, tri oke sapuna, što poarči bula na Arapa

R: Дурака (дураков) учить, что мёртвого (горбатого) лечить

E: *He that washes an ass's head, shall lose both lye and his labour; He who scrubs the head of an ass wastes his soap (Am); Black will take no other hue; It is useless to flog a dead horse*

Žedan i mutnu vodu pije → Žedan konj mutnu vodu ne gleda

Žedan konj mutnu vodu ne gleda

Žedan i mutnu vodu pije

Cf: Glad je najbolji kuhar; Gladan pas ne može lajati

R: Голодному Федоту и репа (всё) в охоту; Голодный француз и вороне рад

E: *Hungry dog will eat dirty puddings*

215

Ženiti se mlad, rano je, a star kasno je

R: Молодому жениться рано, а старому поздно

Žežen kašu hladi → Koga je zmija ujela i guštera se boji

Živ mi Todor da se čini govor

R: Слышал звон, да не знаешь (не знает), где он; Мели, Емеля, твоя неделя; Поехала кума неведомо куда

~ E: Mum's the word

Živa glava sve podnese i na sve se navikne

Cf: Strpljen - spašen

R: Живи будем – не помрём; В этой жизни умереть не трудно

E: What can't be cured must be endured

Živi-bili, pa vidjeli

Cf: Vrijeme će reći

R: Поживём – увидим; Что было, то видели, что будет, то увидим

E: We shall see what we shall see

Živi, i pusti druge da žive

R: Живи и жить давай другим

E: Live and let live

Živi prosto – doživjećeš sto

Cf: Bježi, rđo, eto meda!

R: От всех болезней нам полезней солнце, воздух и вода

E: The best doctors are Dr Diet, Dr Quiet and Dr Merryman

Život je kratak

R: Жизнь коротка, а дел много

E: Life is too short; Life is short and sweet; ~ Life is too short to be little

Život je nekome majka, a nekome maćeha → Život je težak

Život je takav, čupav i dlakav

Cf: Život je težak

R: Жизнь бьёт ключом, и всё по голове; Чтоб жизнь малиной (мёдом) не казалась

E: Life isn't all beer and skittles; Life's not all wine and roses; Life's no walk in the park; Life is no bed of roses

Život je težak

~ Život je nekome majka, a nekome maćeha

Cf: Život je takav, čupav i dlakav

R: Жизнь прожить — не поле перейти

E: Life was never meant to be easy; Life's a bitch, and then you die; The first hundred years are the hardest

Život teče dalje

R: Жизнь продолжается

E: Life goes on

Žuti žutuju, a crveni putuju

Okrnjen sud mnogo stoji

R: Скрипучее дерево два века стоит (var. Скрипучее дерево - живучее); Битая посуда два века живёт

E: A creaking door hangs the longest; ~ Threatened men live long

Registar poslovica i izreka

A

ALAT, ALATKA: Bez alata nema zanata; Vrijedne su ruke najbolja alatka

APETIT: Apetit dolazi za vrijeme jela

ARAP: Žali, Bože, tri oke sapuna, što poarči bula na Arapa

ARŠIN: Ako je daleko Bagdad, blizu je aršin; Ne mjeri drugoga svojim aršinom

B

BABA: Da je baba deda... ; Da su babi muda, bila bi deda; Dala baba groš da uđe u kolo, dala bi dukat da izađe; Gdje je puno baba kilava su djeca; Kad nema djevojke dobra je i baba; Ko o čemu, baba o uštipcima; Prošla baba s kolačima; Selo gori, a baba se češlja; Što je babi milo, to se babi snilo; Što se babi htilo, to se babi snilo; Trla (prela) baba lan da joj prođe dan

BABO: Ni po babu, ni po stričevima (već po pravdi boga istinoga)

BACITI: Jazuk (je) baciti; Ko nije grešan, neka prvi baci kamen

BAČKA: ...I mirna Bačka

BAJRAM: Ne šije se marama uoči Bajrama; Nije svaki dan Bajram; Top puče, Bajram prođe

BAL: Kad je bal, nek je bal (maskenbal)

BATINA: Batina ima dva kraja; Batina je iz raja izašla

BESPOSLEN: Besposlen Mujo fišeke savija; Besposlen pop i jariće krsti

BESPOSLENOST: Besposlenost je majka svih zala

BITI: Biće šta će biti; Bilo, pa prošlo (ka' i lanjski snijeg); Kako bilo da bilo; Kako god bilo; Nigdar ni tak bilo da ni nekak bilo ; Šta bi bilo kad bi bilo; Šta bude da bude; Šta bude, biće; Šta je bilo, bilo je; Šta je, tu je; Što mora biti, biće

BLAGO: Nije blago ni srebro ni zlato, već je blago što je srcu drago

BLIZU, BLIŽE: Preko preče, naokolo bliže; Što dalje - sve bliže smrti; Tako blizu, a tako daleko

BOG: Bog dao, Bog i uzeo; Bog je prvo sebi bradu stvorio; Bog je spor, ali je dostižan; Bog nikom dužan ne ostaje; Bog visoko, a car daleko; Bog zatvori jedna vrata, a otvori stotinu; Bogu iza nogu (leđa); Bogu se moli, ali k brijegu grebi; Čovjek kaže, a Bog raspolaže; Čovjek snuje, a Bog odlučuje (određuje); Gdje je Bog rekao laku noć; Ko se čuva, i Bog ga čuva; U trojstvu Bog pomaže

BOJATI SE: Čini pravo, boj se Boga, pa se ne boj nikoga; Ko mnogo prijeti, onoga se ne boj

BOLEST: Bolest na konju dolazi, a na dlaci odlazi; Njegova bolest drugoga zdravlje

BOSNA: ...I mirna Bosna

BOSTAN: Ne prodaji bostandžiji bostana

BOZADŽIJA: Bozadžija za salebdžiju

BOŽIĆ: Nije svaki dan Božić

BRAĆA, BRAT: Ako smo mi braća, nisu nam kese sestre!; Nesložna braća - propala kuća; Složna braća kuću grade; Nekom rat, nekom brat; Složna braća nove dvore grade, a nesložna stare razgrađuju

BRADA: Brada narasla, a pameti ne donijela; Iz svake brade po dlaka, eto ćosi brade; Pop se ne bira po bradi, nego po glavi

BRIGA: Svakom je tuđa briga najlakša; Udri brigu na veselje; Zid ruši vlaga, a čovjeka briga

BRDO: Ko na brdu ak' i malo stoji, više vidi no onaj pod brdom

BRK: Zaman brci, kad pameti nema

BREME: Na tuđim leđima lako je breme; Svakom je svoje breme najteže

BRNJICA: Brnjicu na gubicu

BRZ: Što je brzo, to je i kuso

BUDALA: Budala je ko hoće da zna šta se u svačijem lončiću vari; Budale se mnogo smiju; Budale se smiju bez razloga; Djeca, budale i pijani istinu govore; Stari trik, nova budala
BUKA: Mnogo vike (buke) ni oko čega

C
CAR: Car daleko, a Bog visoko; Car nad carem se uvijek nađe; Caru carevo, a Bogu božje (dati); I car legne da mu se (ručak) slegne; Gdje ništa nema i car prava nema; Još kad je car kaplar bio; Pođi za stara, pođi za cara; pođi za mlada, pođi za vraga
CARSKI: Carska se ne poriče
CICIJA: Nije beg cicija
CIJENA: Sve ima svoju cijenu
CILJ: Cilj opravdava sredstvo
CRV: I crv se svija ako ga zgaziš
CVIJET: Gdje je cvijet, tu je i med

Č
ČEKATI: Galija jednog ne čeka; Ko čeka, taj i dočeka
ČELO: Nikome nije napisano na čelu šta je u njemu
ČEŠATI SE: Gdje koga svrbi onde se i češe
ČINJENICA: Činjenice su tvrdoglave
ČORBA: U svakoj čorbi mirođija
ČOVJEK: Kakav je koji čovjek, onako s njim postupaj
ČUDO: Svakog čuda za tri dana

Ć
ĆUD: Koliko ljudi, toliko ćudi; Kurjak ostari, ćudi ne ostavi

D
DAMA: Dame biraju; Dame imaju prednost; Dame se ne pitaju za

godine

DAN: Ako je kratak dan, duga je godina; Dan po dan, noć po noć - čovjek se bliži grobu; Danci k'o sanci, a godišta k'o ništa; Ne hvali dan prije večeri; Ne zna se šta nosi dan a šta noć

DANAS: Danas imaš, sutra nemaš; Danas ja, sutra ti; Danas jesmo, sutra nismo (a sutra nas nema); Danas meni, sutra tebi; Ne ostavljaj za sutra ono što možeš uraditi danas

DAR: Bojim se Danajaca i kad darove donose; Na daru se zubi ne broje; Ne vjeruj Danajcima i kad darove donose

DATI: Daj šta daš; Daj ti meni plačidruga, a pjevidruga je lako naći; Dvaput daje ko odmah daje

DATO: Obećato kao dato

DAVORIJA: Zaoriće se i naša davorija

DIM: Ako je dimnjak nakrivo, upravo dim izlazi

DINAR: Para dinar čuva; Puno je grad za dinar, kad dinara nema

DIVLJI: Dođoše divlji, istjeraše pitome

DJECA: Ko sa djecom spava, budi se popišan; Mala djeca mala briga; velika djeca velika briga; Od djece ljudi bivaju

DJELO: Kakav na jelu, takav na djelu; Konac djelo krasi; Svako djelo dođe na vidjelo

DOBAR: Dobra roba sama se prodaje, a djevojka sama se udaje; Sve je dobro, što se dobro svrši; Za Kulina bana (i dobrijeh dana)

DOBITI: Ko ne riskira ne dobija

DOBRO: Čini dobro, pa i u vodu baci; Dobro se dobrim vraća; Ko dobro čini, bolje dočeka (a ko zlo čini, gore dočeka); Ko dobro čini, neće se kajati; Učini dobro, ne kaj se; učini zlo, nadaj se; U svakom zlu ima dobra

DOBROTA: Sačuvaj me, Bože, njihove dobrote

DOCKAN: Dockan, kume, popodne u crkvu

DOGODITI SE: Dogodilo se - ne pomenulo se

DOGOVORNI: Dogovorna je najbolja

DOM: Dome, slatki dome; Ko naglo ide, na putu ostaje, ko lakše ide, brže doma dolazi; Svaki je domaćin svome domu vladika

DRAGO: Bilo kako mu drago

DRUG: Šaljiva druga družina ljubi

DRUGI: Ako nisi za sebe, nisi ni za drugoga; Čini drugom što je tebi drago da ti se učini; Što ne želiš sebi, nemoj ni drugome

DRUŠTVO: U društvu se i kaluđer ženi

DRVO: Da kucnem o drvo; Drvo se poznaje po plodu; Drvo se savija dok je mlado; Pokraj suha drveta i sirovo izgori; Staro se drvo ne savija

DUB: Od jednog udara dub ne pada

DUG: Dug je zao drug

DUŠA: Čovjek se nada dok je god duše u njemu; Oči su ogledalo duše

DUŽAN: Ko je dužan, taj je tužan

DVA: Dva loša ubiše Miloša; Dva trećega ne čekaju; Od dvije smrti niko ne gine; Kad se dva petka sastanu zajedno; Ko juri dva zeca odjednom, ne ulovi nijednog; Ko rano rani, dvije sreće grabi; Platno se ne tka na dva razboja

DVOJE, DVOJICA: Dok se dvoje svađaju, treći se koristi; Dvojica više znaju nego jedan; Gdje dvoje govori, tu je treći kost u grlu; Za svađu je potrebno dvoje; Za tango je potrebno dvoje

DŽ

DŽABA: Džaba (Badava) se ni Hristov grob ne čuva; Nema džabe ni kod (stare) babe; Što je džaba i Bogu je drago

Đ

ĐAVO: Đavo nije tako crn kao što izgleda; Ispod (male) mire sto (devet) đavola vire; Nije đavo nego vrag; Nije ni đavo tako crn kao što ga pišu (kao što ljudi govore)

G

GAĆE: Biće gaće, ali ne znam kad će; Daće Bog (raji) gaće, ali ne zna kad će; Kad se tvoj vrag rodio, onda je moj gaće nosio; Nema raka bez mokrih gaća

GAVRAN: Otkako je gavran pocrnio

GINUTI: Pošteno ime ne gine

GLAD: Glad je najbolji kuhar (začin); Ko radi ne boji se gladi

GLADAN: Gladan kurjak usred sela ide; Gladan medvjed ne igra; Gladnom psu i divljake slatke; Sit gladnom ne vjeruje

GLAS: Bolji je dobar glas nego zlatan pâs; Dobar glas daleko se čuje; Glas naroda, glas božji

GLAVA: Čizma glavu čuva (a kapa krasi); Ko nema u glavi, ima u nogama; Mudra glava, šteta što je samo dvije noge nose (a ne četiri, kao živinče); Rep glavi ne zapovijeda; Živa glava sve podnese i na sve se navikne

GODINA: Godine nisu važne

GORA: Gora se s gorom ne sastaje, a čovjek s čovjekom vazda; Tresla se gora (brda), rodio se

miš

GORI (GORE): Ko bi gori, sad je doli, a ko doli, gori ustaje

GOSPODAR: Kakav gospodar, onakav i sluga; Voda i vatra su dobre sluge, ali zli gospodari

GOSPODSKI: Maleno je zrno biserovo, al' se nosi na gospodskom grlu; Gospodskome smijehu i vedru vremenu ne valja vjerovati, jer se začas promijene

GOST: Došli gosti da oglođu kosti; Kakav gost, onakva mu čast; Najmilijeg gosta tri je dana dosta; Nezvanom gostu mjesto iza vrata; Svakog gosta tri dana dosta

GOVOR: Živ mi Todor da se čini govor

GOVORITI: Lako je govoriti, al' je teško tvoriti

GRAD: U kakav grad dođeš, takav zakon primaš

GREŠKA: Pametan se uči na tuđim greškama, budala na svojim

GRIJEŠITI: Griješiti je ljudski

GROB: Bolje grob nego rob

GROM: Neće grom u koprive

GUBER: Ne pružaj se dalje od gubera; Pruži se prema guberu

GUSKA: I guska katkad na ledu posrne

GVOŽĐE: Gvožđe se kuje dok je vruće; Kad čovjek tone, i za vrelo gvožđe se hvata; Obradovala se rđa gvožđu

H

HAJDUK: Dva (Tri) hajduka, devet kapetana

HLJEB: Čovjek ne živi samo od hljeba; Kad spava, hljeba ne ište; Ne traži hljeba preko pogače

HRABAR: Hrabre sreća prati

HRAST: Najedanput se hrast ne posiječe

HTJETI: Htio - ne htio; Sve se može kad se hoće; Treba htjeti, treba smjeti

HVALA: Hvala je prazna plaća; Prazna hvala neće u torbu

HVALITI: Dan se hvali kad veče, a život kad smrt dođe; Djelo čovjeka hvali; Dobar posao se sam hvali; Ko se hvali, sam se kvari; Svaki Cigo svoga konja hvali

I

IMATI: Bolje je umjeti nego imati; Ko ne čuva malo, ne može ni dosta imati; Ko više ima, više mu se hoće

INAT: Od inata nema goreg zanata

ISKRA: Od male iskre velika vatra

ISKUSTVO: Iskustvo je najbolji učitelj (u životu)

ISTI: Isto sranje, drugo pakovanje; Svi muškarci su isti

ISTINA: Čaša iza čaše, a iza čaše istina; Istina bode oči; Istina boli; Istina je gorka, ali se produje; Istina je u vinu; Istina suncem sja

ISTORIJA: Istorija se ponavlja

IVER: Iver ne pada daleko od klade

IZGLED: Izgled vara

IZGUBITI: Dobro se ne pozna dok se ne izgubi; Imadoh - ne znadoh, izgubih – poznadoh; Ko hoće (traži) veće, izgubi i ono iz vreće; Ko žali ekser, izgubi potkovicu; Što izgubiš, ne traži, što nađeš, ne kaži

J

JA: Ti meni, ja tebi

JADAC: Spolja gladac, iznutra jadac

JAJE: Bolje je danas jaje nego sutra kokoš; Ili jaje kamenu ili kamen jajetu; Ne stavljaj sva jaja u jednu košaru; Ne treba kvocati, nego jaja nositi

JAK: I dren je malen, ali mu je drvo jako; Jača su dvojica nego sam Radojica; Jače selo od medvjeda; Kad se slože i slabi su jaki; Ko je jači, taj i tlači; Nije tvrda vjera u jačega; Svaki pijevac na svom bunjištu jači

JAMA: Ko drugom jamu kopa, sam u nju pada

JARAC: Ja derem jarca, a on kozu; Ne valja jarca za baštovana namjestiti

JELO: Više je ljudi pomrlo od jela i pića nego od gladi i žeđi

JEDAN: Bez jednog čovjeka (Cigana) može biti vašar; Jedan k'o nijedan (Jedna k'o nijedna); Jedan, ali vrijedan; Jedan se oteg'o, drugi se proteg'o; Jedan za sve, svi za jednog; Svi za jednog, jedan za sve

JEDNOM: Jednom kao nijednom

JEFTIN: Jeftin espap kesu prazni ; Jeftino meso, čorba za plotom

JESTI: Čovjek ne živi da bi jeo, već jede da bi živio; Jedemo da živimo, a ne živimo da jedemo

JEZGRO: Ako želiš jezgro, slomi ljusku

JEZIK: Bolje se pokliznuti nogom nego jezikom; Brži jezik od pameti; Jezik je više glava posjekao nego sablja; Čovjek se veže za jezik, a vo za rogove; Jezik kosti nema, a kosti lomi; Jezik veže ljude, uže konje i volove; Jezik za zube

JOVO: Opet Jovo nanovo

JUTRO: Jutro je pametnije (mudrije) od večeri; Starije je jutro od večera

K

KADIJA: Kadija te tuži, kadija ti sudi

KAJATI SE: Ko rano ustaje nikad se ne kaje; Ko se brzo ženi, polako se kaje; Ko ustraje taj se ne kaje; Oženi se na brzinu, kajaćeš se natenane

KAMEN: Ili loncem o kamen, ili kamenom o lonac, teško loncu svakojako; Koji se kamen često premeće, neće mahovinom obrasti

KAP, KAPLJA: Kap koja je prelila čašu; Kaplja kamen dubi

KAŠA: Žežen kašu hladi

KAŠALJ: Kašalj, šuga i ašikovanje ne može se sakriti; Siromaštvo i kašalj ne mogu se sakriti

KAZATI: Zini da ti kažem

KIŠA: Bježao od kiše, stigao ga grad; Kad najviše grmi, najmanje kiše pada; Kad nema kiše dobar je i grad; Poslije kiše japundže ne treba

KLIN: Jedan u klin, drugi u ploču; Klin se klinom izbija (a sjekira oba)

KLJUSE: Uzdaj se u se i u svoje kljuse

KOCKA: Kocka je bačena

KOKA, KOKOŠ: Crna koka bijela jaja nosi; Doći će koka na sjedalo; Gdje bi jaje kokoš učilo?; I ćorava koka zrno nađe; Koja kokoš mnogo kakoće, malo jaja nosi; Kokoš pije, a na nebo gleda; Kržljava koka uvijek pile; Sitna koka pile dovijeka; Stara koka, dobra supa; Teško kući gdje je kokoška glasnija od pijetla

KOLA: Kola nenamazana škripe; Na čijim se kolima voziš, onoga konje hvali; Na nesretnom se kola lome; Podmaži kola da ne škripe

KOLIJEVKA: Što kolijevka zaljuljala, to motika zakopala

KOLO: Ide kolo naokolo; Kad si u kolu, valja da igraš; Ko se u kolo hvata, mora i poigrati; U kakvo kolo dođeš, onako i igraj; U kakvom si kolu, onako i pleši

KOLJENO: Ne diži se na golemo da ne padneš na koljeno

KOMŠIJA: Komšija bliži nego brat

KONJ: Dobar konj se i za jaslima prodaje; Dobrom konju se i u štali nađe kupac; I konj od sto dukata posrne; I mi konja za trku imamo; Od plašljiva ždrijebeta mnogo puta dobar konj izađe; Prešao s konja na magarca; Star se konj ne uči igrati; Za dobrim konjem se prašina diže

KOPLJE: Nakon boja kopljem u trnje

KORIST: Od crknuta konja i potkova je korist

KOS: Bolje je danas kos nego sutra gusak

KOSA: Našla kosa brus

KOSOVO: Kasno Janko na Kosovo stiže; Kasno Marko na Kosovo stiže; Sve ravno do Kosova

KOŠENO: Košeno striženo

KOŠULJA: Košulja je preča od kabanice

KOVAČ: U kovača je najgora sjekira

KOZA: Ako koza laže, rog ne laže

KRAJ: I strpljenju dođe kraj; Svemu dođe kraj

KRAJ: Koliko krajeva, toliko krojeva

KRAVA: Ako je i crna krava, bijelo mlijeko daje

KRIV: Ko će ispraviti krivu Drinu?; Ne može se kriva Drina ramenom ispraviti; Smijala se kuka krivom drvetu

KRIV, KRIVAC: Ko kriva žali, pravom griješi; Kriv što je živ; Krivac se i sjenke boji; Ne bi kriv ko prde, već ko ču; Ni kriv, ni dužan

KRIŽ: Svako nosi svoj križ

KRST: Svako nosi svoj krst

KROJAČ: U krojača nikad hlača

KRUŠKA: Gdje će kruška no pod krušku; Kruška pada pod krušku, jabuka pod jabuku

KRV: Krv nije voda

KUĆA: Daleko ti kuća od moje!; Gdje čeljad nije bijesna, kuća nije tijesna; Kad kuća gori, barem da se čovjek ogrije; Neka svako očisti ispred svoje kuće; Ranoranilac i docnolegalac kuću teče; Sve zbog mira u kući; Svoja kućica, svoja slobodica; Svuda pođi, kući dođi; Svugdje je dobro, ali kod kuće je najbolje; U ležećih prazna kuća; Zaigraće mečka i pred našom kućom

KUKOLJ: U svakom žitu ima kukolja

KUKU LELE: Cigu migu za tri dana, kuku lele dovijeka

KUMA: Kuma nuđena kao i čašćena

KUPITI: Pošto kupio, po to i prodao; Kupio mačka u džaku (vreći); Manje jedi, pa kupi

KURTA: Sjaši Kurta da uzjaši Murta

KUSATI: Kusaj šta si udrobio

L

LAGATI: Ko rad laže, rad i krade; Ko laže, taj i krade; Ko jedanput slaže, drugi put mu se ne vjeruje, iako istinu kaže; Ko jedanput slaže, drugi put zaludu kaže

LASTA: Jedna lasta ne čini proljeće

LAV: Ne diraj lava dok spava

LAŽ: Gdje laž ruča, tu ne večera; Laž se prede primi nego istina; U laži su kratke noge

LEŽATI: Kako prostreš, onako ćeš ležati

LIJA: Lija lija, pa dolija

LIJEČITI: Bolje spriječiti nego liječiti

LIJEK: Za sve ima lijeka

LIJEPO: Nova metla lijepo mete; Svakom svoje lijepo; Sve što je lijepo kratko traje

LIJESAK: Ljeskova je mast čudotvorna

LISICA: Gonio lisicu, izagnao vuka; Kad lisica predikuje, pazi dobro na guske; Stara lisica u gvožđe ne upada

LONAC: Ne valja svakom loncu biti poklopac, ni svakoj čorbi zaprška; Podsmijevao se kotao loncu; Svakom loncu poklopac

LONČIĆ: Malen lončić brzo pokipi

LOPOV: Ko lopova krije i on bolji nije; Lopov se sam izdaje

LOV: Ni moj lov, ni moj zec

LOŠE: Ništa nije tako loše da ne može da bude gore

LOVAC: Lovac je da lovi, prepelica da se čuva; Lovac, da uvijek ulovi, zvao bi se nosac a ne lovac

LUD: Ko je lud, ne budi mu drug; Luda pamet, gotova pogibija; Pošalji luda na vojsku, pa sjedi i plači; Svako je lud na svoj način; Što jedan lud zamrsi, sto mudrih ne mogu razmrsiti

LUK: Ni luk jeo, ni luk mirisao; Udario tuk na luk

LUPEŽ: Kad lupež lupežu što ukrade, i sam se Bog smije; Prigoda čini lupeža. see LOPOV.

LJ

LJEPOTA: Iza zla vremena nema šta no ljepota; Ljepota je prolazna

LJETO: Na kukovo ljeto; Ko ljeti planduje, zimi gladuje

LJUBAV: Ko ima sreće u kartama, nema u ljubavi; Ljubav je lijepa, al'je slijepa; Ljubav je puna i meda i jeda; Ljubav na usta ulazi; Ljubav nije pura (šala); U ljubavi i ratu je sve dozvoljeno

LJUBITI: Nikad nije kasno da se ljubi strasno

LJUDI: Brdo se s brdom ne može sastati, a živi se ljudi sastanu; Nisu svi ljudi isti; Puno ljudi - gotov junak

M

MAČ: Ko se mača lati, od mača će i poginuti

MAČKA: I mačka cara gleda (pa ga se ne boji); Kad mačka ode miševi kolo vode; Noću je svaka mačka (krava) siva

MAGARAC: Zna magarac gdje ga samar žulji; Odvedi magarca u Stambol - magarac opet magarac; Magarac u Beč, magarac iz Beča; Magarac u Carigradu, magarac u Caribrodu ; Ne lipši, magarče, do zelene trave; Ne lipši, magarče, dok trava naraste!; Ne zovu magarca na svadbu da igra, nego da vodu nosi

MAGLA: Gdje je magla panj izvalila?

MAJKA, MATI: Dok dijete ne zaplače, mati ga se ne sjeća; Kakva majka, onakva i kćerka; Ponavljanje je majka znanja; Umiljato jagnje dvije majke sisa

MAJMUN: Majmun je majmun, ako ćeš ga u kakve haljine oblačiti

MANA: Bolje znano s manom, nego neznano s hvalom; Ni drveta bez grane, ni čovjeka bez mane

MANTIJA: Mantija ne čini kaluđera

MASLO: Da ima sira i masla, i moja bi mati znala gibati gibanicu; Da imamo brašna, ko što nemamo masla, pa još u selu tepsiju da posudimo, što bismo dobru pogaču ispekli; Skuplja dara nego maslo

MED: Ako je sirće badava, slađe je od meda; Bježi, rđo, eto meda!

MEGDAN: Ima dana za megdana

MINUTA: Doći će i mojih pet minuta

MIR: Bolje s mirom nego s čirom; Bolje je mršav mir nego debeo proces (debela parnica)

MIŠ: Teško mišu (Rđav je ono miš) koji samo jednu rupu ima

MJERITI: Triput mjeri, jednom sijeci

MJESTO: U božjoj bašti ima mjesta za svakoga

MLAD: Kad bi mladost znala, kad bi starost mogla; Mlad delija, star prosjak; Mlad može, a star mora umrijeti; Mlado – ludo; Na mladu je, zarašće

MLADI: Na mladima svijet ostaje

MLADOST: Mladost - ludost

MOĆI: Ako ne možemo kako hoćemo, mi ćemo kako možemo; Iz ove kože ne može; Kad ne može - ne može; Ko hoće, taj i može; Koga nema, bez njega se može; Spasavaj se ko može; Ne može se istovremeno duvati i srkati

MOGUĆE: Sve je moguće; Sve je moguće (pa i drvena peć (drven šporet))

MOLJEN: Ako neće moljen, a on će gonjen

MORATI: Kad se mora, mora se

MORE: Hvali more, drž' se kraja (obale); More izvorima počinje; Sve ravno do mora; Šta me briga što Mađarska nema more; Ta se u bari, ta u moru udavio

MOST: Na mostu dobio, na ćupriji izgubio

MRTAV: Mrtva usta ne govore; O mrtvima sve najbolje; Samo preko mene mrtvog; Ko živ, ko mrtav

MUDAR: Svako je mudar po šteti; I mudri nekad pogriješe

MUJO: Izdrž'o je Mujo i gore; Kud svi Turci, tud i mali Mujo

MUHA: I muha je u mlinu bila, pa je rekla da je i ona mlinarica; Muha orala volu na rogu stojeći

MUHAMED: Ako neće brijeg Muhamedu, onda će Muhamed brijegu

MUKA: Bez muke nema nauke; Dok se muke ne namuči, pameti se ne nauči; Na muci se poznaju junaci; Muka i nevolja uče čovjeka; Nije svaka muka dovijeka

N
NADA: Nada zadnja umire

NAFAKA: Drugi dan, druga nafaka; Novi dan, nova nafaka

NAPAD: Napad je najbolja odbrana

NAVIKA: Navika je druga priroda

NAVIKNUTI: Što dikla (na)vikla to nevjesta ne odviče

NEBO: Ne padaju s neba pečene mušmule (ševe); Pečeni golubi iz neba ne padaju

NEPRIJATELJ: Neprijatelj mog neprijatelja je moj prijatelj;

Neprijatelj nikad ne spava; Neprijatelja koji bježi ne tjeraj

NESREĆA: Nesreća nikad ne dolazi sama

NEVOLJA: Čovjek je u nevolji dosjetljiv; Nevolja je najveći učitelj; Nevolja svačemu čovjeka nauči; Prijatelj se u nevolji poznaje (kao zlato u vatri); U nevolji ne treba plakati nego lijeka tražiti

NIKAD: Bolje ikad nego nikad; Nikad ne reci nikad; Sad ili nikad

NIKNUTI: Ko gdje nik'o, tu i obik'o

NIŠTA: Bolje išta nego ništa; Ko nema ništa, ne straši se od ništa; Ništa nije nemoguće; Ništa novo pod kapom nebeskom

NOGE: Ko pruža noge izvan bijeljine, ozepšće mu; Ko se u kolo hvata, u noge se uzda; Teško nogama pod ludom glavom

NOS: Da padne na leđa, razbio bi nos; Svako lice s nosom lijepo

NOVAC: Ne možeš imati i ovce i novce; Čuvaj bijele novce za crne dane

NUŽDA: Nužda nauči i babu igrati; Nužda zakon mijenja

O

OBEĆANJE: Obećanje - ludom radovanje; Obećanje - sveto dugovanje; Obećanje je kao dužnost

ODIJELO: Odijelo ne čini čovjeka

ODMOR: Nema odmora dok traje obnova

OKO, OČI: Bolje je vjerovati svojim očima nego tuđim riječima; Četiri oka vide bolje nego dva; Daleko od očiju, daleko od srca; Gospodareve oči konja goje; Izvan očiju, izvan pameti; Među ćoravim ko ima jedno oko meću ga za cara; Očima se ljubav kuje; Očima više valja vjerovati nego ušima; Oko je prvi u ljubavi poklisar; Oko za oko, zub za zub

OLOVO: Nekom i pluto (slama) tone, a nekome i olovo pluta

OPANCI: Kom' opanci, kom' obojci

OPEĆI SE: Ko se jednom opeče i na hladno puše

ORAH: Tvrd je orah voćka čudnovata, ne slomi ga al' zube polomi; Kome nije na orahu, nije na tovaru (dosta)

OSVETA: Osveta je jelo koje se poslužuje hladno

OTAC: Kakav otac, takav sin; Kakva vrba, takav klin, kakav otac, takav sin; Kakvo gnizdo, takva ptica, kakav otac, takva dica; Kakvo zvono, takav glas; kakvo žito, takav klas; kakvo drvo, takav klin; kakav otac, takav sin

OTETO: Oteto - prokleto

OTIMATI: Bolje je nemati nego otimati

OTROV: U maloj boci se otrov drži

OTVORITI: Dok ne pokucaš, neće ti se otvoriti; Ko kuca tome se i otvara

OVAKO: Kad bi ovako, kad bi onako...

OVCA: Dobra ovca mnogo ne bleji, ali mnogo vune daje; Dobroga je pastira posao (dužnost) ovce strići, a ne derati; I stara ovca so liže; I brojene ovce vuk (kurjak) jede; Kojoj ovci svoje runo smeta, ondje nije ni ovce ni runa; Ko se ovcom učini, kurjaci ga izjedu; Jedna šugava ovca svo stado ošuga

P

PACOV: Pacovi prvi napuštaju brod

PADATI: Ko visoko leti nisko pada

PAKAO: Biće jednom i u paklu vašar

PAMET: Blago tom ko pameti nema; Bolja je unča pameti nego sto litara snage; Da je pamet do kadije kao od kadije; Duga kosa, kratka pamet; Kad Bog hoće koga da kazni, najprije mu uzme pamet; Konji se mjere peđu, a ljudi pameću; Ostario, a pameti ne stekao; Sjedine u glavu, a pamet u stranu; Ima više sreće nego pameti

PAMETAN: Pametan polako ide, a brže dođe; Pametniji popušta; Pametnome dosta; Što si stariji, to si pametniji

PAMTITI: Pamti, pa vrati

PAPA: Biti veći katolik od pape

PARE: Bez para ni u crkvu; Bolje je pametna glava nego dolina para; Koliko para, toliko muzike; Ne može i jare i pare; Nije sve u parama; Para na paru ide; Para vrti gdje burgija neće; Pare kvare ljude; Pare ne rastu na drvetu; Pare ne smrde; Pare od mrtvoga živa čine; Pare su da se troše

PAROLA: Parola "snađi se"

PAS, PSETO: Gladan pas ne može lajati; Kad stari pas laje, valja vidjet šta je; Kao pas kad leži na sijenu; Kao pas vrtlarski: ni sam ije, ni drugom da jesti; Ne laje pas radi sela, nego sebe radi; Nebojšu najprije psi ujedu; Ko sa psima liježe, pun buha ustane; Koje pseto hoće da ubiju, poviču: bijesno je; Niti pas kosku glođe, niti je drugom daje; Pas bio, pasji i prošao; Pas koji laje, ne ujeda; Pas laje, vjetar nosi; Pas s maslom ne bi pojeo; Pasji živio, pasji i umro; Psi laju, karavani prolaze

PASTI: Kad bi čovjek znao gdje će pasti, prije toga bi sjeo; Kad čovjek nada se pljune, na obraz će mu pasti; Sam pao, sam se ubio

PAŠČE: Hrani pašče da te ujede

PATITI: Ko mnogo zna, mnogo i pati

PATKA: I patka na ledu posrne

PETAK: Doći će i njemu crni petak (zlo jutro); O Đurinu petku

PIJAN: Što trijezan misli, pijan govori; U more pijesak sipati

PIJEVAC: Kus pijevac pile dovijeka

PIPATI: Gdje koga boli, onde se i pipa

PITA: Ko kakvu pitu želi, onakve jufke i savija; Ne može od govneta pita; Skuplja pita od tepsije

PITATI: Ko pita, ne skita; Kako se pita, tako se i odgovara; Pitajući u Carigrad (može se otići)

PJANAC: Pjanca i dijete Bog čuva

PJEVATI: Gdje si pjevao ljetos, pjevaj i zimus; Ko pjeva, zlo ne misli; Kroz Banjaluku ne pjevaj, kroz Sarajevo ne kradi, a u Mostaru ne laži

PLAĆA: Kakva rađa, takva plaća; Kakva plaća, takva rađa; Kakva služba, onakva i plaća

PLAKATI: Plači, manje ćeš pišati

PLATA: Doći će plata na vrata

PLATIŠA: Ni platiša, ni vratiša

PLATITI: Ko ga ne zna, skupo bi ga platio; Ne zna se ko pije, a ko plaća; Plati, pa klati; Svaka škola se plaća; Svaki gušt se plaća; Sve se vraća, sve se plaća

PLJUVATI: Ko više sebe pljuje, na obraz mu pada

POČETAK: Dobar početak - lak svršetak; Svaki početak je težak

POČETI: Bolje je ne početi nego ne dočeti; Ko dobro počne, on je na pola radnje; Napola je učinio ko je dobro počeo

POGAČA: U kog je pogača, u tog je nož

POKLON: Poklonu se u zube ne gleda

POKUŠATI: Ili ne pokušavaj, ili dovrši

POLAKO, POLAGANO: Ko polagano ide, dalje će otići; Ko polako ide, brže stigne (prije doma dođe); Požuri polako

POLJE: Široko ti polje!

POLJUBITI: Ako nećeš, ti poljubi pa ostavi

POMOĆI: Pomozi sam sebi, pa će ti Bog pomoći; Treći put (triput) Bog pomaže

PONUĐEN: Ponuđen k'o počašćen

POP: I nad popom ima pop; I pop u knjizi pogriješi; Ne gledaj što pop tvori, nego slušaj što zbori; Po glasu ptica, a po šapama se lav poznaje; Srditu popu prazne bisage; U društvu se i pop oženio; Uzmi pope što ti se daje; Neko hvali popa, neko popadiju; Reci bobu bob, a popu pop

PORASTI: Kad porasteš, kaz'će ti se samo

PORUKA: Ne jedu meso vuci po poruci

POSAO: Ako ima posla, ima i dana

POST: Nije uvijek mačku sirna nedelja, doći će i veliki post

POŠTENJAK: Poštenjak vjekovnjak

POŠTENO: Bolje je pošteno umrijeti nego sramotno živjeti

POTOK: Gdje je potok, biće i potočina; Iz potočića biva rijeka

POTOM: O tom, potom

POTOP: Poslije nas potop

POZDRAV: Kakav pozdrav, onaki i odzdrav

PRASE: Guska, prase, svak nek gleda za se; Kad se prase naije, ono korito prevali; Prase se ne goji (tovi) uoči Božića; Prase sito prevrne korito

PRAVDA: Pravda je slijepa; Pravda je spora, ali dostižna

PRAVILO: Izuzetak potvrđuje pravilo; Pravila su tu da se krše

PRAZAN: Prazan klas se uvis diže, a pun ka zemlji savija; Prazna vreća ne može uzgor stajati; Prazno bure više zveči

PREVARITI: Ko me jedanput prevari, ubio ga Bog; ko me dvaput prevari, ubio me Bog

PRIJATELJ: Drž' se nova puta i stara prijatelja; Gdje su prijatelji, tu je i bogatstvo; Kad se jede i pije, onda je dosta prijatelja; Nesta vina, nesta razgovora, nesta blaga, nesta prijatelja; Prijatelj je najbolja imovina u životu; Prijatelj moga prijatelja je moj prijatelj; Sačuvaj me, Bože, od prijatelja, a od neprijatelja čuvaću se sam; Starog vina i stara prijatelja drži se; Više vrijedi jedan stari prijatelj nego nova dva

PRIJE: Ko prije djevojci, njegova je djevojka; Što prije, to bolje

PRIZNATI: Ko prizna, pola mu se prašta

PROBATI: Jedan prob'o, pa se usr'o

PROBIRAČ: Probirač nađe otirač

PROĆI: I to će proći; Kako došlo, onako i prošlo (tako i otišlo)

PROROK: Niko nije prorok u svojoj zemlji (kući)

PROTIV: Ko nije sa mnom, protiv mene je

PRST: Daš mu prst, a on uzme cijelu šaku

PRVI: Bolje prvi u selu nego zadnji u gradu; Prva ljubav zaborava nema; Prvi korak je najteži; Prvi se mačići u vodu bacaju

PTICA: Malena je 'tica prepelica, al' umori konja i junaka; Poznaje se ptica po perju; Svaka ptica ima nad sobom kopca; Svaka ptica svome jatu leti; Što je veća ptica, veće joj gnijezdo treba

PUKNUTI: Kud puklo da puklo; Nek pukne kud pukne

PUŠKA: Znam te, puško, kad si pištolj bila

PUT: Preči put kola lomi

R

RAČUN: Čist račun, duga ljubav; Pravi račun bez krčmara

RADITI: Ko ne radi, ne treba da jede; Ko ne radi, taj ne griješi

RAKIJA: Ne zna rakija šta je kadija

RANA: Ljutu travu na ljutu ranu

RASTANAK: Hej, drugovi, jel' vam žao, rastanak se primakao

RAZLOG: Za sve postoji razlog

REĆI: Bolje reci neću, nego sad ću; Da je steći košto reći, svi bi bogati bili; Dok si rekao keks (britva); Ispeci, pa reci!; Razmisli, pa reci; Što rek'o ne porek'o

RIBA: Velike ribe male proždiru; Velike ribe veliku vodu traže; Riba s glave smrdi; Ribu uči plivati

RIJEČ: Od riječi do čina - trista aršina; Lijepa riječ i gvozdena vrata otvara; Lijepe riječi ne mijese kolače; Devet puta valja riječ preko jezika prevaliti prije neg' je izrekneš; Prazne riječi džep ne pune; Riječ iz usta, a kamen iz ruke

RIM: Išla bi baba u Rim, ali nema s čim; kupila bi svašta, ali nema za šta; Ko jezika ima, pogodi do Rima; Martin u Rim, Martin iz Rima; Svi putevi vode u Rim

ROD: Svaki rod ima po jedan rog

RODITI SE: Ko se ne rodi, taj ne pogriješi; Ko se za vješala rodio neće potonuti; Niko se nije naučen rodio

ROGAT: Ne možeš se sa rogatim bosti; Šut s rogatim ne može

RUDA: Ne trči (kao ždrijebe) pred rudu

RUGATI SE: Ko se drugom za šta ruga, ono će mu na vrat doći

RUKA: Ruka ruku mije (a obraz obadvije); Ruku koju ne možeš posjeći, valja je ljubiti; U ratara crne ruke, a bijela pogača; Više ruku više urade

S

SABUR: Sabur – selamet; Saburom je dženet pokriven

SAMAR: Dok je leđa, biće i samara

SAVRŠEN: Niko nije savršen

SELO: Koliko sela, toliko adeta

SIGURNO: Polako, ali sigurno; Što je sigurno, sigurno je

SIJATI: Ko što posije, to i požnje; Kako posiješ, onako ćeš i požnjeti; Ne niči gdje te ne siju; Što posiješ, to ćeš i požnjeti

SILA: Čija sila, onoga i pravda; Čija sila, toga je i sud; Koji se hrt silom u lov vodi, onaj zeca ne hvata; Milom ili silom; Ne može ništa na silu; Sila boga ne moli

SITO: Novo sito o klinu visi; Novo sito samo sije

SIROTINJA: Sirotinja nema srodstva; Sirotinja nije grijeh; Sirotinjo, i bogu si teška!

SJEDITI: Pokraj furune sjedeći ništa se ne dobija; Ne može se sjediti na dvije stolice; Je li sjediš na ušima?

SJEME: Kakvo sjeme, onakav i plod
SJETITI SE: Sjetila se prelja kudelje uoči nedelje
SKOČITI: Prvo skoči, pa reci: "Hop!"
SLAMKA: U tuđem oku vidi slamku, a u svome grede ne vidi; Davljenik se i za slamku hvata
SLIKA: Našla slika priliku
SLOGA: Teško domu u kom sloge nema
SLIJEPAC: Ako slijepac slijepca vodi, obadva će u jamu pasti; Slijepca za put i budalu za savjet ne treba pitati
SMIJATI SE: Ko se zadnji smije, najslađe se smije
SMOKVA: Slađa smokva preko plota
SMRDITI: Ne diraj u govno da ne smrdi; Niti smrdi, niti miriše; Novac ne smrdi
SMRT: Bilo bi ga (te...) dobro po smrt poslati; Bolja je poštena smrt nego nepošten (sramotan) život; Čovjek se do smrti uči; Da te čovjek po smrt pošalje, naživjeo bi se; Dan po dan, dok i smrt za vrat; Dvije smrti ne čekaju, a jedna ne manjka; Jednoga smrt, drugoga uskrs; Nema smrti bez sudnjega dana; Od smrti se ne otkupi; Sa ljudima ni smrt nije strašna; Smrt ne pazi (bira) ni staro ni mlado; Tebe ću po smrt poslati kad mi bude trebala; U smrti su svi jednaki;
SNAGA: Snaga na usta ulazi
SNIJEG: Ne pada snijeg da pomori svijet, nego da svaka zvjerka svoj trag pokaže; Stalo (nekome do nečega) kao do lanjskog snijega
SO: Čovjek čovjeka ne može poznati dok sa njim džak soli ne izjede
SOKO: Bolje je kukavicu u ruci no sokola u planini (imati); Bolje svračak u ruci nego soko u planini; Gdje je sova (vrana) izlegla sokola?; Iz vrane šta ispadne, teško soko postane; Kad nema sokola i kukavici se veseli; Sova nikad ne rodi sokola
SPAVATI: Ne može se spavati i pipune čuvati
SRCE: Boj ne bije svijetlo oružje, već boj bije srce u junaka; Hladne ruke, toplo srce; More se prozrijeti more, a čovječje srce ne more; Jedno na srcu, drugo na jeziku; Kuća (dom) je tamo gdje je srce; Medna je rječca, srce otrovno; Na jeziku med, a na srcu led; Što na srcu, to i na jeziku
SREĆA: Bez treće nije sreće; Bolji je dram sreće nego oka pameti; Od

junačke glave sreća nije daleko; Srednja sreća je najbolja; Gdje je sreća, tu je i nesreća; gdje je nesreća, tu i sreće ima; Kolo sreće se okreće; Kome Bog sreće nije dao, onome je kovač ne može skovati; Treća sreća; Svako je kovač svoje sreće; Ustani, lijeni, Bog sreću dijeli

STAR: Čovjek je star onoliko koliko se staro osjeća. → MLAD.

STRAH: U strahu su velike oči

STAROST: Starost je teška; Starost nije radost

STRPLJEN: Strpljen - spašen

SUD: Da je pamet do suda kao od suda; Okrnjen sud mnogo stoji

SUDBINA: Od sudbine ne možeš pobjeći

SUĐENO: Nije kome rečeno, nego kome suđeno

SUĐENJE: Od suđenja se ne može uteći

SULTAN: Kad sultan nazebe, raja kiše

SUNCE: Doći će sunce i pred naša vrata; Iza zime toplo, iza kiše sunce (biva); Poslije kiše sunce sija

SUPROTNOST: Suprotnosti se privlače

SVAČIJI: Što je svačije, to je ničije

SVANUTI: Dok jednom ne smrkne, drugom ne svane; Jednom smrklo, drugom svanulo

SVEKRVA: Tukle se jetrve preko svekrve

SVETAC: Kome je Bog otac, lako mu je biti svetac; Prema svecu i tropar

SVIJET: Mimo svijet, ni ubi' Bože, ni pomozi Bože; Niko ne može cijelom svijetu kolača namijesiti; Niko se nije rodio da je svijetu ugodio; Ništa nije novo na svijetu; Otkako je svijeta i vijeka; Neće svijet propasti; Nije smak svijeta; Svašta na svijetu; Sve sa svijetom; Šta će svijet reći?; Svijet je mali

SVINJA: Biser ne valja pred svinje bacati; Ko se miješa sa tricama, pojedu ga svinje

SVOJ: Ko će kome, nego svoj svome?; Svak svoje traži; Svakom svoje

Š

ŠALA: U svakoj šali pola istine (zbilje)

ŠEVA: Bolje je danas pečena ševa nego sutra ćurka

ŠTEDIŠA: U radiše svega biše, u štediše jošte više

ŠTEDNJA: Štednja je prvo tečenje

ŠTENE: Ko neće moje štene, ne treba ni mene

ŠUMA: Glad i kurjaka iz šume istjera; Od drveća ne vidi šumu; U šumu drva nosi

ŠUTNJA: Šutnja je zlato; Šutnja je znak odobravanj

T

TANAK: Dok je šiba tanka, treba je ispravljati; Gdje je tanko, tamo se i kida

TAKAV: S kim si, takav si; Takav sam, kakav sam; Tako je, kako je

TEŠKO: Što se mora nije teško

TIJELO: U zdravom tijelu - zdrav duh

TIKVA: Doći će tikva na vodu; Ja tikvu u vodu, a tikva iz vode; Koja tikva često ide na vodu, razbiće se; Prazna tikva na vjetru svira; Tikva pošla, tikva došla

TRAVA: Svako za se svoju travu pase

TRAŽITI: Ko što traži, naći će; Što tražiš, to i nađeš

TRN, TRNJE: Iz malena se trn oštri; Nema ruže bez trnja; Preko trnja do zvijezda; Vidi trn u tuđem oku, a ne vidi brvno u svom

TRPITI: Papir sve trpi; Šuti i trpi

TRUO: Nešto je trulo u državi Danskoj

TUĐI: Blago onom ko se tuđom štetom opameti, a teško onom koji svojom mora; Čuvaj ti mene od svoga, a od tuđega ću se ja sam (čuvati); Ko meće prst među tuđa vrata, otkinuće mu; Ko se tuđem zlu veseli, nek' se svome nada; Komad u tuđoj ruci je svagda veći; Lako je tuđim rukama za vrelo gvožđe hvatati; Od tuđega tuga bije; Tuđa koka ćureća jaja nosi; Tuđa rana ne boli; Tuđa ruka svrab ne češe; U tuđe krave veliko vime; U tuđoj kozi više loja;

U

UBOŠTVO: Uboštvo nije sramota

UČINJENO: Rečeno - učinjeno

UČITI: Čovjek se uči dok je živ (pa opet lud umre); Ko uči, taj i nauči; Na greškama se uči; Za nevolju i medvjed nauči igrati

UGALJ: Potajni ugalj najgore ožeže

UHO: Na jedno uho ušlo, na drugo izašlo

UKUS: O ukusima se ne raspravlja

UM: Što na umu, to na drumu; Um caruje, snaga klade valja

UMJETI: Ko što umije, sramota mu nije; Ko umije, njemu dvije; Ne umije magarac plivati, dokle mu voda do ušiju ne dođe

UMRIJETI: Jednom se rađa, a jednom umire; Jednom se umire; Ko nožem podire, od noža umire; Ko se rađa i umire

UPOZNATI: Dok s nekim vreću brašna ne pojedeš, ne možeš ga upoznati

USLUGA: Usluga za uslugu

USTA: Iz tvojih usta, pa u Božje uši; Niko ne može natkati marama da cijelom svijetu usta poveže

UZETI: Uzmi ili ostavi

V

VATRA: Gdje ima dima, ima i vatre; Iskra užeže veliku vatru; Ko se dima ne nadimi, taj se vatre ne ogrije (on se ognja ne ogrije); Ko se igra s vatrom mora da se opeče; Traži vatre na lanjskom ognjištu

VELIK: Od pruta biva veliko drvo

VESLO: Zbog jednog vesla brod ne ostaje

VEZIR: Danas vezir, sutra rezil

VIDJETI: Kad oko ne vidi, srce ne žudi; Ne reci: neka! dok ne vidiš na trpezi; Sto godina se nismo vidjeli!; Što čuješ, ne vjeruj; što vidiš, to vjeruj

VIJEST: Nema vijesti - dobra vijest

VIKA: Mnogo vike ni oko čega

VIŠAK: Od viška glava ne boli

VIŠE: Što više, to bolje

VJETAR: Ko se odveć vjetra plaši, nek ne ide na more; Ko vjetar sije, buru žanje

VLADATI: Zavadi, pa vladaj

VLAKNO: Vlakno po vlakno – runo

VOĆE: Zabranjeno voće je najslađe

VODA: Lonac ide na vodu dok se ne razbije; Kud je voda jednom tekla, opet će poteći; Ni voda, ni vino; Suhoj zemlji i slana voda je dobra; Što voda donijela, voda odnijela; Tiha voda bregove valja; Tiha voda brijeg roni; U mutnoj vodi se riba lovi; Vodu koju ćeš piti nemoj mutiti

VOLJA: Od dobre volje nema ništa bolje

VOLJETI (SE): Ko se bije, taj se voli; Ko šta voli, nek' izvoli

VOZ: Prošao voz

VRABAC: Bolje vrabac u ruci nego golub na grani; Bolje vrabac u ruci nego zec u šumi; Ko se boji vrabaca, nek' ne sije proje

VRAG: Ko s nepravdom steče, s vragom rasteče; Ko s vragom tikve sadi, o glavu mu se lupaju; S vragom došlo, s vragom i otišlo

VRANA: Ko je srećan i vrane mu jaja nose; Vrana vrani oči(ju) ne vadi

VRANAC: Doći će vranac u tijesan klanac

VRAT: Da čovjek zna gdje će vrat slomiti, nikada ne bi tuda prošao; Ko žurio, vrat slomio; Nije šija nego vrat

VRATA: Doće maca na vratanca; Gdje se jedna vrata zatvaraju, sto drugih se otvaraju

VRBA: Na vrbi svirala; Kad na vrbi rodi grožđe

VRIJEDITI: Ne vrijedi ni lule duhana; Ne vrijedi ni pišljiva boba; Ne vrijedi plakati nad prolivenim mlijekom

VRIJEME: Drugo vrijeme, drugi običaji; Novo vrijeme, novi običaji; Sve u svoje vrijeme; Vrijeme će reći; Točak vremena ne može se vratiti; Vremena se mijenjaju; Vrijeme gradi niz kotare kule, vrijeme gradi, vrijeme razgrađuje; Vrijeme je novac; Vrijeme leti; Vrijeme liječi sve rane; Vrijeme nikog ne čeka

VUK: Ako u selu, Turci, ako u polju, vuci; Čovjek je čovjeku vuk; Vuk dlaku mijenja, a ćud nikada (ali ćud nikako); Vuk na vuka ni u gori neće; Vuk uvijek u šumu gleda; Na vuka vika, a iza vuka lisice vuku; Na vuka vika, a lisice meso jedu; I vuk sit i ovce na broju; Krsti vuka, a vuk u goru; Mi o vuku, a vuk na vrata; Ko s vukom druguje mora zavijati; Pod janjećom kožom mnogo puta vuk leži (često se vuk krije)

Z

ZAGREB: Martin u Zagreb, Martin iz Zagreba

ZAKRPA: Našla krpa (vreća) zakrpu

ZAMRSITI: Ako si zamrsio, sam i odmrsi

ZANATLIJA: Zanatliju posao pokazuje

ZAO: Od zla oca, još od gore majke (ne mogu ni djeca biti valjana)

ZBOR: Od zbora do tvora - ima prostora; U mnogo zbora malo stvora

ZBORITI: Zbori pravo, sjedi gdje ti je drago

ZDRAV: Zdrav bolesnom ne vjeruje

ZDRAVLJE: Zdravlje je najveće blago (najveći raj) ovoga svijeta; Zdravlje je najveće bogatstvo; Bez zdravlja nema bogatstva; Čistoća je pola zdravlja; Smijeh je zdravlje

ZEC: Bolji je jedan zec u čanku nego dva u polju; Koga su kurjaci tjerali, taj se i zečeva plaši; Posao nije zec, neće pobjeći; U tom grmu leži zec; Siječe ražanj, a zec u šumi

ZELEN: Da se za zelen bor uhvatim, i on bi se zelen osušio

ZEMLJA: Danas čovjek, sutra crna zemlja; Oni su kao nebo i zemlja; Meso pri kosti, a zemlja pri kršu (valja); Nebo visoko, a zemlja tvrda; Upoznaj svoju domovinu (zemlju) da bi je više volio; U crnoj zemlji bijelo žito rodi; Zaklela se zemlja raju da se svake tajne znaju

ZID: I zid ima uši i plot ima oči; I zidovi imaju uši; Ne može se glavom kroz zid

ZJATI: Da je tkati kao zjati (sve bi Sarajke svilene košulje nosile)

ZLATAN: Svaki zanat je zlatan; Zlatan ključić i carev grad otvori; Zlatan ključić i željezna (gvozdena) vrata otvara; Zlatan lanac slobodu ne pruža

ZLATO: Dobar primjer zlata vrijedi; Dobar savjet zlata vrijedi; Nije zlato sve što sija (nije pećina sve što zija); Za čisto zlato rđa ne prijanja; Zlato se u vatri probira, a čovjek u nevolji; Zlatu će se kujundžija naći

ZLO: Od dva zla izaberi manje; Ne daj, Bože, većeg zla; Nije čiko ostario u sreći ležeći već od zla bježeći; Sastalo se zlo i gore da se malo porazgovore; Svako zlo ima svoje dobro; Zlo se čuje dalje nego dobro; Zna se zlato i u đubretu

ZMIJA: Koga je zmija ujela, i guštera se boji

ZNANJE: Znanje je pravo imanje; Bolje je znanje nego imanje; Od znanja glava ne boli

ZNATI: Bolje je znati nego imati; Ko zna bolje, široko mu polje!; Ko zna zašto je to dobro?; Kaži mi s kim si da znam ko si; Ko ne zna sebi, ne zna ni drugome

ZORA: Nije ničija do zore gorila; Jednom će i nama zora svanuti; Ne može svanuti prije zore

ZRNO: Zrno po zrno pogača, kamen po kamen palača; Zrno po zrno, eto pogača; dlaka po dlaka, eto bjelača; kaplja po kaplja, eto Morača; Mnogo zrna gomilu načine

ZUB: Poklonjenom konju se u zube ne gleda; Što pređe preko devet zuba, ode preko devet brda

Ž

ŽABA: Ne miješaj žabe i babe; Teško žabu u vodu natjerati; Vidjela žaba da se konj potkiva, pa i ona digla nogu; Žaba davi rodu

ŽEDAN: Žedan i mutnu vodu pije; Žedan konj mutnu vodu ne gleda

ŽENA: Ne stoji kuća na zemlji, nego na ženi; Od oca sermiju, a od Boga ženu; Sve žene su iste; Tri žene i jedna guska čine vašar

ŽETVA: Kakva sjetva, takva žetva

ŽIVJETI: (Samo) jednom se živi; Živi, i pusti druge da žive; Živi-bili, pa vidjeli; Živi prosto – doživjećeš sto; Živio, kapu nakrivio

ŽIVOT: Uzmi sve što ti život pruža; Život je kratak; Život je nekome majka, a nekome maćeha; Život je takav, čupav i dlakav; Život je težak; Život teče dalje

ŽUT: Žuti žutuju, a crveni putuju

Алфавитный указатель русских пословиц и поговорок

А

АВОСЬ: Авось да небось – хоть брось → Bolje reci neću, nego sad ću

АДАМ: Это при Адаме было → Za Kulina bana (i dobrijeh dana)

АЛМАЗ: Алмаз алмазом режется → Udario tuk na luk

АППЕТИТ: Аппетит приходит во время еды → Apetit dolazi za vrijeme jela

АРБУЗ: Два арбуза в одной руке не удержишь → Ne može se sjediti na dvije stolice; Одному нравится арбуз, другому - свиной хрящик → Neko hvali popa, neko popadiju

АРТЕЛЬ: Артель воюет, а один горюет → Složna braća kuću grade

АРШИН: Аршином человека не мерь → Konji se mjere peđu, a ljudi pameću; На свой аршин (других) не мерь (var. Не мерь на свой аршин) → Ne mjeri drugoga svojim aršinom

АТЛАС: Наш атлас не уйдёт от нас → Nije svaka muka dovijeka

АУКНУТЬСЯ: Как аукнется, так и откликнется → Kakav pozdrav, onaki i odzdrav

Б

БАБА: Баба с возу - кобыле легче → Široko ti polje!; У бабы волос долог, да ум короток → Duga kosa, kratka pamet; Не было у бабы хлопот, купила порося (var. Не знала баба горя, купила баба порося) → Dala baba groš da uđe u kolo, dala bi dukat da izađe; Одна женщина - баба, две бабы - базар, а три - ярмарка → Tri žene i jedna guska čine vašar

БАБУШКА: Бабушка (ещё) надвое сказала (гадала) (либо дождик, либо снег, либо будет, либо нет) → Na vrbi svirala; Если бы у бабушки были яйца, то она была бы дедушкой → Da su babi muda, bila bi deda; Кабы бабушка не бабушка, так была бы она дедушкой → Da je baba deda...; На его бабушке сарафан горел, а мой дедушка пришел да руки погрел → Kad kuća gori, barem da se čovjek ogrije; Хороша дочь Аннушка, коли хвалит мать и бабушка → Svakom svoje lijepo; Хорошо тому жить, кому бабушка ворожит → Kome je Bog otac, lako mu je biti svetac

БАРИН: Хозяин – барин → U kog je pogača, u tog je nož; По барину и говядина, а по говядине и вилка → Prema svecu i tropar

БЕДА: Беда к нам верхом, а от нас пешком → Bolest na konju dolazi, a na dlaci odlazi; Беда на селе, коль лебеда на столе → Nesreća nikad ne dolazi sama; Беда никогда не приходит одна → Nesreća nikad ne dolazi sama; Беда, коли сапожник начнёт печь пироги, а кузнец тачать сапоги (var. Беда, коль пироги начнёт печь сапожник) → Lovac je da lovi, prepelica da se čuva; Беды мучат, (да) уму учат → Nevolja svačemu čovjeka nauči; Беды мучат, уму учат → Nužda nauči i babu igrati; Чужую беду руками разведу, а к своей ума не приложу → Tuđa rana ne boli; Ржа есть железо, а беда – сердце → Zid ruši vlaga, a čovjeka briga; Семь бед - один ответ → Kom' opanci, kom' obojci; Пришла беда, отворяй (растворяй, открывай) ворота → Nesreća nikad ne dolazi sama; Конь узнаётся при горе, а друг при беде → Prijatelj se u nevolji poznaje (kao zlato u vatri); Не ищи беды – беда сама тебя найдет → Ne diraj lava dok spava; Не по наживе еда – невидимая беда → Manje jedi, pa kupi; Печаль беде не помощник → U nevolji ne treba plakati nego lijeka tražiti; Не радуйся (не смейся) чужой беде, своя на гряде → Ko se tuđem zlu veseli, nek' se svome nada

БЕДНОСТЬ: Бедность не порок (var. Бедность не порок, а большое свинство (hum.)) → Sirotinja nije grijeh; Лучше бедность, да честность, нежели прибыль, да стыд → Bolja je poštena smrt nego nepošten (sramotan) život

БЕДНЫЙ: Бедному везде бедно → Sirotinjo, i bogu si teška!; Бедному да вору – всякая одежда впору → Daj šta daš; Бедному жениться и ночь коротка → Sirotinjo, i bogu si teška!; Бедному зятю и тесть не рад → Sirotinjo, i bogu si teška!; Бедному Кузеньке бедная и песенка → Da se za zelen bor uhvatim, i on bi se zelen osušio; На бедного Макара все шишки валятся → Da se za zelen bor uhvatim, i on bi se zelen osušio; На бедного всюду (везде) каплет → Sirotinjo, i bogu si teška!

БЕЗДЕЛЬЕ: Безделье – мать пороков → Besposlenost je majka svih zala

БЕЗДНА: Бездна бездну призывает → Ko laže taj i krade

БЕРЕЖЛИВОСТЬ: Бережливость лучше богатства → Štednja je prvo tečenje; Бережливость спорее барышей → Štednja je prvo tečenje

БЕРЁЗКА: Какова берёзка, такова и отростка → Gdje će kruška no pod krušku

БЕС: Аминем беса не избыть → Ne jedu meso vuci po poruci

БИТЬ: Задорных всегда бьют → Nebojšu najprije psi ujedu; Кого люблю, того и бью → Ko se bije, taj se voli; Лежачего не бьют → Neprijatelja koji bježi ne tjeraj

БЛИН: Первый блин (всегда) комом → Prvi se mačići u vodu bacaju; Тот же блин, да на другом блюде → Isto sranje, drugo pakovanje; Кому чин, кому блин, а кому и клин → Nekom i pluto (slama) tone, a nekome i olovo pluta

БОГ: Бережёного (и) бог бережёт → Ko se čuva, i Bog ga čuva; Бог (господь) не выдаст, свинья не съест → Nigdar ni tak bilo da ni nekak bilo; Бог дал, бог и взял → Bog dao dao, Bog i uzeo; Бог даст день, (Бог) даст (и) пищу (var. Будет день, будет пища) → Novi dan, nova nafaka; Бог даст, (и) в окно подаст → Daće Bog (raji) gaće, ali ne zna kad će; Бог долго терпит (ждёт), да больно бьёт → Od suđenja se ne može uteći; Бог дурака, повалял, кормит → Ima više sreće nego pameti; Бог любит троицу → Treća sreća; Бог не без милости (казак не без счастья) → Nigdar ni tak bilo da ni nekak bilo; Бог шельму (плута) метит → Lopov se sam izdaje; Бог-то бог, да сам не будь плох → Pomozi sam sebi, pa će ti Bog pomoći; Богу молится, а с чёртом водится → Na jeziku med, a na srcu led; Вот (тебе) бог, (а) вот (и) порог (var. Вон порог на семь дорог) → Široko ti polje!; Кто богу не грешен, царю не виноват? → Niko nije savršen; На Бога надейся, а сам не плошай → Pomozi sam sebi, pa će ti Bog pomoći; До бога высоко, до царя далеко → Bog visoko, a car daleko; Не боги горшки обжигают → Neće grom u koprive; Кесарю кесарево, а Богу Богово (var. Богу Богово, а кесарю кесарево) → Caru carevo, a Bogu božje (dati); Не скор бог, да меток → Od suđenja se ne može uteći; На тебе, боже, что нам негоже → Nije beg cicija

БОГАТСТВО: Знание лучше богатства → Znanje je pravo imanje; Добрая слава лучше богатства → Bolji je dobar glas nego zlatan pâs; Доброе братство - лучшее богатство → Kad se slože i slabi su jaki

БОЛЕЗНЬ: Болезнь входит пудами, а выходит золотниками (var. Здоровье уходит пудами, а приходит золотниками) → Bolest na konju dolazi, a na dlaci odlazi; От всех болезней нам полезней солнце, воздух и вода → Živi prosto – doživjećeš sto; Отчаянные болезни требуют отчаянных средств → Ljutu travu na ljutu ranu

БОЛТУН: Болтун - находка для шпиона → Bolje se pokliznuti nogom nego jezikom

БОЛЬШЕ: Чем больше, тем лучше → Što više, to bolje

БОРЖОМИ: Поздно пить боржоми, когда почки отвалились (отказали) → Kasno Marko na Kosovo stiže

БОРОДА: Борода выросла, ума не нанесла → Pop se ne bira po bradi, nego po glavi; Борода не в честь, она и у козла есть → Pop se ne bira po bradi, nego po glavi; Седина в бороду (в голову), а бес (чёрт) в ребро → Sjedine u glavu, a pamet u stranu; К верху плевать – свою бороду заплевать → Kad čovjek nada se pljune, na obraz će mu pasti

БОЧКА: Бездонную бочку не наполнишь (жадное брюхо не накормишь) → Kome nije na orahu, nije na tovaru (dosta); Быть в каждой бочке затычкой → Svakom loncu poklopac; В пустой бочке звону больше → Prazno bure više zveči; Пустая бочка пуще гремит → Prazno bure više zveči

БРАНИТЬСЯ: Где двое бранятся, тут третий не суйся (var. Двое дерутся, третий не вмешивайся) → Dok se dvoje svađaju, treći se

247

koristi; Милые бранятся — только тешатся → Ko se bije, taj se voli

БРАТ, БРАТЕЦ: Шумим, братец, шумим → Besposlen pop i jariće krsti; Свой своему поневоле брат → Ko će kome nego svoj svome?

БРАТЬ: Бери или уходи → Uzmi ili ostavi

БРЮХО, БРЮШКО: У голодного брюха нет уха → Gladan pas ne može lajati; На брюхе (-то) шёлк, а в брюхе (-то) щёлк → Spolja gladac, iznutra jadac; Хоть лопни брюшко, да не останься добрецо → Jazuk (ti) baciti

БУБЛИК: Кому бублик, а кому дырка от бублика → Nekom i pluto (slama) tone, a nekome i olovo pluta

БУМАГА: Бумага все терпит → Papir sve trpi

БУТЫЛКА: Кабы не кабы, так бы Ивана Великого в бутылку посадил → Da imamo brašna, ko što nemamo masla, pa još u selu tepsiju da posudimo, što bismo dobru pogaču ispekli

БЫК, БЫЧОК: Быть бычку на верёвочке → Doće maca na vratanca; Всякий бык телёнком был → Od djece ljudi bivaju; Как с быком ни биться, а всё молока от него не добиться (var. Захотел молочка от бычка) → Gdje ništa nema i car prava nema

БЫТЬ: Будет, так будет; а не будет, так, что-нибудь да будет → Nigdar ni tak bilo da ni nekak bilo; Будь что будет → Kako bilo da bilo; Будь что будет → Šta bude, biće; Была не была (катай сплеча) → Kud puklo da puklo; Было, да сплыло, да травой поросло (var. Что было, то сплыло) → Bilo, pa prošlo (ka' i lanjski snijeg); Я такой как есть → Takav sam, kakav sam; Что-нибудь да будет → Nigdar ni tak bilo da ni nekak bilo; Что было, то видели, что будет, то увидим → Živi-bili, pa vidjeli; Что было, то прошло (и быльём поросло) → Bilo, pa prošlo (ka' i lanjski snijeg); Чему быть, того (тому) не миновать → Što mora biti, biće; Как бы там ни было → Kako bilo da bilo; Всякое бывает → Svašta na svijetu

В

ВЕЗТИ: Кто везёт, на того и накладывают → Ne zovu magarca na svadbu da igra, nego da vodu nosi

ВЕК: Битая посуда два века живёт → Žuti žutuju, a crveni putuju;

Век живи, век надейся → Čovjek se nada dok je god duše u njemu; Век живи, век учись (а дураком помрёшь) → Čovjek se uči dok je živ (pa opet lud umre); Вранью короткий век (var. Ложь не живуща, вранью короткий век) → U laži su kratke noge

ВЕРЁВКА; Сколько верёвочке не виться - конец будет → Nije ničija do zore gorila; Хороша верёвка длинная, а речь короткая → Da je steći košto reći, svi bi bogati bili; Завей (завьём, завяжи) горе верёвочкой → Udri brigu na veselje

ВЕРИТЬ: Не всякому слуху верь → Bolje je vjerovati svojim očima nego tuđim riječima; Не верь ушам, а верь глазам → Što čuješ, ne vjeruj; što vidiš, to vjeruj; Людским речам вполовину верь → Bolje je vjerovati svojim očima nego tuđim riječima

ВЕРНУТЬ: Прежнего не вернёшь (не воротишь) → Šta je bilo, bilo je

ВЕРШОК: Кому вершки, а кому корешки → Nekom i pluto (slama) tone, a nekome i olovo pluta

ВЕСЕЛИТЬ(СЯ): Кто людей веселит, за того весь свет стоит → Šaljiva druga družina ljubi; Ели, пили, веселились, подсчитали, прослезились → Svaki gušt se plaća

ВЕСЕЛЬЕ: Нет веселья без похмелья → Sve što je lijepo kratko traje

ВЕСТЬ: Отсутсвие вестей – неплохая весть → Nema vijesti - dobra vijest

ВЕТЕР: Ищи ветра в поле → Što izgubiš, ne traži, što nađeš, ne kaži; Против ветра не надуешься → Ne možeš se sa rogatim bosti

ВЗЯТЬ: Подальше положишь, поближе возьмёшь → Prigoda čini lupeža

ВИДЕТЬ: Лучше один раз увидеть, чем сто (десять) раз услышать → Što čuješ, ne vjeruj; što vidiš, to vjeruj;

ВИНА: Без вины виноват → Kriv što je živ

ВИНО: Вина больше – ума меньше → Ne zna rakija šta je kadija; Вино вину творит → Ne zna rakija šta je kadija; Вино с разумом не ладит → Ne zna rakija šta je kadija; Истина в вине → Istina je u vinu

ВИНОВАТ, ВИНОВАТЫЙ: Ты виноват уж тем, что хочется мне кушать → Kriv što je živ; У худого пильщика пила виновата → Vrijedne su ruke najbolja alatka; Пуля – дура, а виноватого найдёт

→ Od suđenja se ne može uteći

ВКУС: О вкусах не спорят → O ukusima se ne raspravlja; На вкус и цвет товарищей нет → O ukusima se ne raspravlja

ВЛАСТЬ: Власть переменилась! → Sjaši Kurta da uzjaši Murta

ВНЕШНОСТЬ: Внешность (наружность) обманчива → Izgled vara

ВОДА: В мутной воде рыбу ловят (var. ловить рыбу в мутной воде) → U mutnoj vodi se riba lovi; Вода (и) камень точит → Kaplja kamen dubi; Воду толочь — вода и будет → Besposlen pop i jariće krsti; Где вода была, там и будет → Gdje je potok, biće i potočina; Кровь не водица (вода) → Krv nije voda; Это вилами на воде писано → Na vrbi svirala; Тихая вода берега подмывает → Tiha voda bregove valja; Тихие воды глубоки → Tiha voda bregove valja; Хозяюшка, дайте воды напиться, а то так есть хочется, что и переспать негде → Došli gosti da oglođu kosti; На сердитых воду возят → Srditu popu prazne bisage; Не плюй в колодец - пригодится воды напиться → Vodu koju ćeš piti nemoj mutiti; Не спросясь (не зная) броду, не суйся в воду → Ne trči (kao ždrijebe) pred rudu; Обжёгся на молоке, дует и на воду → Ko se jednom opeče i na hladno puše; Пролитую воду не соберёшь → Šta je bilo, bilo je; С лица не воду пить → Svako lice s nosom lijepo

ВОДКА: Водку пить – себя погубить → Ne zna rakija šta je kadija

ВОЗ: Что с возу (с воза) упало, то <и> пропало → Šta je bilo, bilo je; Не мой (не твой, не наш, не ваш) воз, не мне (не тебе, не нам, не вам) его и везти → Ne niči gdje te ne siju; На чьём возу сижу, того и песеньку пою →   Na čijim se kolima voziš, onoga konje hvali

ВОЗРАСТ: Возраст не важен → Godine nisu važne

ВОЙНА: Кому война, а кому мать родна → Nekom rat, nekom brat

ВОЛ: Вола зовут не пиво пить, а хотят на нём воду возить → Ne zovu magarca na svadbu da igra, nego da vodu nosi; Волк волка не съест → Vuk na vuka ni u gori neće; Волк каждый год линяет, а всё сер бывает (да обычая не меняет) → Vuk dlaku mijenja, a ćud nikada (ali ćud nikako); Волк овец считанных, да ест → I brojene ovce vuk (kurjak) jede; Волка ноги кормят → Ko radi ne boji se gladi; Волков бояться – в лес не ходить → Ko se boji vrabaca, nek' ne sije proje; Голод и волка из лесу (на село) гонит → Gladan kurjak usred sela ide; Кобыла с волком тягалась, только хвост да грива осталась → Ne možeš se sa rogatim bosti

ВОЛК: Видать (знать) волка в овечей шкуре → Pod janjećom kožom mnogo puta vuk leži (često se vuk krije); Про волка речь, а волк навстречь (var. Про серого речь, а серый – навстречь) → Mi o vuku, a vuk na vrata; Дело не волк, в лес не уйдёт (не убежит) (var. Работа не волк, в лес не убежит) → Posao nije zec, neće pobjeći; И волки сыты, и овцы целы I vuk sit i ovce na broju; Крадёт волк и считанную овцу → I brojene ovce vuk (kurjak) jede; Кроткая овца волку всегда по зубам → Ko se ovcom učini, kurjaci ga izjedu; Ловит волк, да ловят и волка → I nad popom ima pop; На волка только слава, а ест овец — то Савва →Na vuka vika, a iza vuka lisice vuku; Не гонкой волка бьют, а уловкой → Um caruje, snaga klade valja; О волке помолвка, а волк и тут (var. О волке толк, а тут и волк) → Mi o vuku, a vuk na vrata; От волка бежал, да на медведя попал → Bježao od kiše, stigao ga grad; Пастухи за чубы, а волки за овец → Dok se dvoje svađaju, treći se koristi; С волками жить, по-волчьи выть → Ko s vukom druguje mora zavijati; Сколько волка ни корми, он всё в лес смотрит → Vuk dlaku mijenja, a ćud nikada (ali ćud nikako); Согласного стада и волк не берёт (var. Согласному стаду и волк не страшен) → Složna braća kuću grade; Хоть волком вой, хоть в прорубь головой → Ako u selu, Turci, ako u polju, vuci; Сделайся овцой, а волки готовы → Ko se ovcom učini, kurjaci ga izjedu

ВОЛЯ: Вольному воля (спасённому рай) → Ko šta voli, nek' izvoli; Наступи на горло, да по доброй воле → Milom ili silom

ВОНЯТЬ: Не тронь дерьмо, чтоб не воняло (var. Не тронь, так не воняет) → Ne diraj u govno da ne smrdi

ВОР: Вор у вора дубинку украл → Kad lupež lupežu što ukrade, i sam se Bog smije; Сколько вору ни воровать, (а) кнута не миновать → Od suđenja se ne može uteći; Где плохо лежит, туда вор и глядит → Prigoda čini lupeža; На воре шапка горит → Lopov se sam izdaje

ВОРОБЕЙ: Воробьи торопились, да маленькими уродились → Ko žurio, vrat slomio; Лучше воробей в руке, чем петух на кровле → Bolje vrabac u ruci nego golub na grani; Старого воробья на мякине не проведёшь (не обманешь) → Stara lisica u gvožđe ne upada

ВОРОВАТЬ: Что самому воровать, что вору стремянку держать → Ko lopova krije i on bolji nije

ВОРОВСТВО: Простота хуже воровства → Stari trik, nova budala; Всяко ремесло честно, кроме воровства → Ko što umije, sramota mu nije

ВОРОН, ВОРОНА: Бей сороку и ворону, добьёшься и до белого лебедя → Ko uči, taj i nauči: Ворон ворону глаз не выклюет → Vrana vrani oči(ju) ne vadi: Ворона и за море летала, да лучше (умней) не стала (вороной и вернулась) → Martin u Zagreb (Rim), Martin iz Zagreba (Rima); От вороны павы не жди → Gdje je sova (vrana) izlegla sokola?; Куда ворон костей не занесёт → Bogu iza nogu (leđa); Из-за куста и ворона востра → Svaki pijevac na svom bunjištu jači; Прямо (только) вороны летают → Preko preče, naokolo bliže; Пуганая ворона и куста боится → Koga je zmija ujela, i guštera se boji; С воронами летать — по вороньи каркать → Ko s vukom druguje mora zavijati; Ни пава, на ворона → Niti smrdi, niti miriše; Залетела ворона в высокие (боярские) хоромы → Ko ga (te) ne zna, skupo bi ga (te) platio

ВРАГ: Враг не дремлет никогда → Neprijatelj nikad ne spava; Враги наших врагов — наши друзья → Neprijatelj mog neprijatelja je moj prijatelj; Лучшее – враг хорошего → Ko hoće (traži) veće, izgubi i ono iz vreće; Тому врать легко, кто был далеко → Ako je daleko Bagdad, blizu je aršin

ВРАТЬ: Ври, да помни → U laži su kratke noge; Не любо — не слушай, а врать не мешай → Ako nećeš, ti poljubi pa ostavi; Далеко тому врать, кто за морем бывал → Ako je daleko Bagdad, blizu je aršin; Кто врёт, тот и денежки берёт → Ko laže taj i krade

ВРЕМЯ: Времена меняются, и мы меняемся с ними → Vremena se mijenjaju; Время — деньги → Vrijeme je novac; Время — лучший доктор (врач, лекарь) → Vrijeme liječi sve rane; Время пройдёт — слезы утрёт → Vrijeme liječi sve rane; Время (никого) не ждёт → Vrijeme nikog ne čeka; Время бежит как вода → Vrijeme leti; Время красит, безвременье старит → Zid ruši vlaga, a čovjeka briga; Время подойдёт, так и лёд пойдёт → Sve u svoje vrijeme; Время покажет → Vrijeme će reći; Всякое семя знает своё время → Sve u svoje vrijeme; Всякому овощу своё время → Sve u svoje vrijeme; Всему своё время → Sve u svoje vrijeme; Пришли иные времена, взошли иные имена → Drugo vrijeme, drugi običaji; Иные (другие) времена, иные (другие) нравы → Drugo vrijeme, drugi običaji

ВСЕ: Принадлежит всем и никому → Što je svačije, to je ničije

ВСКАЧЬ: Вскачь не напашешься → Ko žurio, vrat slomio

ВШИВЫЙ: Кто о чём, а вшивый о бане → Ko o čemu, baba o uštipcima

Г

ГВОЗДЬ: Гвоздь подкову спасёт, подкова - коня, конь - храбреца, храбрец - родину → Ekser drži potkov, potkov konja, konj junaka, junak grad, a grad zemlju; На одном гвозде всего не повесишь → Ne stavljaj sva jaja u jednu košaru

ГЛАЗ: (Хоть) видит око (глаз), да зуб неймет → Tako blizu, a tako daleko; В чужом глазу сучок видим, а в своём (и) бревна не замечаем → U tuđem oku vidi slamku, a u svome grede ne vidi; Глаза - зеркало души → Oči su ogledalo duše; С глаз долой - из сердца вон → Daleko od očiju, daleko od srca; У страха глаза велики → U strahu su velike oči; Свой глаз —алмаз (а чужой стекло) → Tuđa ruka svrab ne češe; Чего глаз не видит, о том сердце не болит → Kad oko ne vidi, srce ne žudi; Четыре глаза видят больше (лучше), чем два → Četiri oka vide bolje nego dva; От хозяйского глаза и конь добреет (жиреет) → Gospodareve oči konja goje; Сам сыт, а глаза голодны → Kome nije na orahu, nije na tovaru (dosta)

ГЛУПЫЙ: Глупый да малый всегда говорят правду → Djeca, budale i pijani istinu govore; Глупый киснет, а умный всё промыслит → U nevolji ne treba plakati nego lijeka tražiti; Глупым словам, глупое ухо → Kako se pita, tako se i odgovara; На глупый вопрос не бывает ответа → Kako se pita, tako se i odgovara

ГОВОРИТЬ: Что у кого болит, тот о том и говорит (var. У кого что болит, тот о том и говорит) → Gdje koga boli, onde se i pipa; Сначала думай, потом говори (var. Сперва подумай, а там и скажи) → Ispeci, pa reci!; Зажми рот да не говори год → Jezik za zube; Никогда не говори «никогда» → Nikad ne reci nikad; Говорил горшку котелок: уж больно ты чёрен, дружок → Smijala se kuka krivom drvetu; Говорит бело, а делает черно → Ne gledaj što pop tvori, nego slušaj što zbori; Не говори гоп, пока не перепрыгнешь → Prvo skoči, pa reci: "Hop!"

ГОДЫ: А годы летят → Vrijeme leti; А годы проходят — всё лучшие годы! → Vrijeme nikog ne čeka; Мечтам и годам нет возврата →

Točak vremena ne može se vratiti

ГОЛ; Хоть гол, да прав → Dug je zao drug

ГОЛОВА: Умная голова, да дураку досталась → Mudra glava, šteta što je samo dvije noge nose (a ne četiri, kao živinče); Дурная голова ногам покоя не даёт (var. За худой (глупой) головой и ногам не покой (упокой)) → Ko nema u glavi, ima u nogama; Либо грудь в крестах, либо голова в кустах → Ta se u bari, ta u moru udavio; На голове густо, да в голове пусто → Duga kosa, kratka pamet; От прибыли голова не болит → Od viška glava ne boli; Повинную голову и меч не сечёт → Ko prizna, pola mu se prašta; Пустой колос голову кверху носит → Prazno bure više zveči; Снявши голову, по волосам не плачут → Nakon boja kopljem u trnje; Сто голов – сто умов (var. Сколко голов, столько (и) умов) → Koliko ljudi, toliko ćudi; Хвост голове не указка (указчик) → Gdje bi jaje kokoš učilo?; Держи голову в холоде, живот в голоде, а ноги в тепле → Čizma glavu čuva (a kapa krasi); Повадился кувшин по воду ходить, тут ему и голову сломить → Lonac ide na vodu dok se ne razbije; Выше головы не прыгнешь → Kad ne može - ne može; Либо в стремя ногой, либо в пень головой → Ta se u bari, ta u moru udavio

ГОЛОД: Голод – лучшая приправа → Glad je najbolji kuhar (začin); Голод – лучший повар → Glad je najbolji kuhar (začin); Голод не тётка (пирожка не подсунет) → Gladan kurjak usred sela ide

ГОЛОДНЫЙ: Голодное брюхо к учению глухо → Gladan pas ne može lajati; Голодной курице всё просо снится → Ko o čemu, baba o uštipcima; Голодному Федоту и репа (всё) в охоту → Žedan konj mutnu vodu ne gleda; Голодный француз и вороне рад → Žedan konj mutnu vodu ne gleda

ГОЛОС: Из-за гроба нет голоса (нет вести) → Mrtva usta ne govore

ГОЛЫЙ: Голому разбой не страшен → Ko nema ništa, ne straši se od ništa; Голый, что святой (беды не боится) → Ko nema ništa, ne straši se od ništa; Голенький ох, а за голеньким бог → Daće Bog (raji) gaće, ali ne zna kad će

ГОЛЬ: Голь на выдумки хитра → Nevolja svačemu čovjeka nauči

ГОРА, ГОРКА: Гора родила мышь → Tresla se gora (brda), rodio se miš; Гора с горой не сдвинется (сходится), а человек с человеком (всегда) свидется (сойдётся) → Brdo se s brdom ne može sastati, a živi se ljudi sastanu; Если гора не идёт к Магомету, то Магомет идёт к горе → Ako neće brijeg Muhamedu, onda će Muhamed brijegu; Хватился, когда с горы скатился → Nakon boja kopljem u trnje; Временем в горку, а временем в норку → Ko bi gori, sad je doli, a ko doli, gori ustaje

ГОРЕ: Горе заставит – бык соловьём запоёт → Nužda zakon mijenja; Горе одного только рака красит → Zid ruši vlaga, a čovjeka briga; Горе от ума → Ko mnogo zna, mnogo i pati; На людях и горе вполгоря → Sve sa svijetom; Где радость, тут и горе → Kolo sreće se okreće; После грозы ведро, после горя радость → Poslije kiše sunce sija; Унеси ты моё горе → Udri brigu na veselje

ГОРОД: Что ни город, то норов (что ни деревня, то обычай) → Koliko sela, toliko adeta

ГОРОХ: Не смейся, горох, не лучше бобов (намокнешь и сам лопнешь) → Smijala se kuka krivom drvetu

ГОРШОК: Артельный (общий) горшок гуще кипит → Više ruku više urade; Не годится богу молиться, годится горшки накрывать → Kad kuća gori, barem da se čovjek ogrije

ГОРЯЧИЙ: Обжёгшись на горячем, дуешь на холодное → Ko se jednom opeče i na hladno puše

ГОСТЬ: В гости со своим самоваром не ездят → U šumu drva nosi; Гость до трех дней; гость первый день золото, на другой день - олово → Svakog gosta tri dana dosta; Гостям два раза рады: когда они приходят и когда уходят → Svakog gosta tri dana dosta; Мил гость, что недолго сидит (var. Хорош гость, коли редко ходит) → Svakog gosta tri dana dosta; На незваного гостя не припасена и ложка → Nezvanom gostu mjesto iza vrata; Незваного гостя с пира долой → Nezvanom gostu mjesto iza vrata; Незваный гость хуже татарина (var. Не вовремя (не в пору) гость хуже татарина) → Dođoše divlji, istjeraše pitome; Пора гостям и честь знать → Svakog gosta tri dana dosta; На грех мастера нет → Griješiti je ljudski

ГРАМОТА: Кто грамоте горазд, тому не пропасть → Znanje je pravo imanje

ГРЕХ: Потчевать можно, неволить грех → Ako nećeš, ti poljubi pa ostavi; Грех воровать, да нельзя миновать → Kad se mora, mora se; Грех да беда на кого не живёт → Griješiti je ljudski; Плохо не клади, (вора) в грех не вводи → Prigoda čini lupeža

ГРИБЫ: На окошке грибы не растут → Ustani, lijeni, Bog sreću dijeli; Грибов ищут, по лесу рыщут → Nema raka bez mokrih gaća; Если бы да кабы да во рту росли грибы (бобы) (это был бы не рот, а огород) → Da imamo brašna, ko što nemamo masla, pa još u selu tepsiju da posudimo, što bismo dobru pogaču ispekli

ГРОМ: Гром не грянет, мужик не перекрестится → Ne umije magarac plivati, dokle mu voda do ušiju ne dođe; Не всякий гром бьёт, а и бьёт да не по нас → Neće grom u koprive

ГРОШ: Гроша медного (ломаного) не стоит → Ne vrijedi ni lule duhana; За свой грош везде хорош → Para vrti gdje burgija neće; Из грошей рубли вырастут → Štednja je prvo tečenje

ГРУЗДЬ: Назвался груздём, полезай в кузов → Ko se u kolo hvata, mora i poigrati

ГРЯЗНЫЙ: Грязное к чистому не пристанет → Za čisto zlato rđa ne prijanja

ГРЯЗЬ: Грязь — не сало, потёр — и отстало → Za dobrim konjem se prašina diže

ГУЖ: Взялся за гуж, не говори, что не дюж → Ko se u kolo hvata, mora i poigrati

ГУСЬ: Гусь свинье не товарищ → Oni su kao nebo i zemlja; Гусь, да баба – торг, два гуся да две бабы - ярмарка → Tri žene i jedna guska čine vašar; Не сули гуся в год, а дай синицу в рот → Bolje vrabac u ruci nego golub na grani

Д

ДАМА: Дамы вперёд → Dame imaju prednost

ДАР: Бойтесь данайцев дары приносящих → Bojim se Danajaca i kad darove donose; Не путай Божий дар с яичницей → Ne miješaj žabe i babe

ДАТЬ: Дважды даёт, кто быстро даёт → Dvaput daje ko odmah daje; Много сулит, да мало даёт → Od zbora do tvora - ima prostora; Дают - бери, бьют - беги → Uzmi pope što ti se daje; Кто рано встаёт, тому бог даёт → Ko rano rani, dvije sreće grabi

ДВА: Нельзя служить двум господам → Ne može se sjediti na dvije stolice; На двух стульях не усидишь → Ne može se sjediti na dvije stolice; Из двух зол выбирают меньшее → Od dva zla izaberi manje

ДВЕРЬ: Всякий пусть метёт перед своей дверью (var. Мети всяк перед своими воротами) → Neka svako očisti ispred svoje kuće

ДВОРЯНИН: На безлюдье и Фома дворянин → Kad nema djevojke dobra je i baba

ДЕЛАТЬ, ДЕЛАТЬСЯ: Не делай другим того, чего себе не желаешь → Čini drugom što je tebi drago da ti se učini; Всё, что ни делается, всё к лучшему (var. Что ни делается (что бог ни делает), делается к лучшему) → Ko zna zašto je to dobro?

ДЕЛО: А дело бывало — и коза волка съедала → Žaba davi rodu; Мешай дело в бездельем, проживёшь век с весельем → Udri brigu na veselje; За правое дело стой смело → Zbori pravo, sjedi gdje ti je drago; Дело делу учит → Ko uči, taj i nauči; Дело мастера боится → Zanatliju posao pokazuje; Дело не ворона: не каркает, а скажется → Zanatliju posao pokazuje; Зачин дело красит → Dobar početak - lak svršetak; Доброе дело без награды не останется → Čini dobro, pa i u vodu baci; Твоё (наше) дело телячье → Ne niči gdje te ne siju; Страшно дело до зачина → Prvi korak je najteži; Хорошее (Доброе) дело два века живёт → Pošteno ime ne gine; Всякое дело мера красит → Srednja sreća je najbolja; Не по словам судят, а по делам → Lako je govoriti, al' je teško tvoriti; Ты ближе к делу, а он про козу белу → Jedan u klin, drugi u ploču; Каков у дела, таков и у хлеба → Kakav na jelu, takav na djelu; Сделал дело, гуляй смело → Nema odmora dok traje obnova; Скоро сказка сказывается, да (а) не скоро дело делается → Lako je govoriti, al' je teško tvoriti; Риск — благородное дело → Ko ne riskira ne dobija

ДЕНЬ: День (летний) год кормит → Ko ljeti planduje, zimi gladuje; День да ночь – и сутки прочь (а всё к смерти поближе) → Danci k'o sanci, a godišta k'o ništa; Нам бы только ночь простоять да день продержаться → Šuti i trpi; Скучен день до вечера, коли делать нечего → Besposlen pop i jariće krsti; Моты мотать – дни коротать → Trla (prela) baba lan da joj prođe dan

ДЕНЬГИ: Без денег в город — сам себе ворог → Puno je grad za dinar, kad dinara nema; Береги деньги (денежку) на чёрный день → Čuvaj bijele novce za crne dane; Не с деньгами жить, а с добрыми людьми → Gdje su prijatelji, tu je i bogatstvo; Денежка дорожку прокладывает → Para vrti gdje burgija neće; Денежки в кармане - все друзья с нами → Nesta vina, nesta razgovora, nesta blaga, nesta prijatelja; Деньга деньгу наживает → Para na paru ide; Деньга на деньгу набегает → Para na paru ide; Деньги (денежки) счет любят (var. Денежка счёт любит) → Čist račun, duga ljubav; Деньги глаза слепят → Pare kvare ljude; Деньги к деньгам идут → Para na paru ide; Деньги не пахнут → Novac ne smrdi; Деньги нужны, чтобы их тратить → Pare su da se troše; Деньги не растут на деревьях → Pare ne rastu na drvetu; Деньги портят человека → Pare kvare ljude; Заря деньгу даёт → Ko rano rani, dvije sreće grabi; Уговор дороже (лучше) денег → Obećanje - sveto dugovanje; За спрос денег не берут (var. За спрос не бьют (дают) в нос) → Ko pita, ne skita; Друг денег (рубля) дороже → Gdje su prijatelji, tu je i bogatstvo; За погляд денег не берут → I mačka cara gleda (pa ga se ne boji); За деньги и поп пляшет → Para vrti gdje burgija neće; За деньги и поп пляшет → Para vrti gdje burgija neće

ДЕРЕВНЯ: Вот моя деревня, вот мой дом родной → Svuda pođi, kući dođi; Лучше быть в деревне первым, чем в городе последним → Bolje prvi u selu nego zadnji u gradu

ДЕРЕВО: Постучи по дереву → Da kucnem o drvo; Гроза бьёт по высокому дереву → Neće grom u koprive; За один раз дерева не срубишь → Od jednog udara dub ne pada; Из-за деревьев леса не видно → Od drveća ne vidi šumu; Криво дерево, да яблоки сладки → Ako je dimnjak nakrivo, upravo dim izlazi; Ломи (гни) дерево, пока молодо (var. Гни дерево, пока гнется, учи дитятку, пока слушается) → Drvo se savija dok je mlado; Скрипучее дерево два века стоит (var. Скрипучее дерево - живучее) → Žuti žutuju, a crveni putuju

ДЕТИ, ДЕТКИ: Маленькие дети спать не дают, а большие дети жить не дают → Mala djeca mala briga; velika djeca velika briga; Маленькие детки - маленькие бедки, большие дети – большие беды → Mala djeca mala briga; velika djeca velika briga; Маленькие детки, маленькие бедки, а вырастут велики – большие будут → Mala djeca mala briga; velika djeca velika briga; Отец – рыбак, и дети в воду смотрят → Kakav otac, takav sin; С малыми детками горе, с большими вдвоё → Mala djeca mala briga; velika djeca velika briga; Каков батька, таковы и детки → Kakav otac, takav sin

ДЕШЁВЫЙ, ДЁШЕВО: Дёшево досталось - легко потерялось → Kako došlo, onako i prošlo (tako i otišlo); Дёшевое наведёт на дорогое → Jeftino meso, čorba za plotom; Дорого, да мило, дёшево, да гнило → Jeftino meso, čorba za plotom

ДИТЯ: Дитя не плачет – мать не разумеет → Dok dijete ne zaplače, mati ga se ne sjeća; У семи нянек дитя без глазу → Gdje je puno baba kilava su djeca; Учи дитя, пока поперёк лавки укладывается, а во всю вытянется – не научишь → Drvo se savija dok je mlado; Чем бы дитя ни тешилось, лишь бы не плакало S → ve zbog mira u kući

ДОБРО: Авось да как-нибудь до добра не доведут → Bolje reci neću, nego sad ću; Пьянство до добра не доведёт → Ne zna rakija šta je kadija; Только добро погибает юным → Neće grom u koprive; От добра добра не ищут → Ne traži hljeba preko pogače; Сделав добро не кайся (не попрекай, не помни) → Čini dobro, pa i u vodu baci; За добро плати добром → Dobro se dobrim vraća; Не хочешь зла - не делай добра → Hrani pašče da te ujede

ДОВЕРЯТЬ: Доверяй, но проверяй → Kokoš pije, a na nebo gleda

ДОЖДЬ: В дождь избы не кроют, а в вёдро и сама не каплет → Ne ostavljaj za sutra ono što možeš uraditi danas; После дождичка в четверг (на сухую пятницу) → Kad se dva petka sastanu zajedno

ДОЛГ: Долг платежом красен → Pamti, pa vrati; Заплатишь долг скорее, так будет веселее → Ko je dužan, taj je tužan; Долго спать, с долгом встать → Ko rano rani, dvije sreće grabi

ДОМ: Без троицы дом не строится (без четырёх углов изба не становится) → Treća sreća; В гостях хорошо, а дома лучше → Svuda pođi, kući dođi; Дома <и> стены помогают → Svoja kućica, svoja slobodica; Всяк господин в своем доме → Svaki je domaćin svome domu vladika; Мой дом — моя крепость → Svaki je domaćin svome domu vladika; Твой дом там, где твоё сердце → Kuća (dom) je tamo gdje je srce; Угольщик хозяин в своем доме → Svaki je domaćin svome domu vladika; Кто праямо ездит, тот дома не ночует → Preko preče, naokolo bliže

ДОРОГА: Все дороги ведут в Рим → Svi putevi vode u Rim; Кто едет скоро, тому в дороге неспоро → Ko naglo ide, na putu ostaje, ko lakše ide, brže doma dolazi

ДРАКА: После драки кулаками не машут → Nakon boja kopljem u trnje

ДРОВА: Кривы дрова, да прямо горят → Ako je dimnjak nakrivo, upravo dim izlazi; И сырые дрова загораются → I strpljenju dođe kraj

ДРУГ: Внешний лёд обманчив, а новый друг ненадёжен → Više vrijedi jedan stari prijatelj nego nova dva; Скажи мне, кто твой друг, и скажу, кто ты → Kaži mi s kim si da znam ko si; Свой своему поневоле друг → Ko će kome nego svoj svome?; Добрый друг лучше ста родственников → Gdje su prijatelji, tu je i bogatstvo

ДРУЖБА: Дружба дружбой, а денежкам счёт → Čist račun, duga ljubav; Дружба дружбой, а служба службой → Ni po babu, ni po stričevima (već po pravdi boga istinoga); Дружба дружбой, а табачок (денежки) врозь → Ako smo mi braća, nisu nam kese sestre; Счёт дружбе не помеха (var. Счёт дружбы не портит) → Čist račun, duga ljubav

ДРУЖНО: Берись дружно, не будет грузно → Više ruku više urade; Дружно — не грузно, а врозь — хоть брось → Složna braća kuću grade; Дружно не грузно, а врозь хоть брось → Više ruku više urade

ДРУЗЬЯ: Друзья наших друзей - наши друзья → Prijatelj moga prijatelja je moj prijatelj; Друзья познаются в беде → Prijatelj se u nevolji poznaje (kao zlato u vatri); Избавь меня, Боже, от друзей, а с врагами я сам и управлюсь → Sačuvaj me, Bože, od prijatelja, a od neprijatelja čuvaću se sam

ДУМАТЬ: Больше думай, меньше говори → Devet puta valja riječ preko jezika prevaliti prije neg' je izrekneš; Кто думает тридни, выберёт злыдни → Probirač nađe otirač

ДУРА: Дура спит, а счастье у ней в головах стоит (сидит) → Ima više sreće nego pameti; Губа не дура (язык не лопатка — знают где горько, где сладко) → Ko umije, njemu dvije

ДУРАК: В воре, что в море, а в дураке, что в пресном молоке → Ko je lud, ne budi mu drug; Что ни делает дурак, всё он делает не так → Luda pamet, gotova pogibija; Временами и дурак умно говорит → I ćorava koka zrno nađe; Заставь дурака богу молиться, он и лоб разобьёт (расшибёт) → Luda pamet, gotova pogibija; На всякого дурака ума не напасёшься → Blago tom ko pameti nema; На наш век дураков хватит → Stari trik, nova budala; Дурак в воду кинет камень, а десять умных не вынут → Što jedan lud zamrsi, sto mudrih ne mogu razmrsiti; Дурак дурака хвалит → Bozadžija za salebdžiju; Дурак завяжет – и умный не развяжет → Što jedan lud zamrsi, sto mudrih ne mogu razmrsiti; Дурак и посуленному рад → Obećanje - ludom radovanje; Дурак с дураком сходились, друг на друга дивились → Bozadžija za salebdžiju; Дурака рассердить нетрудно → Malen lončić brzo pokipi; Дурака (дураков) учить, что мёртвого (горбатого) лечить → Žali, Bože, tri oke sapuna, što poarči bula na Arapa; Дурака в ступе толки, всё останется дураком → Martin u Zagreb (Rim), Martin iz Zagreba (Rima); Дуракам везёт Ima više sreće nego pameti; Дуракам закон не писан → Luda pamet, gotova pogibija; Дуракам счастье → Ima više sreće nego pameti; Дураков не пашут, не сеют, они сами родятся → Luda pamet, gotova pogibija; Дураков не сеют, не жнут, сами родятся → Stari trik, nova budala; У дурака в горсти дыра → Ako smo mi braća, nisu nam kese sestre; У дурака долго деньги не держатся → Ako smo mi braća, nisu nam kese sestre; С дураками шутить опасно → Slijepca za put i budalu za savjet ne treba pitati; Хоть ты и седьмой, а дурак → Ko ga (te) ne zna, skupo bi ga (te) platio

ДЫМ: Всё великое земное разлетается как дым → Vrijeme gradi niz kotare kule, vrijeme gradi, vrijeme razgrađuje; Из кривой трубы дым прямо поднимается → Ako je dimnjak nakrivo, upravo dim izlazi; Всё пройдёт, как с белых яблонь дым → Top puče, Bajram prođe

ДЫМ: Дыма без огня не бывает (var. Нет дыма без огня) → Gdje ima dima, ima i vatre

ДЬЯВОЛ: Дьявол гордился (Чёрт хвалился), да с неба свалился → Ne diži se na golemo da ne padneš na koljeno

ДЯДЯ: Ахал бы дядя, на себя глядя → Smijala se kuka krivom drvetu

E

ЁЖ: Не бери ёжа - уколешься → Ko se igra s vatrom mora da se opeče

ЕМЕЛЯ: Мели, Емеля, твоя неделя → Živ mi Todor da se čini govor

ЕРЕМЕЙ: Всяк Еремей про себя разумей → Uzdaj se u se i u svoje kljuse

ЕХАТЬ (ПОЕХАТЬ): Тише едешь, дальше будешь → Ko polako ide, brže stigne (prije doma dođe); Не хвастай, когда в поле едешь, а хвастай, когда с поля едешь → Ne hvali dan prije večeri; Не подмажешь — не поедешь → Kola nenamazana škripe; Скоро поедешь – не скоро приедешь → Ko naglo ide, na putu ostaje, ko lakše ide, brže doma dolazi

Ж

ЖДАТЬ: Жди, так дождёшься → Ko čeka, taj i dočeka; Хуже нет - ждать да догонять → Bilo bi ga (te...) dobro po smrt poslati; Подожди немного, отдохнёшь и ты → Daće Bog (raji) gaće, ali ne zna kad će

ЖЕЛАНИЕ: Желание — отец мысли → Što je babi milo, to se babi snilo

ЖЕЛАТЬ: Много желать – добра не видать → Ko hoće (traži) veće, izgubi i ono iz vreće

ЖЕЛЕЗО: Куй железо, пока горячо → Gvožđe se kuje dok je vruće

ЖЕНА: Добрая жена дом сбережёт, а плохая — рукавом разнесёт

ЖЕНАТЫЙ: Много выбирать, женатому не бывать → Probirač nađe otirač

ЖЕНИТЬ(СЯ): Без меня меня женили → Pravi račun bez krčmara; Кто на борзом коне жениться поскачет, тот скоро поплачет → Ko se brzo ženi, polako se kaje; Обещать – не значит жениться → Obećanje - ludom radovanje; Жениться на скорую руку, да на долгую муку → Ko se brzo ženi, polako se kaje; Не торопись жениться, чтобы потом на себя не сердиться → Ko se brzo ženi, polako se kaje; Кому на ком жениться, тот в того и родится → Od oca sermiju, a od Boga ženu

ЖЕНЩИНА: Все женщины одинаковые → Sve žene su iste; Женщину нельзя спрашивать о её возрасте → Dame se ne pitaju za godine

ЖИЗНЬ: Бери от жизни всё, что сможешь → Uzmi sve što ti život pruža; В этой жизни умереть не трудно → Živa glava sve podnese i na sve se navikne; Чтоб жизнь малиной (мёдом) не казалась → Život je takav, čupav i dlakav; Жизнь бьёт ключом, и всё по голове → Život je takav, čupav i dlakav; Жизнь коротка, а дел много → Život je kratak; Жизнь не по молодости, смерть не по старости → Mlad može, a star mora umrijeti; Жизнь продолжается → Život teče dalje; Жизнь прожить — не поле перейти → Život je težak

ЖИЛЕТКА: Кому жилетка, кому рукава от жилетки → Nekom i pluto (slama) tone, a nekome i olovo pluta

ЖИТЬ: Человек живёт не для того, чтобы есть, а для того, чтобы жить (var. Надо есть для того, чтобы жить, а не жить для того, чтобы есть) → Čovjek ne živi da bi jeo, već jede da bi živio; Давайте жить дружно! → Sve zbog mira u kući; Живи будем – не помрём → Živa glava sve podnese i na sve se navikne; Живи и жить давай другим → Živi, i pusti druge da žive; Лучше умереть с честью, нежели жить с позором → Bolja je poštena smrt nego nepošten (sramotan) život; Лучше умереть стоя, чем жить на коленях → Bolje grob nego rob; Не живи как хочется, а живи как можется → Ako ne možemo kako hoćemo, mi ćemo kako možemo; Хоть есть нечего, да жить весело → Daće Bog (raji) gaće, ali ne zna kad će; Хочешь жить - умей вертеться → Parola "snađi se"; С кем живёшь, тем и слывёшь → S kim si, takav si; Удалой без ран не живёт → Nebojšu najprije psi ujedu

ЖРЕБИЙ: Жребий брошен → Kocka je bačena

З

ЗАВТРА: Не откладывай на завтра то, что можно сделать сегодня → Ne ostavljaj za sutra ono što možeš uraditi danas; Сегодня в порфире, завтра в могиле → Danas jesmo, sutra nismo (a sutra nas nema); Сегодня жив, а завтра жил → Danas jesmo, sutra nismo (a sutra nas nema); Сегодня мне, завтра тебе → Danas meni, sutra tebi; Сегодня пан, завтра пропал → Danas vezir, sutra rezil; Сегодня пир горой, а завтра пошёл с сумой → Danas imaš, sutra nemaš; Сегодня полковник, завтра покойник → Danas vezir, sutra rezil; Сегодня ты, а завтра я → Danas ja, sutra ti

ЗАГАДЫВАТЬ: Наперёд не загадывай → O tom, potom

ЗАКОН: Закон, что дышло: куда повернул (повернёшь), туда и вышло → Pravila su tu da se krše

ЗАНИМАТЬ: Занимает, кланяется, а отдаёт, так чванится → Ni platiša, ni vratiša

ЗАЯЦ: За двумя зайцами погонишься, ни одного не поймаешь → Ko juri dva zeca odjednom, ne ulovi nijednog

ЗВЕЗДА: Через тернии к звёздам → Preko trnja do zvijezda

ЗВЕРЬ: На ловца и зверь бежит → Mi o vuku, a vuk na vrata; Осторожность и зверя бережёт → Kokoš pije, a na nebo gleda

ЗДОРОВЬЕ: Чистота – залог здоровья → Čistoća je pola zdravlja; Смех - это здоровье → Smijeh je zdravlje

ЗНАТЬ: Много будешь знать, скоро состаришься → Kad porasteš, kaz'će ti se samo; Моя хата с краю - ничего не знаю → Ni luk jeo, ni luk mirisao; Не знаешь, где найдёшь, где потеряешь → Na mostu dobio, na ćupriji izgubio; Кабы знал, где упасть, (так) соломки бы подостлал (подстелил) → Kad bi čovjek znao gdje će pasti, prije toga bi sjeo; Кабы знала я, кабы ведала → Kad bi čovjek znao gdje će pasti, prije toga bi sjeo; Меньше знаешь - крепче спишь → Ko mnogo zna, mnogo i pati; Слышал звон, да не знаешь (не знает), где он → Živ mi Todor da se čini govor; Хочу всё знать → Kad porasteš, kaz'će ti se samo; Знай край, да не падай → Srednja sreća je najbolja; Знай толк, не бери в долг → Dug je zao drug

ЗОЛОТО: И через золото слёзы льются (текут) → Nije sve u parama; Золото и в грязи блестит → Zna se zlato i u đubretu; Не всё то золото, что блестит → Nije zlato sve što sija (nije pećina sve što zija)

ЗОЛОТОЙ: Золотая клетка соловью не потеха (соловья не красит) → Zlatan lanac slobodu ne pruža; Золотой ключик все двери открывает → Zlatan ključić i željezna (gvozdena) vrata otvara; Золотой молоток и железные ворота отпирает (прокует) → Zlatan ključić i željezna (gvozdena) vrata otvara

ЗУБ: За чужой щёкой зуб не болит → Tuđa rana ne boli; Невеличка мышка, да зубок остёр → U maloj boci se otrov drži

И

ИГРА: Игра не стоит свеч → Skuplja dara nego maslo

ИГРАТЬ: Не играть, так и не выиграть → Ko ne riskira ne dobija

ИЗБА. ИЗБУШКА: Криком изба не рубится (дело не спорится) → U mnogo zbora malo stvora; Своя избушка (свой уголок) – свой простор → Svaki je domaćin svome domu vladika; У всякой избушки свои поскрипушки (var. В каждой избушке свои погремушки) → Svako je lud na svoj način

ИМЕТЬ: Что охраняешь, то и имеешь (Ничего не охраняешь — ничего не имеешь) → Ko ne čuva malo, ne može ni dosta imati; Что имеем - не храним, потерявши – плачем → Dobro se ne pozna dok se ne izgubi; Чем больше имеешь, тем большего хочется → Ko više ima, više mu se hoće; Нельзя иметь и то, и другое → Ne može i jare i pare

ИМЯ: Надо называть вещи своими именами → Reci bobu bob, a popu pop; Не успеешь своё имя произнести (и глазом моргнуть) → Dok si rekao keks (britva)

ИСКАТЬ: Не ищи в селе, а ищи в себе Sam pao, sam se ubio; Ищите да обрящете → Ko što traži, naći će; Много искать станешь, ничего не достанешь → Ko hoće (traži) veće, izgubi i ono iz vreće; Свой своего ищет → Svaka ptica svome jatu leti; Кто ищет — тот всегда найдёт! → Ko što traži, naći će

ИСКЛЮЧЕНИЕ: Исключение подтверждает правило → Izuzetak potvrđuje pravilo

ИСКРА: От маленькой искры большой пожар бывает → Od male iskre velika vatra; Из искры возгорится пламя → Od male iskre velika vatra; Искру туши до пожара, беду отводи до удара → Bolje spriječiti nego liječiti

ИСТИНА: Устами младенца глаголет истина → Djeca, budale i pijani istinu govore

К

КАБЫ: Если бы да кабы → Kad bi ovako, kad bi onako...

КАЖДЫЙ: Каждому своё → Svakom svoje

КАЗАК: Терпи, казак, атаманом будешь → Ko ustraje taj se ne kaje

КАЛАЧ: Хочешь есть калачи, не лежи на печи → Ustani, lijeni, Bog sreću dijeli; Жива (живая) душа калачика хочет → Nikad nije kasno da se ljubi strasno

КАМЕНЬ: В камень стрелять — только стрелы терять → Besposlen pop i jariće krsti; Под лежачий камень вода не течёт → U ležećih prazna kuća; Против жара (от жару) и камень треснет → Zid ruši vlaga, a čovjeka briga; Катучий камень мохнат не будет → Koji se kamen često premeće, neće mahovinom obrasti; От жару и камень треснет → I strpljenju dođe kraj

КАПАТЬ: На убогого всюду капает (var. На бедного всюду (везде) каплет) → Sirotinjo, i bogu si teška!; Над нами не каплет → Ima dana za megdana

КАПЛЯ: Капля (и) камень долбит (точит) → Kaplja kamen dubi; Капля, которая переполнила чашу → Kap koja je prelila čašu; По капле и море собирается → Zrno po zrno pogača, kamen po kamen palača

КАРМАН: Запас кармана (мешка) не трёт (не дерёт) → Štednja je prvo tečenje; Запрос в карман не лезет → Ko pita, ne skita; Карман сух и поп глух → Bez para ni u crkvu; Купил бы село, да в кармане голо → Išla bi baba u Rim, ali nema s čim; kupila bi svašta, ali nema za šta; Лишняя денежка карману не в тягость → Od viška glava ne boli

КАША: Сам кашу заварил – сам и расхлёбывай → Kusaj šta si udrobio; Кашу маслом не испортишь → Od viška glava ne boli; Одному и у каши неспоро → Jedan k'o nijedan (Jedna k'o nijedna)

КЛЕВЕТАТЬ: Клевещите, клевещите, что-нибудь да останется → Koje pseto hoće da ubiju, poviču: bijesno je

КЛИН: Каков дуб, таков (и) клин, каков батька, таков и сын → Kakav otac, takav sin№ Клин клином вышибают (выбивают) → Klin se klinom izbija (a sjekira oba); Куда ни кинь, всюду клин → Ako u selu, Turci, ako u polju, vuci; Не клин бы да не мог, (так) плотник бы сдох → Bez alata nema zanata

КНУТ: Кому кнут да вожжи в руки, кому хомут на шею → Nekom i pluto (slama) tone, a nekome i olovo pluta

КОЗЁЛ: Пустили козла в огород (var. Доверили козлу капусту) → Ne valja jarca za baštovana namjestiti; Не лазил козёл в городьбу, а шерсти клок покинул → Ako koza laže, rog ne laže

КОЛЕСО: Немазаное колесо скрипит → Kola nenamazana škripe

КОМПАНИЯ: За компанию и жид повесился (удавился) → U društvu se i pop oženio

КОНЕЦ: Это не конец света → Nije smak svijeta; У палки два конца → Batina ima dva kraja; Конец — (всему) делу венец → Konac djelo krasi; Всякому терпению бывает конец → I strpljenju dođe kraj

КОНЬ: Без отдыха и конь не скачет → I car legne da mu se (ručak) slegne; Без спотычки и конь не пробежит (var. И на добра коня спотычка живёт) → I guska katkad na ledu posrne; Был конь, да изъездился → Zid ruši vlaga, a čovjeka briga; Был под конём, и на коне → Danas vezir, sutra rezil; Кто в кони пошёл, тот и воду вози → Ko se u kolo hvata, mora i poigrati; Не кони везут, а овёс → Snaga na usta ulazi; Дареному коню в зубы не смотрят → Poklonu se u zube ne gleda; Суженого <и> конём (на коне) не объедешь → Od oca sermiju, a od Boga ženu; Конь о четырёх ногах, да и тот спотыкается → I guska katkad na ledu posrne; Куда конь с копытом, туда и рак с клешнёй → Vidjela žaba da se konj potkiva, pa i ona digla nogu

КОРАБЛЬ: Большому кораблю — большое (и) плавание → Velike ribe veliku vodu traže

КОРМИТЬ: Других-то кормишь, на себя не глядишь → Smijala se kuka krivom drvetu

КОРОВА: Бывает, что коровы летают → Ne padaju s neba pečene mušmule (ševe); Чья бы корова мычала, а твоя бы молчала. → Smijala se kuka krivom drvetu; И старая корова любит быка → I stara ovca so liže; Не одна ты, моя корова, на белом свете → Jedan se oteg'o, drugi se proteg'o

КОРОЛЕВСТВО: Подгнило что-то в Датском Королевстве → Nešto je trulo u državi Danskoj

КОСА: Нашла коса на камень → Udario tuk na luk; Коси коса, пока роса → Gvožđe se kuje dok je vruće

КОСА: Стриженая девка косы не заплетёт → Dok si rekao keks (britva)

КОТ: Постригся кот, намылся (посхимился) кот, а всё (тот) же кот → Martin u Zagreb (Rim), Martin iz Zagreba (Rima)

КОШКА: Лакома кошка до рыбки, да в воду лезть не хочется → Ako želiš jezgro, slomi ljusku; Знает кошка, чьё мясо съела → Lopov se sam izdaje; Ночью все кошки серы → Noću je svaka mačka (krava) siva; Кошка из дому - мышки на стол → Kad mačka ode miševi kolo vode; Кошке игрушки, а мышке слёзки → Tukle se jetrve preko svekrve; От любопытства кошка сдохла → Budala je ko hoće da zna šta se u svačijem lončiću vari

КРАЙНОСТЬ: Крайности сходятся → Suprotnosti se privlače

КРАСАВИЦА: Не славится красавица, а кому что нравится → Nije blago ni srebro ni zlato, već je blago što je srcu drago

КРАСИВЫЙ: Не родись красив (красивым), а родись счастлив (счастливым) (var. Не родись умён, ни красив (ни хорош, ни пригож), а родись счастлив) → Bolji je dram sreće nego oka pameti

КРАСОТА: Была красота, да вся вышла → Ljepota je prolazna; Красота до венца, а ум до конца → Ljepota je prolazna; Красота проходит (не вечна) → Ljepota je prolazna

КРЕСТ: Нести свой крест → Svako nosi svoj krst (križ)

КРУГ: Всё возвращается на круги своя → Ništa nije novo na svijetu

КРУЧИНА: Кручина иссушит и лучину → Zid ruši vlaga, a čovjeka briga

КРЫСА: Крысы первыми бегут с тонущего корабля → Pacovi prvi napuštaju brod

КРЯХТЕТЬ: Кряхти да гнись, а упрёшься – переломишься → Ruku koju ne možeš posjeći, valja je ljubiti

КТО: Кто от кого, тот и в того Kakav otac, takav sin

КУЗНЕЦ: Каждый – (сам) кузнец своей судьбы (своего счастья) → Svako je kovač svoje sreće; Кому бог ума не дал, тому кузнец не прикует → Blago tom ko pameti nema

КУКУШКА: Променял (сменял) кукушку на ястреба → Prešao s konja na magarca; Кукушка хвалит петуха за то, что хвалит он кукушку → Bozadžija za salebdžiju

КУЛИК: В нужде кулик соловьём свищет → Nevolja svačemu čovjeka nauči; Всяк (всякий) кулик в (на) своем болоте велик → Svaki pijevac na svom bunjištu jači; Всяк кулик своё болото хвалит → Svaki Cigo svoga konja hvali; Далеко кулику до Петрова дня → Ko ga (te) ne zna, skupo bi ga (te) platio

КУМА: Поехала кума неведомо куда → Živ mi Todor da se čini govor

КУПИТЬ: За что купил, за то и продаю → Pošto kupio, po to i prodao; Купил бы вотчину, да купило покорчило → Išla bi baba u Rim, ali nema s čim; kupila bi svašta, ali nema za šta; Купил кота в мешке → Kupio mačka u džaku (vreći); Купила б я накупила, да купило притупило → Išla bi baba u Rim, ali nema s čim; kupila bi svašta, ali nema za šta

КУРИЦА: Каждая курица свой насест хвалит → Svaki Cigo svoga konja hvali; Курице не петь петухом → Teško kući gdje je kokoška glasnija od pijetla; Курочка по зёрнышку клюёт, да сыта бывает → Zrno po zrno pogača, kamen po kamen palača; Говорят - кур доят (а коровы яйца несут) (var. Говорят, что в Москве кур доят) → Ne padaju s neba pečene mušmule (ševe); Журавли са море летают, а всё одно куры → Martin u Zagreb (Rim), Martin iz Zagreba (Rima); На своей улочке храбра и курочка → Svaki pijevac na svom bunjištu jači

Л

ЛАД: Не надобен и клад, коли в семье лад → Gdje čeljad nije bijesna, kuća nije tijesna; Ни складу ни ладу → Ne zna se ko pije a ko plaća

ЛАПОТЬ: Не умеючи (не учась) и лаптя не сплетёшь → Bolje je pametna glava nego dolina para

ЛАСКА: Барской лаской не хвастай → Nije tvrda vjera u jačega

ЛГАТЬ: Кто лжёт, тот и крадёт → Ko laže taj i krade; Солжёшь сегодня, не поверят и завтра → Ko jedanput slaže, drugi put zaludu kaže; Раз солгал - навек лгуном стал → Ko jedanput slaže, drugi put zaludu kaže; Единожды солгавши, кто тебе поверит → Ko jedanput slaže, drugi put zaludu kaže

ЛЕВ: Лучше быть головой кошки, чем хвостом льва → Bolje prvi u selu nego zadnji u gradu; Льва узнают по его когтям → Po glasu ptica, a po šapama se lav poznaje

ЛЕГКИЙ: Лёгок на помине → Mi o vuku, a vuk na vrata

ЛЕГКО: Что легко наживается, легко проживается → Kako došlo, onako i prošlo (tako i otišlo)

ЛЕНИВЫЙ: Кто ленив сохой, тому весь год плохой → Ko radi ne boji se gladi

ЛЕНЬ: Лень (праздность) – мать всех пороков → Besposlenost je majka svih zala

ЛЕС: В лес дров не возят (в колодец воды не льют) → U šumu drva nosi; Кто в лес, кто по дрова Jedan u klin, drugi u ploču; Лес рубят - щепки летят → Pokraj suha drveta i sirovo izgori

ЛЕТО: Что летом приволочишь ногами, то зимой подберёшь губами → Ko ljeti planduje, zimi gladuje; Спустя лето (да) в лес по малину (не ходят) → Kasno Marko na Kosovo stiže; Лето – припасиха, зима – прибериха (подбериха) → Ko ljeti planduje, zimi gladuje; Лето работает на зиму, а зима на лето → Ko ljeti planduje, zimi gladuje; Сколько лет, сколько зим → Sto godina se nismo vidjeli!

ЛЕЧИТЬСЯ: Чем ушибся, тем и лечись → Klin se klinom izbija (a sjekira oba)

ЛИЗАТЬ: Спереди лижет, а сзади стрижет (царапает) → Na jeziku med, a na srcu led

ЛИСА, ЛИСИЦА: Лиса и во сне кур считает → Što je babi milo, to se babi snilo; Лиса семерых волков проведёт → Um caruje, snaga klade valja; Лукава лисица, да в капкан попадает → Nije ničija do zore gorila; Заговелась лиса – загоняй гусей → Kad lisica predikuje, pazi dobro na guske

ЛИХО: Не буди лиха, пока спит тихо → Ne diraj lava dok spava; Покойника не поминай лихом → O mrtvima sve najbolje

ЛОБ: Что в лоб что по лбу → Šta bude, biće; Выше лба уши (глаза) не растут → Kad ne može - ne može; Лбом стены (стену, стенку) не прошибёшь → Ne može se glavom kroz zid

ЛОЖКА: К своему рту ложка ближе → Bog je prvo sebi bradu stvorio; Сухая ложка рот дерёт → Kola nenamazana škripe; Дорога ложка к обеду → Ne šije se marama uoči Bajrama

ЛОЖЬ: Ложь на тараканьих (глиняных) ногах ходит → U laži su kratke noge; У лжи – короткие ноги → U laži su kratke noge; Сладкая ложь милее горькой правды → Laž se prеđe primi nego istina

ЛОКОТЬ: Близок локоть, да не укусишь → Tako blizu, a tako daleko; Своего локтя не укусишь → Kad ne može - ne može

ЛОШАДЬ: Я не я, (и) лошадь не моя (и я не извозчик) → Ni luk jeo, ni luk mirisao; На лошадь не плеть покупают, а овёс → Snaga na usta ulazi; Пока травка порастёт, лошадка с голоду умрёт → Ne lipši, magarče, dok trava naraste!

ЛУК: Чеснок и лук - от семи недуг (var. Лук от семи (всех) недуг; Лук семь недугов лечит) → Bježi, rđo, eto meda!

ЛЫКО: Даровое лычко лучше купленного ремешка → Što je džaba i Bogu je drago; Не всякое (не всяко) лыко в строку → I pop u knjizi pogriješi

ЛЮБИТЬ: Бьёт – значит, любит → Ko se bije, taj se voli; Любишь кататься, люби и саночки возить → Svaki gušt se plaća; Любишь тепло – терпи и дым (var. Любить тепло – и дым терпеть) → Ko se dima ne nadimi, taj se vatre ne ogrije (on se ognja ne ogrije); Люби пар, люби и угар → Ko se dima ne nadimi, taj se vatre ne ogrije (on se ognja ne ogrije); Меня любишь, так и собаку мою не бей → Ko neće moje štene, ne treba ni mene; Чего сам не любишь, того другому не чини (не желай) → Čini drugom što je tebi drago da ti se učini

ЛЮБОВЬ: В любви и на войне все средства хороши → U ljubavi i ratu je sve dozvoljeno; Любовь зла, полюбишь и козла → Ljubav je lijepa, al'je slijepa; Любовь не картошка (не выбросишь в (за) окошко) → Ljubav nije pura (šala); Любовь слепа → Ljubav je lijepa, al'je slijepa; Любовь, хоть и мука, а без неё скука → Ljubav je puna i meda i jeda; Любви все возрасты покорны → Nikad nije kasno da se ljubi strasno; Любви, огня и кашля от людей не утаишь → Kašalj, šuga i ašikovanje ne može se sakriti; Старая любовь не ржавеет → Prva ljubav zaborava nema; Кому не везёт в картах, повезёт в любви → Ko ima sreće u kartama, nema u ljubavi; Несчастлив в игре, так счастлив в любви → Ko ima sreće u kartama, nema u ljubavi

ЛЮБОПЫТСТВО: Любопытство не порок, а большое свинство → Budala je ko hoće da zna šta se u svačijem lončiću vari

ЛЮДИ: Все (мы) люди, все (мы) человеки → Niko nije savršen; Все люди разные → U božjoj bašti ima mjesta za svakoga; Люди ложь, и мы то ж → Pošto kupio, po to i prodao; Сколько людей, столько и мнений → Koliko ljudi, toliko ćudi; Свои люди — сочтёмся (сочтутся) → Čist račun, duga ljubav; У людей и шило бреет, а у нас и бритва не бреет → Nekom i pluto (slama) tone, a nekome i olovo pluta; Как ты к людям, так и они к тебе → Kakav pozdrav, onaki i odzdrav

M

МАЛ: Мал золотник, да дорог (велика Федора, да дура) → U maloj boci se otrov drži; Мал клоп, да вонюч → U maloj boci se otrov drži;

Мал соловей, да голос велик → Malena je 'tica prepelica, al'umori konja i junaka; Мал, да удал (Маленький, да удаленький) → Malena je 'tica prepelica, al'umori konja i junaka

МАСЛЕНИЦА: Не всё коту масленица, будет и великий пост → Nije svaki dan Božić (Bajram)

МАСЛО: Аннушка уже разлила масло → Prošao voz

МАСТЕР: Мастер глуп – нож туп → Vrijedne su ruke najbolja alatka; У плохого мастера и пила плохая → Vrijedne su ruke najbolja alatka

МАСТЬ: Масть к масти подбирается → Svaka ptica svome jatu leti

МАТЬ: (И) хочется и колется и матушка (мамка) не велит → Ako u selu, Turci, ako u polju, vuci; По матери дочка → Kakva majka, onakva i kćerka

МЁД: Вашими (твоими) бы устами да мёд пить → Iz tvojih usta, pa u Božje uši; Ложка дёгтя портит бочку мёда → U svakom žitu ima kukolja; Мёдом больше мух наловишь, чем уксусом → Umiljato jagnje dvije majke sisa

МЕДВЕДЬ: Дело не медведь (не волк), в лес не уйдёт (не убежит) (var. Работа не волк, в лес не убежит) → Posao nije zec, neće pobjeći; Кобыла с медведем тягалась, только хвост да грива осталась → Ne možeš se sa rogatim bosti; Не балуйся с медведом - задавит → Ko se igra s vatrom mora da se opeče; Не убивь медведя, не продавай шкуры → Pravi račun bez krčmara

МЕДЛЕННО: Медленно, но верно → Polako, ali sigurno

МЕРА: Во всём знай меру → Srednja sreća je najbolja; Мера всему делу вера Srednja sreća je najbolja; Всё хорошо в меру → Srednja sreća je najbolja

МЁРТВЫЙ: Мёртвые не говорят → Mrtva usta ne govore; Мёртвых с погоста не носят → Šta je bilo, bilo je; О мёртвых — или хорошо, или ничего → O mrtvima sve najbolje

МЕСТО: С высокого места больно падать → Ko visoko leti nisko pada; Свято место пусто не бывает → Koga nema, bez njega se može; Кажинный раз на этом месте → Da padne na leđa, razbio bi nos

МЕСТЬ: Месть – блюдо, которое едят холодным → Osveta je jelo koje se poslužuje hladno

МЕЧ: Кто с мечом к нам придёт, от меча и погибнет! → Ko se mača lati, od mača će i poginuti

МИЛ: Насильно мил не будешь → Ne može ništa na silu; Не по хорошу мил, а по милу хорош → Nije blago ni srebro ni zlato, već je blago što je srcu drago

МИЛОСТЫНЯ: Дорога (богата) милостыня в скудости (во время скудости) → Ne šije se marama uoči Bajrama

МИЛОСТЬ: Барская милость - кисельная сытость → Nije tvrda vjera u jačega

МИР: Мир да лад - большой клад (var. Не нужен и клад, коли в доме лад) →...I mirna Bosna; Худой мир лучше доброй ссоры (брани, драки) → Bolje je mršav mir nego debeo proces (debela parnica)

МИР: Чудаки украшают мир → Luda pamet, gotova pogibija; С миром везде простор, с бранью везде теснота → Gdje čeljad nije bijesna, kuća nije tijesna; С миром и беда не убыток → Sve sa svijetom; Мир не без добрых людей → Daće Bog (raji) gaće, ali ne zna kad će; Мир тесен Svijet je mali; На весь мир мягко не постелёшь → Niko se nije rodio da je svijetu ugodio; Всё к лучшему в этом лучшем из миров (var. Всё на свете к лучшему) → Ko zna zašto je to dobro?

МОГИЛА. МОГИЛКА: Горбатого (одна) могила исправит → Vuk dlaku mijenja, a ćud nikada (ali ćud nikako); Каков в колыбельку (в колыбельке), таков и в могилку (в могилке) → Teško žabu u vodu natjerati

МОЛВА: Плохая молва на крыльях летит → Zlo se čuje dalje nego dobro

МОЛИТЬСЯ: Всяк крестится, да не всяк молится → Na jeziku med, a na srcu led

МОЛОД: Молода, в Саксонии не была → Kad se tvoj vrag rodio, onda je moj gaće nosio; Молодо — зелено (погулять велено) → Mlado - ludo

МОЛОДЕЦ: Быль молодцу не укор → Šta je bilo, bilo je; Всякий (всяк) молодец на свой образец → Svako je lud na svoj način; Молодец среди овец, среди молодцов и сам овца → Ko ga (te) ne zna, skupo bi ga (te) platio; . Каков отец, таков и молодец) → Kakav otac, takav sin

МОЛОДОСТЬ: Праздная молодость - беспутная старость → Mlad delija, star prosjak; Если бы молодость знала, если бы старость могла → Kad bi mladost znala, kad bi starost mogla

МОЛОКО: Молоко на губах не обсохло → Kad se tvoj vrag rodio, onda je moj gaće nosio; Над пролитым молоком не плачут → Ne vrijedi plakati nad prolivenim mlijekom

МОЛЧАНИЕ: Молчание — знак согласия → Šutnja je znak odobravanja

МОЛЧАТЬ: Кто молчит, тот соглашается → Šutnja je znak odobravanja

МОНАСТЫРЬ: В чужой монастырь со своим уставом не ходят → U kakvo kolo dođeš, onako i igraj

МОНАХ: Ряса не делает монахом → Mantija ne čini kaluđera; Не всяк монах, на ком клобук → Mantija ne čini kaluđera

МОПЕД: Мопед не мой → Ni luk jeo, ni luk mirisao

МОРЕ: Кто в море не бывал, тот (досыта) богу не маливался → Hvali more, drž' se kraja (obale); Фараон гордился, да в море утопился → Ne diži se na golemo da ne padneš na koljeno; Хорошо море с берегу → Hvali more, drž' se kraja (obale); По зёрнышку – ворох, по капельке – море → Zrno po zrno pogača, kamen po kamen palača; На море овин горит, по небу медведь летит → Da imamo brašna, ko što nemamo

МОСКВА: (И) Москва не сразу (не вдруг) строилась → Od jednog udara dub ne pada

МОТОРОЛЛЕР: Мотороллер не мой, я просто разместил объяву → Ni luk jeo, ni luk mirisao

МУДРЕЦ: На всякого мудреца довольно простоты → I mudri nekad pogriješe; Никто не мудрец (пророк) в своем отечестве (var. В своем отечестве пророков нет) → Niko nije prorok u svojoj zemlji (kući); Москва от копеечной свечки (свечи) сгорела (загорелась) → Od male iskre velika vatra

МУДРОСТЬ: Во многой мудрости много печали → Ko mnogo zna, mnogo i pati

МУЖ: Муж и (да) жена — одна сатана → Sastalo se zlo i gore da se malo porazgovore; Назло мужу сяду в лужу → Od inata nema goreg zanata

МУЖЧИНА: Все мужчины одинаковые → Svi muškarci su isti

МУКА: (Всё) перемелётся, мука будет → Nije svaka muka dovijeka

МУХА: Орёл мух не ловит → Orao ne lovi muhe; Мы пахали! (сказала муха на рогах у вола) → Muha orala volu na rogu stojeći

МУЧИТЬСЯ: Если долго мучиться, что-нибудь получится → Šuti i trpi

МЫЛО: Променял шило на мыло → Prešao s konja na magarca; Мыло серо, да моет бело → U ratara crne ruke, a bijela pogača

МЫТЬЁ: Не мытьём, так катаньем → Milom ili silom

МЫШЬ: Без кота мышам масленица (var. раздолье) → Kad mačka ode miševi kolo vode; В подполье и мышь геройствует → Svaki pijevac na svom bunjištu jači; Худа та мышь, которая одну лазейку знает → Teško mišu (Rđav je ono miš) koji samo jednu rupu ima

Н

НАВЫК: Навык мастера ставит → Ko uči, taj i nauči

НАДЕЖДА: Надежда умирает последней → Nada zadnja umire; Надеждой жив человек → Čovjek se nada dok je god duše u njemu

НАДЕЯТЬСЯ: Пока дышу - надеюсь → Čovjek se nada dok je god duše u njemu

НАДО: Надо, так надо → Kad se mora, mora se

НАЙТИ: За чем пойдёшь, то и найдёшь → Ko što traži, naći će; Не посмотришь – не увидишь, не расспросишь – не найдёшь → Ko pita, ne skita

НАПАДЕНИЕ: Нападение – лучший вид защиты → Napad je najbolja odbrana

НАРОД: В каком народе живёшь, того и обычая держись → U kakvo kolo dođeš, onako i igraj; Глас народа — глас божий → Glas naroda, glas božji

НАУКА: Без муки нет и науки → Bez muke nema nauke; Кнут не мука, а вперёд наука → Batina je iz raja izašla

НАУЧИТЬСЯ: Не помучишься – так не научишься → Bez muke

nema nauke

НАЧАЛО: Хорошее начало – половина дела → Napola je učinio ko je dobro počeo; Доброе начало полдела откачало → Ko dobro počne, on je na pola radnje; Лиха беда начало → Prvi korak je najteži; Путному началу благой конец → Ko dobro počne, on je na pola radnje

НЕБО: Придорожная пыль небо не коптит → Za čisto zlato rđa ne prijanja

НЕВЕСТА, НЕВЕСТКА: Невестке в отместку → Od inata nema goreg zanata; Всякая невеста для своего жениха родится → Od oca sermiju, a od Boga ženu

НЕВОЗМОЖНОЕ: И невозможное возможно → Sve je moguće; Нет ничего невозможного → Ništa nije nemoguće

НЕДОРОГО: Недорого досталось, не больно и не жаль → Kako došlo, onako i prošlo (tako i otišlo)

НЕНАСЫТНЫЙ: Ненасытному всё мало → Kome nije na orahu, nije na tovaru (dosta)

НИКОГДА: Так чтобы ничего не было никогда не бывает → Nigdar ni tak bilo da ni nekak bilo; Теперь или никогда → Sad ili nikad; Лучше поздно, чем никогда → Bolje ikad nego nikad

НИЧТО: Всё или ничего → Sve ili ništa; Нет ничего тайного, что не стало бы явным (var. Тайное всегда становится явным) → Svako djelo dođe na vidjelo; Нет ничего тайного, что не стало бы явным → Zaklela se zemlja raju da se svake tajne znaju; Из ничего и выйдет ничего → Ne može od govneta pita; Лучше мало, чем ничего → Bolje išta nego ništa; Не ошибается тот, кто ничего не делает → Ko ne radi, taj ne griješi; Ничему не удивляйся → Sve je moguće

НОВОСТЬ: Отсутствие новостей - лучшие новости → Nema vijesti - dobra vijest

НОВЫЙ: Старая плитка под лавкой лежит, а новая на стенке висит → Novo sito o klinu visi; Всё новое — это хорошо забытое старое → Svakog čuda za tri dana; Новая ложка – с полочки на полочку, а состарется – под лавочкою наваляется → Novo sito o klinu visi; Новая метла чисто (по-новому) метёт → Novo sito samo sije; Новое ситце на колике нависится, а заваляется – под лавкой наваляется → Novo sito o klinu visi; Ничто не ново под луной → Ništa nije novo na svijetu

НОГА, НОЖКА: По одёжке протягивай ножки → Ne pružaj se dalje od gubera

НОГОТОК: Дай с ноготок, запросит с локоток → Daš mu prst, a on uzme cijelu šaku

НОМЕР: Вот так номер, чтоб я помер! → Svašta na svijetu

НОС: Любопытной Варваре на базаре нос оторвали (var. Любопытному на базаре нос прищемили) → Budala je ko hoće da zna šta se u svačijem lončiću vari; Нос вытащит — хвост увязит (завязит) → Bježao od kiše, stigao ga grad; Кто весел, а кто и нос повесил → Dok jednom ne smrkne, drugom ne svane

НОША: Своя ноша не тянет → Što se mora nije teško

НУЖДА: Нужда и голод выгоняют на холод → Gladan kurjak usred sela ide; Нужда научит калачи есть → Nužda nauči i babu igrati; Нужда свой закон пишет → Nužda zakon mijenja; Нужда скачет, нужда пляшет (плачет), нужда песенки поёт → Nužda zakon mijenja; Запасливый нужды не терпит → U radiše svega biše, u štediše jošte više

НЫРЯТЬ: Ныряй! Там глубоко... → Ko šta voli, nek' izvoli

О

ОБЕД: В объезд, так к обеду, а прямо, так дай бог к ночи → Preko preče, naokolo bliže

ОБЕЩАННОЕ: Обещанного три года ждут → Obećanje - ludom radovanje

ОБМАНЩИК: Обманутые обманщики → Kad lupež lupežu što ukrade, i sam se Bog smije

ОБУХ: Плетью обуха не перешибёшь → Ne može se kriva Drina ramenom ispraviti

ОВЦА: Голой овцы не стригут → o nema ništa, ne straši se od ništa; С паршивой овцы - хоть шерсти клок → Kad kuća gori, barem da se čovjek ogrije; Куда стадо, туда и овца Kud svi Turci, tud i mali Mujo

ОВЧИНКА: Овчинка выделки не стоит → Skuplja dara nego maslo

ОГОВОРИТЬСЯ: Лучше отступиться, чем оговориться → Bolje se pokliznuti nogom nego jezikom

ОГОНЬ: Огонь - хороший слуга, но плохой хозяин → Voda i vatra su dobre sluge; Из огня да в полымя → Bježao od kiše, stigao ga grad; Не шути (играй) с огнём: обожжёшься → Ko se igra s vatrom mora da se opeče

ОГОРОД: В огороде бузина, а в Киеве дядька → Gdje je magla panj izvalila?

ОГУРЕЦ: Коль пошла такая пьянка, режь последний огурец → Kad je bal, nek je bal (maskenbal)

ОДИН: Один в поле не воин → Jedan k'o nijedan (Jedna k'o nijedna); Один за всех, все за одного → Svi za jednog, jedan za sve; Один и дома горюет, а двое и в поле воюют → Dva loša ubiše Miloša; Один и камень не поднимешь, а миром и город передвинешь → Više ruku više urade; Один и у каши загинет → Jedan k'o nijedan (Jedna k'o nijedna); Один карась сорвётся, другой сорвётся, третий, бог даст, и попадётся → Treća sreća; Один палец не кулак Jedan k'o nijedan (Jedna k'o nijedna); Один пирог два раза не съешь → Ne može i jare i pare; Один про Фому, другой про Ерёму → Jedan u klin, drugi u ploču; Один раз живём → (Samo) jednom se živi; Один раз мать родила, один раз и умирать → Jednom se rađa, a jednom umire; Один раз не в счёт Jednom kao nijednom; Один раз соврёшь (обманешь) - другой не поверят → Ko jedanput slaže, drugi put zaludu kaže; Один с сошкой, семеро с ложкой → Dva (Tri) hajduka, devet kapetana; Один сын –не сын, два сына – полсына, (и) три сына - сын → Jedan k'o nijedan (Jedna k'o nijedna); Одна (Первая) ласточка весны не делает → Jedna lasta ne čini proljeće; Одна беда не беда Nije svaka muka dovijeka; Одна беда не ходит - за собою горе водит → Nesreća nikad ne dolazi sama; Одна голова - хорошо, а две – лучше → Dvojica više znaju nego jedan; Одна головня и в печи гаснет, а две и в поле курятся → Dva loša ubiše Miloša; Одна ложь тянет за собой другую → Ko jedanput slaže, drugi put zaludu kaže; Одна муха не проест брюха → Jedan k'o nijedan (Jedna k'o nijedna); Одна паршивая овца всё стадо портит → Jedna šugava ovca svo stado ošuga; Одна пчела не много мёду натаскает → Jedan k'o nijedan (Jedna k'o nijedna); Одна удача идёт, другую ведёт → Ko je srećan i vrane mu jaja nose; Одни плачут, а другие скачут →

Nekom i pluto (slama) tone, a nekome i olovo pluta; Одним миром мазаны → Našla krpa (vreća) zakrpu

ОЖИДАТЬ: Никто не зает, что его ожидает → Danas jesmo, sutra nismo (a sutra nas nema)

ОКО: Око за око, зуб за зуб → Oko za oko, zub za zub

ОПЫТ: Опыт – лучший учитель → Iskustvo je najbolji učitelj (u životu)

ОПЯТЬ: Опять двадцать пять → Opet Jovo nanovo

ОРЕХ, ОРЕШЕК: Орешек не по зубам → Tvrd je orah voćka čudnovata, ne slomi ga al' zube polomi; Не разгрызёшь ореха, так не съешь и ядра → Ako želiš jezgro, slomi ljusku

ОСЁЛ: Осёл в Цареграде конём не будет → Martin u Zagreb (Rim), Martin iz Zagreba (Rima); Осёл останется ослом, хотя осыпь его звездами → Majmun je majmun, ako ćeš ga u kakve haljine oblačiti; Осла хоть в Париж, он всё будет рыж → Martin u Zagreb (Rim), Martin iz Zagreba (Rima); На охоту ехать - собак кормить → Prase se ne goji (tovi) uoči Božića

ОТДЫХ: Бестолковый отдых утомляет хуже работы → ~ Nema odmora dok traje obnova

ОТЕЦ: Каков отец, таков и сын (var. Каков отец, таков и молодец) → Kakav otac, takav sin

ОХОТА: Была бы охота, а возможность найдётся → Ko hoće, taj i može; Охота пуще неволи → Od dobre volje nema ništa bolje; Охота смертная, да (а) участь горькая → Išla bi baba u Rim, ali nema s čim; kupila bi svašta, ali nema za šta

ОШИБКА: Ошибка в фальшь не ставится → Griješiti je ljudski; На ошибках других учимся Blago onom ko se tuđom štetom opameti, a teško onom koji svojom mora; На ошибках учатся → Na greškama se uči

П

ПАДАТЬ: Высоко летит, да низко падает (var. Высоко летишь, где-то сядешь) → Ko visoko leti nisko pada

ПАЛКА: Палка нема, а даст ума → Batina je iz raja izašla; Палка о двух концах (и туда и сюда) → Batina ima dva kraja; Кто палку взял, тот и капрал → U kog je pogača, u tog je nož

ПАН: Пан или пропал → Ko živ, ko mrtav; Паны (Бары) дерутся, а у холопов (у хлопов, у хлопцев) чубы трещат → Tukle se jetrve preko svekrve

ПАПА: Быть большим католиком, чем папа → Biti veći katolik od pape

ПЕНЬ: Велик пень, да дурень → Sjedine u glavu, a pamet u stranu; Что совой о пень, что пнём о сову, а всё сове больно (var. Что пнём об сову, что совой об пень) → Ili loncem o kamen, ili kamenom o lonac, teško loncu svakojako

ПЕРВЫЙ: Кто первее, тот (и) правее → Ko prije djevojci, njegova je djevojka; Кто первый пришёл, первый (муку) смолол → Ko prije djevojci, njegova je djevojka; Пусть первым бросит камень, кто безгрешен → Ko nije grešan neka prvi baci kamen

ПЁС: Околевший пёс не укусит (var. Мёртвая собака не укусит) → Mrtva usta ne govore

ПЕСНЯ, ПЕСЕНКА: Вперёд, и с песней! → Ko šta voli, nek' izvoli; Песня та же, поёт она же → Ko o čemu, baba o uštipcima; Та же песня, да на новый лад → Isto sranje, drugo pakovanje; Затянул песню, так веди до конца → Bolje je ne početi nego ne dočeti; Доведётся и нам свою песенку спеть → Doći će sunce i pred naša vrata

ПЕСТРОТА: У всякого скота своя пестрота → Svako je lud na svoj način

ПЕТУХ: И петух на своем пепелище храбрится → Svaki pijevac na svom bunjištu jači; Кому поведётся, тому и петух несётся → Ko je srećan i vrane mu jaja nose; Пока жареный петух не клюнет → Prase se ne goji (tovi) uoči Božića

ПЕТЬ: Кто поёт, того беда не берёт → Ko pjeva, zlo ne misli; Ты всё пела? Это дело: так поди же, попляши! → Ko ljeti planduje, zimi gladuje

ПЕЧАЛЬ: Ржа есть железо, а печаль – сердце → Zid ruši vlaga, a čovjeka briga

ПИР: В чужом пиру похмелье → Na vuka vika, a iza vuka lisice vuku

ПИРОГ: Вот такие пироги → Šta je, tu je; Пироги да блины, а там сиди да гляди → Manje jedi, pa kupi; Ешь пирог с грибами, да язык держи за зубами → Jezik za zube; Кому пироги да пышки, кому синяки да шишки → Nekom i pluto (slama) tone, a nekome i olovo pluta

ПИСАТЬ: За неимением гербовой, пишут на простой → Kad nema djevojke dobra je i baba

ПИТЬ: Чтобы елось и пилось, чтоб хотелось и моглось → Živio, kapu nakrivio; Кто пьёт до дна, тот живёт без ума → Ne zna rakija šta je kadija; Пили, ели – кудрявчиком звали, попили, поели – прощай шелудяк! → Nesta vina, nesta razgovora, nesta blaga, nesta prijatelja; Не пилось бы, не елось, никуда б и добро делось → Manje jedi, pa kupi

ПЛАКАТЬ: Больше плачешь, меньше писаешь → Plači, manje ćeš pišati; Кто скачет, а кто плачет → Dok jednom ne smrkne, drugom ne svane

ПЛАТИТЬ: Кто платит, тот и заказывает музыку → U kog je pogača, u tog je nož

ПЛЕВАТЬ: Себя жалеючи, кверху не плюй (var. Вверх не плюй! Себя пожалей) → Kad čovjek nada se pljune, na obraz će mu pasti

ПОВЕСТИСЬ: С кем поведёшься, от того и наберёшься → S kim si, takav si

ПОЖИТЬ: Поживём – увидим → Živi-bili, pa vidjeli

ПОЛЕ: В поле две воли: чья сильнее (чья возьмёт) (var. Посмотрим, чья возьмёт) → I mi konja za trku imamo; В поле и жук мясо → Kad nema djevojke dobra je i baba; Худую (дурную, сорную) траву из поля вон (var. Худая (дурная) трава из поля вон) → Jedna šugava ovca svo stado ošuga; И один в поле воин → Jedan, ali vrijedan

ПОЛЕНО: Полено к полену – сажень → Zrno po zrno pogača, kamen po kamen palača

ПОЛК: Нашего полку прибыло (var. В нашем полку прибыло) → Došli gosti da oglođu kosti

ПОЛНОЧЬ: Уж полночь близится, а Германна всё нет → Bilo bi ga (te...) dobro po smrt poslati

ПОМОЧЬ: Кто скоро (быстро) помог, тот дважды помог → Dvaput

daje ko odmah daje

ПОП: Глухому поп две обедни (двух обеден) не служит → Je li sjediš na ušima?; Кто любит попа, кто попадью, кто попову дочку → Neko hvali popa, neko popadiju; Кто любит попа, тот ласкает и попову собаку → Ko neće moje štene, ne treba ni mene; Кто (что) ни поп, тот (то) <и> батька → Nije šija nego vrat; Каков поп, таков и приход → Kakav gospodar, onakav i sluga; Пошёл в попы, служи и панихиды → Ko se u kolo hvata, mora i poigrati

ПОПАСТЬСЯ: Попался, который кусался → Nije ničija do zore gorila

ПОПЫТКА: Попытка не пытка (не шутка) (а спрос не беда) → Dok ne pokucaš, neće ti se otvorit

ПОРОХ: Есть ещё порох в пороховницах → I mi konja za trku imamo

ПОСТЕЛЕТЬ: Как постелёшь, так и поспишь → Kako prostreš, onako ćeš ležati

ПОСТРЕЛ: Наш пострел везде поспел → Svakom loncu poklopac

ПОСТУПАТЬ: Поступайте с другими так, как вы хотите, чтобы они с вами поступали → Čini drugom što je tebi drago da ti se učini

ПОСУЛ: На посуле тароват, а на деле скуповат → Od zbora do tvora - ima prostora; На посуле, что на стуле: посидишь да и встанешь → Od zbora do tvora - ima prostora; Из посула шубы не сошьёшь → Od zbora do tvora - ima prostora

ПОТЕРЯТЬ: На одном потеряешь, на другом найдёшь → Na mostu dobio, na ćupriji Izgubio; Обрадовался крохе, да ломоть потерял → Ko žali ekser, izgubi potkovicu; Потерял – не сказывай, нашёл – не показывай → Što izgubiš, ne traži, što nađeš, ne kaži; Много захочешь, последнее потеряешь → Ko hoće (traži) veće, izgubi i ono iz vreće

ПОТОП: После нас хоть потоп → Poslije nas potop

ПОТОПАТЬ: Что потопаешь, то и полопаешь → Ko radi ne boji se gladi

ПОХВАЛА: Не хвальна похвала до дела → Siječe ražanj, a zec u šumi

ПРАВ: Юпитер, ты сердишься, значит, ты не прав → Srditu popu prazne bisage

ПРАВДА: Всё минется, одна правда останется → Istina suncem sja; Правда в огне не горит и в воде не тонет → Istina suncem sja; Правда глаза колет Istina boli; Правду говорить -- друга не нажить → ~ Istina je gorka, ali se proždre

ПРАВИЛО: Нет правила без исключения → Izuzetak potvrđuje pravilo

ПРАВОСУДИЕ: Правосудие слепо → Pravda je slijepa

ПРАЗДНИК: Будет и на нашей (на моей, на твоей) улице праздник → Doći će sunce i pred naša vrata

ПРЕДАНИЕ: Свежо предание, а верится с трудом → Gdje je magla panj izvalila?

ПРЕДУПРЕЖДЕНИЕ: Предупреждение лучше лечения → Bolje spriječiti nego liječiti

ПРИВЕТ: Каков привет, таков и ответ (var. На добрый привет и добрый ответ) → Kakav pozdrav, onaki i odzdrav

ПРИВЫЧКА: Привычка - вторая натура → Navika je druga priroda; Привычка — не рукавичка, её не повесишь на спичку → Navika je druga priroda

ПРИЗНАНИЕ: Признание – половина исправления → Ko prizna, pola mu se prašta

ПРИЙТИ: Пришло махом, пошло прахом → Kako došlo, onako i prošlo (tako i otišlo)

ПРИМЕР: Дурные примеры заразительны → Ne gledaj što pop tvori, nego slušaj što zbori

ПРИХОД: Каков приход, таков и расход (var. По приходу и расход держи) → Ne pružaj se dalje od gubera

ПРИЧИНА: Без причины нет кручины → Za sve postoji razlog; Всему есть своя причина → Za sve postoji razlog

ПРОЖИТОЕ: Как нажито, так и прожито → S vragom došlo, s vragom i otišlo; Прожитое, что пролитое – не воротишь (var. Битого, пролитого да прожитого не воротишь) → Šta je bilo, bilo je

ПРОЖИТЬ: Легко добыть, легко и прожить → Kako došlo, onako i prošlo (tako i otišlo)

ПРОЙТИ: Всё пройдёт (Всё мгновенно, всё пройдёт; что пройдёт, то будет мило) → I to će proći

ПРОМАШКА: Живёт и на Машку промашка → I pop u knjizi pogriješi

ПРОПАДАТЬ: Где наше не пропадало → Kud puklo da puklo

ПРОРОК: В своей земле никто пророком не бывает (не бывал) → Niko nije prorok u svojoj zemlji (kući)

ПРОФЕССИЯ: Все профессии нужны, все профессии важны (var. Все профессии важны, все профессии хороши) → Svaki zanat je zlatan

ПРОФИЛАКТИКА: Лучшая тактика - профилактика → Bolje spriječiti nego liječiti

ПТИЦА, ПТИЧКА, ПТАШКА: В одно перо и птица не родится → Nisu svi ljudi isti; Видна птица по полёту → Poznaje se ptica po perju; Мала (невелика) птичка, да ноготок востёр (остёр) → Malena je 'tica prepelica, al'umori konja i junaka; Красна птица пером, а человек умом → Konji se mjere peđu, a ljudi pameću; Красна птица перьем, а человек ученьем (var. Красна птица пером, а человек умом) → Bolje je pametna glava nego dolina para; Глупа та птица, которой гнездо своё не мило → Kojoj ovci svoje runo smeta, ondje nije ni ovce ni runa; Хорошо птичке в золотой клетке, а того лучше на зелёной ветке → Zlatan lanac slobodu ne pruža; Даром только птички поют → Nema džabe ni kod (stare) babe; Ранняя птичка носок прочищает (очищает), <а> поздняя глаза (глазки) продирает → Ranoranilac i docnolegalac kuću teče; У всякой пташки свои замашки → Svako je lud na svoj način; Рано пташечка запела, как бы кошечка не съела → Ne hvali dan prije večeri; Ранняя пташка червяка ловит → Ko rano rani, dvije sreće grabi; Какая пташка раньше проснулась, та скоро и корму найдёт → Ko rano rani, dvije sreće grabi

ПУГОВИЦА: Пуговички золочёные, а три дня не евши → Spolja gladac, iznutra jadac;

ПУСТО: То густо, то пусто (var. Сегодня густо, а завтра пусто; Разом густо, разом пусто) Danas imaš, sutra nemaš

ПУСТОЙ: Пустой мешок стоять не будет → Prazna vreća ne može uzgor stajati

ПУТЬ: Нет царских путей к геометрии → Bez muke nema nauke; Путь к сердцу мужчины лежит через желудок → Ljubav na usta ulazi

ПУШИНКА: Пушинка к пушинке – выйдет перинка → Zrno po zrno pogača, kamen po kamen palača

ПЧЕЛА, ПЧЁЛКА: С пчёлкой водиться – в медку находиться, а с жуком связаться – в навозе оказаться → S kim si, takav si; С пчёлкой водиться — в медку находиться, а с жуком связаться— в навозе оказаться → Ko sa psima liježe, pun buha ustane; Нет пчёлки без жальца → Nema ruže bez trnja

ПЬЯНЫЙ, ПЬЯНИЦА: Пьяный скачет, а проспался — плачет → Ne zna rakija šta je kadija; Пьяница проспится, <a> дурак никогда → Slijepca za put i budalu za savjet ne treba pitati; Пьяного да малого бог бережёт → Pjanca i dijete Bog čuva; Пьяному <и> море по колено (по колена) → Ne zna rakija šta je kadija

ПЯТНО: Родимое пятно не смоешь → Teško žabu u vodu natjerati

Р

РАБОТА: В полплеча работа тяжела, а оба подставишь — легче справишь → Više ruku više urade; По деньгам и работа Koliko para, toliko muzike; Работа дураков любит → Ne zovu magarca na svadbu da igra, nego da vodu nosi; Всякая работа мастера хвалит → Zanatliju posao pokazuje; Какова плата, такова и работа → Koliko para, toliko muzike; Какова работа, такова и плата → Kakva služba, onakva i plaća; Ты меня, работа, не бойся, я тебя не трону → Ustani, lijeni, Bog sreću dijeli; По работе и деньги → Kakva služba, onakva i plaća; По работе и мастера (работника) знать → Zanatliju posao pokazuje; Все работы хороши, все профессии важны) → Svaki zanat je zlatan; Работает упорно и ест задорно → Kakav na jelu, takav na djelu

РАБОТАТЬ: Кто не работает, тот не ест → Ko ne radi, ne treba da jede

РАВНО: А нам всё равно! → Sve ravno do Kosova (do mora)

РАДОСТЬ: В радости сыщут, в горе забудут → Daj ti meni plačidruga, a pjevidruga je lako naći

РАЗ: Раз на раз не приходится → Lovac, da uvijek ulovi, zvao bi se nosac a ne lovac

РАЗДЕЛЯТЬ: Разделяй и властвуй → Zavadi, pa vladaj

РАЗУМ: Кого бог хочет наказать, у того отнимает разум (var. Кого Юпитер хочет погубить, того лишает разума) → Kad Bog hoće koga da kazni, najprije mu uzme pamet

РАЙ: (И) рад бы в рай, да грехи не пускают → Ne može se glavom kroz zid

РАК: Когда рак на горе свистнет → Kad na vrbi rodi grožđe

РАНЬШЕ: Раньше начнёшь, раньше поспеешь → Što prije, to bolje; Встанешь раньше, шагнешь дальше → Ko rano rani, dvije sreće grabi; Чем раньше, тем лучше → Što prije, to bolje

РАСПЛАТА: За всё есть расплата → Sve se vraća, sve se plaća

РЕБЁНОК: Жалея розгу, портишь ребёнка → Batina je iz raja izašla

РЕКА: По которой реке плыть, той и песенки петь → Na čijim se kolima voziš, onoga konje hvali

РИСКОВАТЬ: Кто не рискует – не выигрывает → Ko ne riskira ne dobija

РОДИТЬСЯ: Где кто родился, там и пригодился (годился) → Ko gdje nik'o, tu i obik'o

РОЖА: Мерзлой роже да метель в глаза → Da se za zelen bor uhvatim, i on bi se zelen osušio; Ни кожи, ни рожи → Niti smrdi, niti miriše

РОЖДЕСТВО: Рождество раз в год бывает → Kad je bal, nek je bal (maskenbal)

РОЖОН: Против рожна не попрёшь → Kad se mora, mora se

РОЗА: Нет розы без шипов → Nema ruže bez trnja

РОССИЯ: А я в Россию, домой хочу, я так давно не видел маму → Svuda pođi, kući dođi; Велика Россия, а отступать некуда - позади Москва → Ili ne pokušavaj, ili dovrši

РУБАШКА: С миру по нитке — голому рубашка (рубаха) → Zrno po zrno pogača, kamen po kamen palača; Своя рубашка ближе к телу → Košulja je preča od kabanice

РУБЛЬ: Без копейки рубля не живёт → Para dinar čuva; Ближняя копеечка дороже дальнего рубля → Bolje je danas jaje nego sutra kokoš; Не имей сто рублей, а имей сто друзей → Gdje su prijatelji, tu je i bogatstvo; Копейка рубль бережёт → Para dinar čuva; Не гони коня кнутом, а гони коня рублём → Para vrti gdje burgija neće

РУКА: Благословенна рука дающая → Nije beg cicija; Дай ему палец, а он всю руку откусит (var. Положи ему палец в рот, он тебе руку укусит) → Daš mu prst, a on uzme cijelu šaku; Двое пашут, семеро - руками машут → Dva (Tri) hajduka, devet kapetana; Левая рука не знает, что делает правая → Ne zna se ko pije a ko plaća; Легко (Хорошо) чужими руками жар загребать → Lako je tuđim rukama za vrelo gvožđe hvatati; Рука руку моет (и обе белы бывают) → Ruka ruku mije (a obraz obadvije); Одной рукой узла не завяжешь → Jedan k'o nijedan (Jedna k'o nijedna); Холодные руки — горячее сердце → Hladne ruke, toplo srce; Ножницы прямые, да руки кривые → Vrijedne su ruke najbolja alatka

РУССКИЙ: Что русскому здорово, то немцу смерть → Neko hvali popa, neko popadiju; Русское сейчас - один час → Bolje reci neću, nego sad ću

РЫБА, РЫБКА: Без костей рыбки (мяса) не бывает → Nema ruže bez trnja; Без труда не вынешь (и) рыбку из пруда → Nema raka bez mokrih gaća; Большая рыба маленькую целиком глотает → Velike ribe male proždiru; Чтобы рыбку съесть надо в воду лезть (var. Хочется рыбку съесть, да не хочется в воду лезть) → Ako želiš jezgro, slomi ljusku; Либо рыбку съесть, либо на мель сесть → Ta se u bari, ta u moru udavio; Рыба с головы гниёт (воняет) → Riba s glave smrdi; Хороша рыба на чужом блюде → U tuđe krave veliko vime; Не учи рыбу плавать → Ribu uči plivati; Опять за рыбу деньги → Opet Jovo nanovo; Ни рыба, ни мясо (ни кафтан, ни ряса) → Niti smrdi, niti miriše

РЫБАК: Рыбак рыбака видит издалека (var. Рыбак рыбака далеко в плесе видит) → Svaka ptica svome jatu leti; На безрыбье и рак рыба → Kad nema djevojke dobra je i baba

РЫЛО: С суконным рылом (да) в калачный ряд (не суйся) → Znam te, puško, kad si pištolj bila

С

САМОВАР: В Тулу со своим самоваром не ездят → U šumu drva

nosi; У самовара я и моя Маша → ...I mirna Bosna

САНИ: Каковы сами, таковы и сани → Prema svecu i tropar; Не в свои сани не садись → Ne niči gdje te ne siju

САПОГ: Два сапога – пара → Našla krpa (vreća) zakrpu; Пусть сапожник судит не выше сапога → Lovac je da lovi, prepelica da se čuva; Сапожник без сапог → U kovača je najgora sjekira; Всяк знает, где его сапог жмёт → Zna magarac gdje ga samar žulji

СВАДЬБА: Эх, как бы дожить бы до свадьбы-женитьбы → Šuti i trpi; После свадьбы в барабаны не бьют → Nakon boja kopljem u trnje; После свадьбы всякий (всяк) тысяцкий → Da je pamet do kadije kao od kadije; После свадьбы сват не нужен → Kasno Marko na Kosovo stiže; У вас своя свадьба, у нас — своя → Ne niči gdje te ne siju; На двух свадьбах сразу не танцуют → Ne može se istovremeno duvati i srkati; До свадьбы заживёт → Na mladu je, zarašće

СВЕРЧОК: Всяк сверчок знай свой шесток (var. Знай сверчок свой шесток) → Svako za se svoju travu pase

СВЕТ: Кому свет, а мне потёмки → Dok jednom ne smrkne, drugom ne svane

СВЕТ: Свет не клином сошёлся (var. Земля не клином сошлась) → Bog zatvori jedna vrata, a otvori stotinu; По секрету всему свету → Zaklela se zemlja raju da se svake tajne znaju

СВИНЬЯ: Пусти свинью в мякину – она и в зерно заберётся → Daš mu prst, a on uzme cijelu šaku; Свинья в золотом ошейнике всё свинья → Majmun je majmun, ako ćeš ga u kakve haljine oblačiti; Свинья не родит сокола → Gdje je sova (vrana) izlegla sokola?; Не мечите бисер перед свиньями → Biser ne valja pred svinje bacati; Посади свинью за стол - она и ноги на стол → Prase sito prevrne korito

СДЕЛАНО: Сказано — сделано → Rečeno – učinjeno; Сделано — и с плеч долой → Bolje reci neću, nego sad ću

СЕГОДНЯ → ЗАВТРА

СЕМЬ, СЕМЕРО: Семеро капралов, да один рядовой → Dva (Tri) hajduka, devet kapetana; Семеро одного не ждут → Bez jednog čovjeka (Cigana) može biti vašar; Семь вёрст до небес и всё лесом → Na vrbi svirala; Семь раз отмерь, один отрежь → Triput mjeri, jednom sijeci

СЕМЬЯ: В семье не без урода → U svakom žitu ima kukolja

СЕМЯ: От дурного семени не жди доброго племени → Nije od Boga već od roda

СЕНО: Либо сена клок, либо вилы в бок → Ta se u bari, ta u moru udavio

СЕРДЦЕ: Что в сердце варится, то в лице не утаится → Oči su ogledalo duše; Где сердце лежит, туда и око бежит → Očima se ljubav kuje; Сердцу не прикажешь → Nije blago ni srebro ni zlato, već je blago što je srcu drago

СЕЯТЬ: Что посеешь, то и пожнёшь → Što posiješ, to ćeš i požnjeti; Кто сеет ветер, тот пожнёт бурю → Ko vjetar sije, buru žanje

СИВКА: Укатали сивку крутые горки → Zid ruši vlaga, a čovjeka briga

СИЛА: В единении – сила → Kad se slože i slabi su jaki; В единстве - сила → Kad se slože i slabi su jaki; И сила уму уступает → Um caruje, snaga klade valja; Сила есть, ума не надо → Ko je jači, taj i tlači; Сила солому ломит → Sila boga ne moli; Где силой взять нельзя, там надобна ухватка → Um caruje, snaga klade valja; Где силой не возьмёшь, там хитрость на подмогу (там надобно уменье) → Um caruje, snaga klade valja; Против силы не устоишь → Ne možeš se sa rogatim bosti; Не всё удаётся, что силой берётся → Ne može ništa na silu

СИЛЬНЫЙ: С сильным не борись, с богатым не судись → Ne možeš se sa rogatim bosti

СИНИЦА: Лучше синица в руках, чем журавль в небе (var. Не сули журавля в небе, (а) дай синицу в руки) → Bolje vrabac u ruci nego golub na grani

СКАЗАТЬ: Что скажет Марья Алексевна? → Šta će svijet reći?; Сказала Настя, как удастся → Na vrbi svirala; Легко сказать, но трудно сделать → Lako je govoriti, al' je teško tvoriti; Кто сказал, тот и навонял → Ne bi kriv ko prde, već ko ču; Скажи мне, с кем ты дружен, и я скажу, кто ты таков → S kim si, takav si; Спрос всё скажет Ko pita, ne skita

СКАТЕРТЬ: Скатерть со стола – и друзья со двора (и служба сплыла) → Nesta vina, nesta razgovora, nesta blaga, nesta prijatelja; Скатертью дорога! → Široko ti polje!

СКОВОРОДА: Либо со сковороды отведать, либо сковородника → Ta se u bari, ta u moru udavio

СКОРО: Что скоро, то (и) не споро Ko žurio, vrat slomio; Что скоро, то не споро → Ko naglo ide, na putu ostaje, ko lakše ide, brže doma dolazi

СКУПОЙ: Скупой платит дважды → Jeftino meso, čorba za plotom

СКУПОСТЬ: Скупость не глупость → Čuvaj bijele novce za crne dane

СЛАВА: Наделала синица славы, а моря не зажгла → Obećanje - ludom radovanje; Доброму Савве добрая (и) слава → Za dobrim konjem se prašina diže

СЛАВНЫЙ: Славны бубны за горами (а к нам придут, как лукошко) → Slađa smokva preko plota

СЛАДКИЙ: Остатки (всегда) сладки → Meso pri kosti, a zemlja pri kršu (valja); Запретный плод (всегда) сладок (вкуснее) → Zabranjeno voće je najslađe; На халяву и уксус сладок → Što je džaba i Bogu je drago; Хрен редьки не слаще → Od dva zla izaberi manje

СЛЁЗЫ: В сиротстве жить — (только) слёзы лить → Sirotinja nema srodstva; Отольются слёзы (var. Отольются кошке мышкины слёзки; Отольются (отзовутся) волку овечьи слёзки (слёзы)) → Doće maca na vratanca; Дальние (долгие) проводы — лишние слёзы → Hej, drugovi, jel' vam žao, rastanak se primakao; Слезами (Плачем) горю не поможешь → U nevolji ne treba plakati nego lijeka tražiti

СЛЕПОЙ: Между слепыми и кривой король (var. Кривой среди слепых – король) → Među ćoravim ko ima jedno oko meću ga za cara; Если слепой ведёт слепого, то оба упадут в яму → Ako slijepac slijepca vodi, obadva će u jamu pasti; Посмотрим, сказал слепой → Slijepca za put i budalu za savjet ne treba pitati; Слепой ведёт слепого → Ako slijepac slijepca vodi, obadva će u jamu pasti; Слепой слепца водит, а обы ни зги не видят → Ako slijepac slijepca vodi, obadva će u jamu pasti

СЛОВО: Не давши слова, крепись, а давши, держись → Čovjek se veže za jezik, a vo za rogove; Нужны дела, а не слова → Lako je govoriti, al' je teško tvoriti; Покорное слово гнев укрощает → Lijepa riječ i gvozdena vrata otvara; Сказанное слово серебряное, (а) несказанное — золотое → Šutnja je zlato; Слово - не воробей: вылетит - не поймаешь → Riječ iz usta, a kamen iz ruke; Слово - серебро, молчание – золото → Šutnja je zlato; Слово не стрела, а пуще стрелы → Jezik je više glava posjekao nego sablja; Хоть слово не обух, а от него люди гибнут → Jezik je više glava posjekao nego sablja; Царское слово твёрже гороха → Carska se ne poriče; Доброе слово и кошке приятно → Lijepa riječ i gvozdena vrata otvara; Ласковое слово пуще дубины (мягкого пирога) → Lijepa riječ i gvozdena vrata otvara; Хвастливое слово гнило → Ko se hvali, sam se kvari; → Где много слов, там мало дел (Слов много, а дела мало) → U mnogo zbora malo stvora; На одних словах далеко не уедешь → Da je steći košto reći, svi bi bogati bili

СЛУГА: Мошна туга – всяк ей слуга → Para vrti gdje burgija neće

СЛУХ: Слухом земля полнится → Dobar glas daleko se čuje

СМЕЛОСТЬ: Смелость города берёт → Boj ne bije svijetlo oružje, već boj bije srce u junaka

СМЕЛЫЙ: Смелому бог помогает → Hrabre sreća prati; Смелый там найдёт, где робкий потеряет → Boj ne bije svijetlo oružje, već boj bije srce u junaka; Смелому горох хлебать, а несмелому (робкому) и (пустых) щей (редьки) не видать → Boj ne bije svijetlo oružje, već boj bije srce u junaka; Хочу быть дерзким, хочу быть смелым → Treba htjeti, treba smjeti; Только смелые достойны красавиц → Boj ne bije svijetlo oružje, već boj bije srce u junaka; Кто смел, тот два съел (да и подавился) → Ko umije, njemu dvije

СМЕРТЬ: Перед смертью не надышишься → Ne šije se marama uoči Bajrama; Кроме смерти, всё на свете поправимо (от всего вылечишься) → Od smrti se ne otkupi; Двум смертям не бывать, а одной не миновать → Jednom se rađa, a jednom umire; И всяк умрёт, как смерть придёт → Ko se rađa i umire; На миру (на людях, с людьми) и смерть красна → Sa ljudima ni smrt nije strašna; На смерть поруки нет → Od smrti se ne otkupi; От смерти не отмолишься (не открестишься, не выкупишься) → Od smrti se ne otkupi; Смерть всех сравняет → U smrti su svi jednaki; Смерть да жена богом суждена → Od oca sermiju, a od Boga ženu; Смерть и молодых за углом подстерегает → Mlad može, a star mora umrijeti; Смерть не за горами, а за плечами → Danas jesmo, sutra nismo (a sutra nas nema); Смерть не разбирает чина → U smrti su svi jednaki; Смерть не спросит, придёт да скосит → Mlad može, a star mora umrijeti; Тебя только хорошо (Хорошо его) за смертью посылать (var. Хорошо ленивого по смерть посылать → Bilo bi ga (te...) dobro po smrt poslati; Ленивого отправлять только за смертью в лес) → Bilo bi ga (te...) dobro po smrt poslati

СМЕХ: Смех без причины – признак дурачины → Budale se mnogo smiju; Одному потеха, другому не до смеха → Dok jednom ne smrkne, drugom ne svane; От спеху чуть не наделал смеху → Ko žurio, vrat slomio; Ранний смех – поздние слёзы → Ne hvali dan prije večeri; Кому смех, а мне горе → Dok jednom ne smrkne, drugom ne svane; Всё на свете можно исправить, кроме смерти → Za sve ima lijeka

СОБАКА, СОБАЧКА: Быть собаке битой, найдётся и палка → Koje pseto hoće da ubiju, poviču: bijesno je; Видит собака молоко, да рыло коротко → Tako blizu, a tako daleko; Вот где собака зарыта → U tom grmu leži zec; Маленькая (Малая) собачка до старости щенок → Sitna koka pile dovijeka; Не бойся собаки брехливой, а бойся молчаливой → Pas koji laje, ne ujeda; Не бойся собаки, что лает, а бойся той, что молчит и хвостом виляет → Pas koji laje, ne ujeda; Не будите спящую собаку → Ne diraj lava dok spava С собакой ляжешь, с блохами встанешь → Ko sa psima liježe, pun buha ustane; Свои собаки грызутся, чужая не приставай (var. Две собаки грызутся (дерутся), третья не приставай (третья кость грызёт)) → Ko meće prst među tuđa vrata, otkinuće mu; Собака лает, ветер носит → Psi laju, karavani prolaze; Собака на сене лежит, сама не ест и другим не дает → Niti pas kosku glođe, niti je drugom daje; Собаке и на свой хвост вольно брехать → Niko ne može natkati marama da cijelom svijetu usta poveže; Собаке собачья (и) смерть → Pas bio, pasji i prošao; Собаки лают, а караван идёт → Psi laju, karavani prolaze; Не дразни собаку, так не укусит → Ko se igra s vatrom mora da se opeče

СОВА: Сова о сове, а всяк о себе → Bog je prvo sebi bradu stvorio; Из совы сокол не будет → Gdje je sova (vrana) izlegla sokola?

СОВЕТ: Хороший совет не идёт во вред (var. Хороший совет дороже золота) → Dobar savjet zlata vrijedi

СОКОЛ: Полюбится (понравится) сатана пуще (лучше) ясного сокола → Ljubav je lijepa, al'je slijepa

СОЛНЦЕ: Взойдёт солнце и перед нашими воротами → Doći će sunce i pred naša vrata; И на солнце бывают (есть) пятна →

Niko nije savršen; Покуда солнце взойдёт, роса очи (глаза) выест → Ne lipši, magarče, dok trava naraste!; После дождичка будет и солнышко (var. После дождика даст бог солнышко; После ненастья солнышко (после солнышка дождь)) → Poslije kiše sunce sija

СОЛНЫШКО: Придёт солнышко и к нашим окошечкам (var. Взойдёт солнышко и на нашем подворье) → Doći će sunce i pred naša vrata; На всех и солнышко не усветит (var. И красное солнышко на всех не угождает) → Niko se nije rodio da je svijetu ugodio

СОЛОВЕЙ: Синица в руках лучше соловья в лесу → Bolje vrabac u ruci nego golub na grani; Соловья баснями не кормят → Ne jedu meso vuci po poruci; Не нужна соловью золотая клетка, а нужна зеленая ветка → Zlatan lanac slobodu ne pruža

СОЛОМКА: Ближняя соломка лучше дальнего сенца → Bolje je danas jaje nego sutra kokoš

СОЛЬ: Чтобы узнать человека, надо с ним пуд соли съесть → Dok s nekim vreću brašna ne pojedeš, ne možeš ga upoznati

СОН: Что наяву бредится, то и во сне грезится → Što je babi milo, to se babi snilo; Страшен сон, да милостив бог → Ko zna zašto je to dobro?

СОРОКА: Заладила (затвердила) (как) сорока Якова (одно про всякого) → Ko o čemu, baba o uštipcima

СОСЕД: На обеде все соседы, а пришла беда – они прочь, как вода → Nesta vina, nesta razgovora, nesta blaga, nesta prijatelja; Нет большей беды, чем плохие соседи → Komšija bliži nego brat; Не купи двора, (a) купи соседа → Komšija bliži nego brat; Лучше добрые соседи, чем далёкая родня → Komšija bliži nego brat

СПАСАТЬСЯ: Спасайся, кто может → Spasavaj se ko može

СПАСИБО: Из спасиба шубы не шить → Lijepe riječi ne mijese kolače; Спасибо в карман не положишь → Hvala je prazna plaća; Спасибом сыт не будешь → Hvala je prazna plaća; За спасибо (за просто так, за бесплатно, даром) ничего не делается → Bez para ni u crkvu

СПАТЬ: Кто спит, тот обедает → Kad spava, hljeba ne ište

СПЕШИТЬ: Не спеши, но поторапливайся → Požuri polako;

Поспешишь - людей насмешишь → Ko žurio, vrat slomio; Спеши медленно → Požuri polako

СПИНА: Была бы спина, а кнут найдётся (var. Была бы спина – найдётся (и) вина) → Koje pseto hoće da ubiju, poviču: bijesno je

СПИЧКА: Только спичку зажёг - уж вскипел котелок → Malen lončić brzo pokipi

ССОРА: Для ссоры нужны двое → Za svađu je potrebno dvoje

СТАРОСТЬ: Старость не радость (не красные дни) → Starost nije radost; Под старость всё неволя → Starost je teška

СТАРУХА: И на старуху бывает проруха → I pop u knjizi pogriješi

СТАРЫЙ; СТАРОЕ: За молодым жить весело, а за старым хорошо → Pođi za stara, pođi za cara; pođi za mlada, pođi za vraga; Стар пестрец, да уха сладка → Stara koka, dobra supa; Старого не учат – мёртвого не лечат → Star se konj ne uči igrati; Старого пся к цепи не приучишь → Star se konj ne uči igrati; Старое старится (стареется), (а) молодое растёт (var. Старый старится, (а) молодой растёт) → Na mladima svijet ostaje; Старый друг лучше новых двух → Više vrijedi jedan stari prijatelj nego nova dva; Старый конь борозды не испортит → Kad stari pas laje, valja vidjet šta je; Кто старое помянет, тому глаз вон → Bilo, pa prošlo (ka' i lanjski snijeg); Чем больше перемен, тем больше всё остаётся по-старому → Sjaši Kurta da uzjaši Murta; И старая кобыла до соли лакома → I stara ovca so liže; Не спрашивай старого, спрашивай бывалого → Iskustvo je najbolji učitelj (u životu); Обойдётся, оботрётся – всё по-старому пойдёт → I to će proći; Про старые (про одни) дрожжи не говорят двожды → Ko o čemu, baba o uštipcima

СТВОЛ: Каков ствол, таковы и сучья → Kakav otac, takav sin

СТОРОНА: Со стороны виднее → Ko na brdu ak' i malo stoji, više vidi no onaj pod brdom

СТРАНА: Широка страна моя родная → Upoznaj svoju domovinu da bi je više volio; Сколько стран, столько и обычаев → Koliko sela, toliko adeta

СТУЧАТЬ: Толцыте, и отверзется → Dok ne pokucaš, neće ti se otvoriti

СУД: На нет и суда нет → Gdje ništa nema i car prava nema

СУДЬБА: От судьбы (пули) не уйдёшь → Od sudbine ne možeš

pobjeći

СУДЬЯ: А судьи кто? → Kadija te tuži, kadija ti sudi; Не бойся суда, (а) бойся судьи → Kadija te tuži, kadija ti sudi

СУМА: Привяжется сума – откажется родня → Sirotinjo, i bogu si teška!; От сумы и от тюрьмы не зарекайся → Nikad ne reci nikad

СЧАСТЬЕ: Не было бы счастья, да несчастье помогло → U svakom zlu ima dobra; Не в деньгах счастье (а в добром согласье) → Nije sve u parama; Счастье – вольная пташка где захотела, там и села → Kolo sreće se okreće; Счастье дороже богатства → Bolji je dram sreće nego oka pameti; Счастье с бесчастьем – ведро с ненастьем → Kolo sreće se okreće; Счастье с несчастьем на одних санях ездят → Kolo sreće se okreće; Храброму счастье помогает → Hrabre sreća prati; Кому счастье служит, тот ни о чём не тужит → Ko je srećan i vrane mu jaja nose; Иному счастье мать, иному мачеха → Nekom i pluto (slama) tone, a nekome i olovo pluta; Всяк человек своего счястья кузнец → Svako je kovač svoje sreće

СЫРЬ: Бесплатный сыр бывает только в мышеловке → Džaba (Badava) se ni Hristov grob ne čuva

СЫТЫЙ: Сытый голодного не разумеет → Sit gladnom ne vjeruje

Т

ТАЙНА: Тайна сия велика есть → Zini da ti kažem

ТАНГО: Для танго нужны двое → Za tango je potrebno dvoje

ТАНЦОР: Плохому танцору ноги мешают (var. Плохому танцору яйца мешают) → Vrijedne su ruke najbolja alatka

ТАРАКАН: От нечего делять и таракан на полати лезет → Trla (prela) baba lan da joj prođe dan

ТАТАРИН: Нам, татарам, всё равно → Sve ravno do Kosova (do mora)

ТЕЛО: В здоровом теле — здоровый дух → U zdravom tijelu - zdrav duh

ТЕЛЯ, ТЕЛЯТА: Куда Макар телят не гонял → Bogu iza nogu (leđa); Ласковое теля (телятко, телёнок) двух маток (две матки) сосёт → Umiljato jagnje dvije majke sisa; Теля умерло, хлеба прибыло → U svakom zlu ima dobra

ТЕМНОТА: В темноте и гнилушка светит → Kad nema djevojke dobra je i baba

ТЕРЯТЬ: Нам нечего терять, кроме собственный цепей → Ko nema ništa, ne straši se od ništa; Кто-то теряет, кто-то находит → Što izgubiš, ne traži, što nađeš, ne kaži

ТЕСНОТА: В тесноте, да не в обиде → Gdje čeljad nije bijesna, kuća nije tijesna

ТОВАР: Всяк купец свой товар хвалит → Svaki Cigo svoga konja hvali; Хороший товар не залежится → Dobrom konju se i u štali nađe kupac; Хороший товар сам себя хвалит → Dobrom konju se i u štali nađe kupac

ТОВАРИЩ: Когда в товарищах согласья нет, на лад их дело не пойдёт → Nesložna braća - propala kuća; Пеший конному не товарищ (не попутчик) Oni su kao nebo i zemlja; По товарищам и слава → S kim si, takav si;

ТОНКИЙ: Где тонко, там и рвётся → Gdje je tanko, tamo se i kida

ТОПОР: Без топора - не плотник, без иглы – не портной → Bez alata nema zanata; Налетел топор на сук → Udario tuk na luk; На крепкий сук – острый топор (var. Остёр топор, да (и) сук зубаст) → Udario tuk na luk

ТОРОПИТЬСЯ: Торопись (Спеши) медленно → Požuri polako

ТРАВА: Пока трава вырастёт, кобыла сдохнет → Ne lipši, magarče, dok trava naraste!

ТРЕТИЙ: Третий лишний → Gdje dvoje govori, tu je treći kost u grlu; Третий радующийся → Dok se dvoje svađaju, treći se koristi

ТРУД: Что без труда наживается, легко проживается → Ko s nepravdom steče, s vragom rasteče; Терпение и труд всё перетрут → Strpljen – spašen; Труд человека кормит, а лень портит → Ko radi ne boji se gladi

ТРУП: Только через мой труп → Samo preko mene mrtvog

ТРУС: Трус не играет в хоккей → Treba htjeti, treba smjeti

У

УБЫТОК: Убыток - уму прибыток → Svaka škola se plaća

УГОДИТЬ: На всех не угодишь → Niko se nije rodio da je svijetu ugodio

УЖИН: После ужина горчица → Kasno Marko na Kosovo stiže

УКОРОТИТЬ: Укоротишь - не воротишь → Triput mjeri, jednom sijeci

УЛИТА: Улита едет, когда-то будет → Obećanje - ludom radovanje

УМ: Был бы ум, будет и рубль → Znanje je pravo imanje; Что у трезвого на уме, то у пьяного на языке → Što trijezan misli, pijan govori; Что на уме, то и на языке → Što na umu, to na drumu; Свой ум — царь в голове (var. У каждого свой царь в голове) → Uzdaj se u se i u svoje kljuse; Ум бороды не ждёт → Pop se ne bira po bradi, nego po glavi; Ум не в бороде, а в голове → Pop se ne bira po bradi, nego po glavi; Ум хорошо, а два лучше (того) → Dvojica više znaju nego jedan; Вырос, а ума не донёс → Sjedine u glavu, a pamet u stranu; Всякий по-своему с ума сходит → Svako je lud na svoj način; По платью (по одёжке) встречают, по уму провожают → Odijelo ne čini čovjeka

УМЕНЬЕ: Где хотенье, там и уменье → Ko hoće, taj i može

УМЕРЕННОСТЬ: Умеренность есть лучший пир → Više je ljudi pomrlo od jela i pića nego od gladi i žeđi

УМНЫЙ: Умному достаточно → Pametnome dosta; Умный в гору не пойдёт, умный гору обойдёт → Ne može se glavom kroz zid; Умный всегда развяжет, что глупый развяжет → Što jedan lud zamrsi, sto mudrih ne mogu razmrsiti; Умный понимает с полуслова → Pametnome dosta; Умный уступает → Pametniji popušta; Умный учится на чужих ошибках, а дурак на своих → Pametan se uči na tuđim greškama, budala na svojim

УСЛУГА: Услуга за услугу → Ti meni, ja tebi

УСЫ: Сами с усами → I mi konja za trku imamo; По усам текло, а в рот не попало → Išla bi baba u Rim, ali nema s čim; kupila bi svašta, ali nema za šta

УТОНУТЬ: Кому сгореть, тот не утонет → Ko se za vješala rodio neće potonuti; Кому суждено быть повешенным, (тот) не утонет (не утопнет, не потонет) (var. Кому повешену быть, тот не утонет) →

Ko se za vješala rodio neće potonuti

УТОПАЮЩИЙ: Утопающий (и) за соломинку хватается → Davljenik se i za slamku hvata; Спасение утопающих — дело рук самих утопающих → Uzdaj se u se i u svoje kljuse

УТРО: Утро вечера мудренее → Jutro je pametnije (mudrije) od večeri; Утром деньги – вечером стулья → Plati, pa klati; Хвали утро вечером → Ne hvali dan prije večeri

УХО: В одно ухо впустил (влтело), в другое выпустил (вылетело) → Na jedno uho ušlo, na drugo izašlo; И у стен бывают (есть) уши (var. Стены имеют уши) → I zidovi imaju uši

УЧЁНЫЙ: Учёного учить – только портить → Ribu uči plivati; За (одного) битого (учёного) двух небитых (неучёных) дают (да и то не берут) → Iskustvo je najbolji učitelj (u životu); Не учи учёного Ribu uči plivati

УЧЕНЬЕ: Без ученья нет уменья → Ko uči, taj i nauči; Ученье свет (а неученье тьма) → Znanje je pravo imanje; Повторение - мать ученья → Ponavljanje je majka znanja

УЧИТЬ(СЯ): Учились бы, на старших глядя → Što si stariji, to si pametniji; Учись смолоду, не умрёшь под старость с голоду → Mlad delija, star prosjak; Косой кривого не учит → Ako slijepac slijepca vodi, obadva će u jamu pasti

Ф

ФАДДЕЙ: Владей, Фаддей, моей (своей) Маланьей → Šta je, tu je

ФАКТ: Факты — упрямая вещь → Ako koza laže, rog ne laže; Факты говорят сами за себя → Ako koza laže, rog ne laže

ФЕДОТ: Федот, да не тот → Znam te, puško, kad si pištolj bila

ФИГАРО: Фигаро здесь, Фигаро там → Ko umije, njemu dvije

ФЛАГ: Флаг тебе в руки! → Ko šta voli, nek' izvoli

X

ХАТА, ХАТКА: Своя хатка – родная матка → Svoja kućica, svoja slobodica

ХВАЛЕНОЕ: Гляженое лучше хваленого → Što čuješ, ne vjeruj; što vidiš, to vjeruj

ХВАЛИТЬ(СЯ): Не хвали пива в сусле, а ржи в озими → Ne hvali dan prije večeri; Не хвались, идучи на рать, хвались, идучи с рати → Siječe ražanj, a zec u šumi

ХВАСТАТЬ: Хвастать - не косить, спина не болит → Ko se hvali, sam se kvari

ХЛЕБ: Всё едино, что хлеб, что мякина → Nije šija nego vrat; Не единым хлебом (будет) жив человек (var. Не о хлебе едином жив (будет) человек) → Čovjek ne živi samo od hljeba; Хлеб-соль ешь, а правду-матку режь → Pošteno ime ne gine; С кем хлеб-соль водишь, на того и походишь → S kim si, takav si; Сонный (спящий) хлеба не просит → Kad spava, hljeba ne ište; У голодной куме (лишь) хлеб на уме → Ko o čemu, baba o uštipcima

ХОРОШИЙ: Хорошая мина при плохой игре → Parola "snađi se"; Хорошенького (хорошего) понемножку (понемногу) → Srednja sreća je najbolja; Хорошие мысля приходят опосля (var. Кабы мне тот разум наперёд, что приходит опосля) → Da je pamet do kadije kao od kadije; Всё хорошее быстро проходит → Sve što je lijepo kratko traje

Хорошо смеётся тот, кто смеётся последним → Ko se zadnji smije, najslađe se smije; Хорошо там, где нас нет → Slađa smokva preko plota; Неказиста кляча, да бежь хороша → U maloj boci se otrov drži

ХОРОШО: Не то мило, что хорошо, а то хорошо, что мило → Nije blago ni srebro ni zlato, već je blago što je srcu drago; Всё хорошо, что хорошо кончается → Sve je dobro, što se dobro svrši; Хорошо дёшево не бывает → Jeftino meso, čorba za plotom;

ХОТЕТЬ: Хотеть – значит мочь → Ko hoće, taj i može; Хотеть не вредно Išla bi baba u Rim, ali nema s čim; kupila bi svašta, ali nema za šta; Кто хочет – может → Ko hoće, taj i može

ХРИСТОС: Христос терпел и нам велел → Šuti i trpi

ХУДО: Нет худа без добра → U svakom zlu ima dobra; Про нашу пряжу худо не скажут → Zanatliju posao pokazuje

ХУДОЙ: Худой мой Устим да лучше с ним → Bolje znano s manom, nego neznano s hvalom; Худые вести не лежат на месте → Zlo se čuje dalje nego dobro; Добрая слава лежит, а худая (дурная) (далеко) бежит (var. Добрая слава в углу сидит, а худая по свету бежит) → Zlo se čuje dalje nego dobro

Ц

ЦАРСТВО: Царство, разделившееся в себе, не устоит → Nesložna braća - propala kuća

ЦАРЬ: Это ещё при царе Горохе было → Za Kulina bana (i dobrijeh dana)

ЦВЕТОК: Это ещё цветочки, а ягодки впереди → Ne daj, Bože, većeg zla; Где цветок, там и медок → Gdje je cvijet, tu je i med; Кабы не цветы, да не морозы, зимой бы цветы расцветали → Da imamo brašna, ko što nemamo masla, pa još u selu tepsiju da posudimo, što bismo dobru pogaču ispekli

ЦЕЛЬ: Цель оправдывает средства → Cilj opravdava sredstvo

ЦЕНА: Цену узнаешь, как потеряешь → Dobro se ne pozna dok se ne izgubi; У всего есть своя цена → Sve ima svoju cijenu

ЦЫПЛЯТА: Цыплят по осени считают → Ne hvali dan prije večeri

Ч

ЧАЙ: Кому чай да кофей, а над нам чад да клопоть → Nekom i pluto (slama) tone, a nekome i olovo pluta

ЧЕЛОВЕК: Нет человека без недостатков → Ni drveta bez grane, ni čovjeka bez mane; Тот человек пустой, который полон самим собой → Ko se hvali, sam se kvari; Кому невдомёк, так добрый человек → Ko ga (te) ne zna, skupo bi ga (te) platio; Человек познаётся в беде → Na muci se poznaju junaci; Человек предполагает, а Бог располагает → Čovjek snuje, a Bog odlučuje (određuje); Человек худеет от заботы, а не от работы (var. Не работа сушит, а забота) → Zid ruši vlaga, a čovjeka briga; Человек человеку волк Čovjek je čovjeku vuk; Человек человеку рознь → U božjoj bašti ima mjesta za svakoga; Человек, если обманул меня один раз, то он плохой, а если обманул во второй раз – то я глупый → Ko me jedanput prevari, ubio ga Bog; ko me dvaput prevari, ubio me Bog; Человеку собственно ошибаться → Griješiti je ljudski; Смотри дерево в плодах, а человека в делах → Drvo se poznaje po plodu; Человеку столько лет, на сколько он себя чувствует → Čovjek je star onoliko koliko se staro osjeća

ЧЁРНЫЙ: Чёрная коровка (От чёрной коровки) да бело(е) молочко → Crna koka bijela jaja nosi; Чёрного кобеля не отмоешь добела → Teško žabu u vodu natjerati; Чёрную душу и мылом не отмоешь → Teško žabu u vodu natjerati; Чёрный пёс никогда не станет белой кошкой → Teško žabu u vodu natjerati; Чёрт хвалился, да с неба свалился → Ne diži se na golemo da ne padneš na koljeno

ЧЁРТ: Бур чёрт, сер чёрт, всё один бес → Nije šija nego vrat; В тихом омуте (болоте) черти водятся → Ispod (male) mire sto (devet) đavola vire; Хвалился чёрт всем миром владеть, а Бог ему и над свиньёй не дал власти → Ne diži se na golemo da ne padneš na koljeno; Чем чёрт не шутит → Kud puklo da puklo; У чёрта (к чёрту) на куличках → Bogu iza nogu (leđa); Связался с чёртом – пеняй на себя → Ko s vragom tikve sadi, o glavu mu se lupaju; Не так страшен чёрт, как его малюют → Đavo nije tako crn kao što izgleda

ЧЕСТЬ: За совесть, за честь, хоть голову снесть → Bolja je poštena smrt nego nepošten (sramotan) život; По заслугам и честь → Kakav gost, onakva mu čast; Честь лучше бесчестья → Bolja je poštena smrt nego nepošten (sramotan) život; Что за честь (Что наша честь), коли нечего есть (var. Великая честь, коли нечего есть) → Spolja gladac, iznutra jadac

ЧИХАНЬЕ: На всякое чиханье (на всякий чох (чих)) не наздравствуешься → Niko se nije rodio da je svijetu ugodio

ЧУЖОЙ: Чужая боль никому не больна → Tuđa rana ne boli; Чужая душа — потёмки → More se prozrijeti more, a čovječje srce ne more; Чужая душа — тёмный лес (лес дремучий) → More se prozrijeti more, a čovječje srce ne more; Чужое горе не болит → Tuđa rana ne boli; Чужое добро впрок нейдёт → Oteto – prokleto; На чужой (на всякий) роток не накинешь платок → Niko ne može natkati marama da cijelom svijetu usta poveže; На чужой каравай рот (рта) не разевай (а пораньше вставай да свой затевай) → Oteto – prokleto; На чужой рот пуговицы не нашьёшь → Niko ne može natkati marama da cijelom svijetu usta poveže; На чужой спине бремя легко → Svakom je svoje breme najteže; С чужого коня среди грязи долой → Oteto – prokleto

ЧУМА: Пировать во время чумы → Selo gori, a baba se češlja

ЧУТЬ: Ещё немного, ещё чуть-чуть → Šuti i trpi

Ш

ШАПКА: По Сеньке и шапка (по Ерёме и колпак) → Prema svecu i tropar; Обещанная шапка на уши не лезет → Obećanje - ludom radovanje

ШЕРСТЬ: Пошёл за шерстью, а вернулся стриженым → Jedan prob'o, pa se usr'o

ШЕЯ: Была бы шея, (а) хомут найдется → Dok je leđa, biće i samara

ШИЛО: Шила в мешке не утаишь → Svako djelo dođe na vidjelo

ШИТЬ: Шей да пори - не будет пустой поры → Trla (prela) baba lan da joj prođe dan

ШКУРА: Хороший пастух стрижет своих овец, но не сдирает с них шкуры (var. Шерсть стриги, а шкуру не дери) → Dobroga je pastira posao (dužnost) ovce strići, a ne derati; Делить шкуру неубитого медведя → Pravi račun bez krčmara; И лиса хитра – да шкуру её продают → Nije ničija do zore gorila; На задорном буяне век шкура на изъяне → Nebojšu najprije psi ujedu

ШТАНДАРТ: Штандарт скачет → Udri brigu na veselje

ШУМ: Много шума — мало толку → Da je steći košto reći, svi bi bogati bili; Много шума из ничего → Mnogo vike (buke) ni oko čega

ШУТКА: В каждой шутке есть доля правды → U svakoj šali pola istine (zbilje)

Щ

ЩЕЙ: Тех же щей, да пожиже влей → Isto sranje, drugo pakovanje

ЩУКА: На то и щука в море, чтобы (чтоб) карась не дремал → Lovac je da lovi, prepelica da se čuva; Та же щука, да под хреном → Isto sranje, drugo pakovanje

Я

Я: Кто не со мной, тот против меня → Ko nije sa mnom, protiv mene je; Ты мне - я тебе → Ti meni, ja tebi

ЯБЛОКО: Яблоко (яблочко) от яблони (от яблоньки) недалеко падает → Iver ne pada daleko od klade

ЯГОДА, ЯГОДКА: Ягодка по ягодке - будет кузовок (var. Собирай по ягодке, наберёшь кузовок) → Zrno po zrno pogača, kamen po kamen palača; Одного поля ягоды → Našla krpa (vreća) zakrpu

ЯЗЫК: Язык без костей (мелёт) → Jezik kosti nema, a kosti lomi; Язык до Киева доведёт → Ko jezika ima, pogodi do Rima; Язык мой - враг мой (прежде ума глаголет) → Bolje se pokliznuti nogom nego jezikom; Языком масла не собьёшь → Ne jedu meso vuci po poruci; Не ножа бойся, а языка → Jezik je više glava posjekao nego sablja; Не спеши языком, спеши (торопись) делом → U mnogo zbora malo stvora; На языке мёд, а на сердце – лёд (var. На словах медок, а в сердце ледок) → Na jeziku med, a na srcu led

ЯЙЦО, ЯИЧКО: Яйца курицу не учат → Gdje bi jaje kokoš učilo?; От чёрной курочки да белое яичко → Crna koka bijela jaja nosi; Краденое яичко школьнику слаще → Slađa smokva preko plota; Дорого яичко к великому (к светлому, к Христову) дню (празднику) → Ne šije se marama uoči Bajrama; Выеденного яйца не стоит → Ne vrijedi ni lule duhana; Не клади все яйца в одну корзину → Ne stavljaj sva jaja u jednu košaru

ЯМА: Не рой другому яму (ямы), сам в нее попадёшь → Ko drugom jamu kopa, sam u nju pada

Alphabetical Index of Latin Expressions

- Alea jacta est → Kocka je bačena
- Amantium irae amoris integratis est → Ko se bije, taj se voli
- Amor tussisque non celantur → Kašalj, šuga i ašikovanje ne može se sakriti
- Aquilla not capit muscas → Orao ne lovi muhe
- Arcades ambo → Našla vreća (krpa) zakrpu
- Asinus asinum fricat → Bozadžija za salebdžiju
- Audaces fortuna iuvat (juvat) → Hrabre sreća prati
- Barba non facit philosophum → Pop se ne bira po bradi, nego po glavi
- Canis caninam non est → Vuk na vuka ni u gori neće
- Carpe diem → Ko umije, njemu dvije
- Catus amat piscem, sed non vult tingere plantas → Ako želiš jezgro, slomi ljusku
- Cedere majori virtutis fama secunda est → Pametniji popušta
- Cibi condimentum esse famem → Glad je najbolji kuhar (začin)
- Clara pacta, boni amici → Čist račun, duga ljubav
- Concordia parvae res crescunt, discordia maximae dilabuntur → Složna braća kuću grade
- Consuetudo est altera natura → Navika je druga priroda
- De gustibus et coloribus non est disputandum → O ukusima se ne

raspravlja
- De mortuis aut bene aut nihil → O mrtvima sve najbolje
- Dictum factum → Rečeno - učinjeno
- Dies diem docet → Jutro je pametnije (mudrije) od večeri
- Divide et impera → Zavadi, pa vladaj
- Divide ut regnes (imperes) → Zavadi, pa vladaj
- Dum gramen crescit, equus in moriendo quiescit → Ne lipši, magarče, dok trava naraste!
- Dum spiro spero → Čovjek se nada dok je god duše u njemu
- Duos insequens lepores, neutrum capit → Ko juri dva zeca odjednom, ne ulovi nijednog
- Ejusdem farinae → Našla vreća (krpa) zakrpu
- Epistula non erubescit → Papir sve trpi
- Ex ungue leonem → Poznaje se ptica po perju
- Exceptio probat regulam → Izuzetak potvrđuje pravilo
- Exitus acta probat → Cilj opravdava sredstvo
- Fames optimum condimentum → Glad je najbolji kuhar (začin)
- Fata viam invenient → Od sudbine ne možeš pobjeći
- Festina lente → Požuri polako
- Finis coronat opus → Konac djelo krasi
- Fortuna favet fatuis → Ima više sreće nego pameti
- Grata rerum novitas → Novo sito o klinu visi
- Gutta cavat lapidem → Kaplja kamen dubi
- Habeas ut nanctu's → Što izgubiš, ne traži, što nađeš, ne kaži
- Hac urget lupus, hac canis angit → Ako u selu, Turci, ako u polju, vuci
- Hic jacet lupus → U tom grmu leži zec
- Hic Rhodos, hic salta! → Ako je daleko Bagdad, blizu je aršin
- Hodie Caesar, cras nihil → Danas vezir, sutra rezil
- Hodie mihi, cras tibi → Danas ja, sutra ti
- Homo homini lupus (est) → Čovjek je čovjeku vuk
- Homo preponit, sed deus disponit → Čovjek snuje, a Bog odlučuje (određuje)

- Honesta mors turpi vita potior → Bolja je poštena smrt nego nepošten (sramotan) život
- In expuentis recidit faciem, quod in caelum expuit → Kad čovjek nada se pljune, na obraz će mu pasti
- In medio stat virtus → Srednja sreća je najbolja
- In nocte consilium → Jutro je pametnije (mudrije) od večeri
- In vino veritas → Istina je u vinu
- In patria natus non est propheta vocatus → Niko nije prorok u svojoj zemlji (kući)
- Inter caecos luscus rex → Među ćoravim ko ima jedno oko meću ga za cara
- Inter verba et actus magnus quidas mons est → Od zbora do tvora - ima prostora
- Laudat venales quos vult extrudere merces → Svaki Cigo svoga konja hvali
- Lupus pilum mutat, non mentem → Vuk dlaku mijenja, a ćud nikada (ali ćud nikako)
- Mala gallina - malum ovum → Gdje je sova (vrana) izlegla sokola?
- Male parta, male dilabuntur → Oteto - prokleto
- Malo hic esse primus quam Romae secundus → Bolje prvi u selu nego zadnji u gradu
- Malum nullum est sine aliquo bono → U svakom zlu ima dobra
- Manus manum lavat → Ruka ruku mije (a obraz obadvije)
- Mel in ore, verba lactis, fed in corde, fraus in factus → Na jeziku med, a na srcu led
- Melius et utilius (est) in tempore occurrere, quam post causam vulneratam quarere remedium → Bolje spriječiti nego liječiti
- Mihi heri, et tibi hodie → Danas ja, sutra ti
- Minima de malis → Od dva zla izaberi manje
- Mors et fugacem persequitur virum → Ko se rađa i umire
- Natura abhorret vacuum → Koga nema, bez njega se može
- Ne differas in crastinum → Ne ostavljaj za sutra ono što možeš

uraditi danas
- Nemo mortalium omnibus horis sapit → I pop u knjizi pogriješi
- Nescit vox missa reverti → Riječ iz usta, a kamen iz ruke
- Nihil est omnia parte beatum → Niko nije savršen
- Nihil habeo, nihil timeo (curo) → Ko nema ništa, ne straši se od ništa
- Nihil habenti nihil deest → Ko nema ništa, ne straši se od ništa
- Nil novi sub sole → Ništa nije novo na svijetu
- Non semper crunt Saturnalia → Nije svaki dan Božić (Bajram)
- Occasio facit furem → Prigoda čini lupeža
- Oculum pro oculo, et dentem pro dente → Oko za oko, zub za zub
- Omne initium difficile (est) → Prvi korak je najteži
- Omnia mors aequat → U smrti su svi jednaki
- Parturiunt montes, nascetur ridiculus mus → Tresla se gora (brda), rodio se miš
- Paupertas omnes artes perdocet, ubi quem attigit → Nevolja svačemu čovjeka nauči
- Pecunia non olet → Novac ne smrdi
- Per aspera ad astra → Preko trnja do zvijezda
- Pigritia mater vitorum → Besposlenost je majka svih zala
- Piscem natare doces → Ribu uči plivati
- Plus vident oculi, quam oculus → Četiri oka vide bolje nego dva
- Post mortem medicina → Kasno Marko na Kosovo stiže
- Potius sero quam nunquam → Bolje ikad nego nikad
- Praemonitus praemunitis → Ko se čuva, i Bog ga čuva
- Procul ex oculis, procul ex mente → Daleko od očiju, daleko od srca
- Qualis vita, et mors ita → Pas bio, pasji i prošao
- Qualis pater, talis filius → Kakav otac, takav sin
- Qui me amat, amat et canem meam → Ko neće moje štene, ne treba ni mene
- Qui non laborat, non manducat → Ko ne radi, ne treba da jede

- Quod abondat non vitiat → Od viška glava ne boli
- Quod cito fit, cito perit → Ko žurio, vrat slomio
- Quod non videt oculus cor non dolet → Kad oko ne vidi, srce ne žudi
- Quod tibi fieri non vis, alteri ne feceris → Čini drugom što je tebi drago da ti se učini
- Quos deus (Juppiter) vult perdere, prius dementat → Kad Bog hoće koga da kazni, najprije mu uzme pamet
- Quot capita, tot sensus → Koliko ljudi, toliko ćudi
- Quot homines tot sententiae → Koliko ljudi, toliko ćudi
- Redde Caesari quae sunt Caesaris, et quae sunt Dei Deo → Caru carevo, a Bogu božje (dati)
- Repetitio mater studiorum est → Ponavljanje je majka znanja
- Ridentem dicere verum: quid vetat? → U svakoj šali pola istine (zbilje)
- Scientia est potentia → Bolje je pametna glava nego dolina para
- Si quis dat mannos, ne quere in dentibus annos → Poklonu se u zube ne gleda
- Silentium videtur confessio → Šutnja je znak odobravanja
- Simia simia est, etiamsi aurea gestet insignia → Martin u Zagreb (Rim), Martin iz Zagreba (Rima)
- Similia similibus curantur → Klin se klinom izbija (a sjekira oba)
- Sustine et abstine → Strpljen - spašen
- Sutor, ne supra crepidam → Lovac je da lovi, prepelica da se čuva
- Suum cuique → Svakom svoje lijepo
- Tempora mutantur → Vremena se mijenjaju
- Tempus fugit → Vrijeme leti
- Timeo Danaos et dona ferentes → Bojim se Danajaca i kad darove donose
- Tranquillas etiam naufragus horret aquas → Koga je zmija ujela i guštera se boji

- Tunica propior pallio est → Košulja je preča od kabanice
- Unus homo, nullus homo → Jedan k'o nijedan
- Unus vir, nullus vir → Jedan k'o nijedan
- Usus est magister optimus → Ko uči, taj i nauči
- Usus te plura docebit → Ko uči, taj i nauči
- Ut imago est animi voltus sic indices oculi → Oči su ogledalo duše
- Valetudo bonum optimum → Zdravlje je najveće blago (najveći raj) ovoga svijeta
- Verba ligant homines, taurorum cornua funes → Čovjek se veže za jezik, a vo za rogove
- Verbum sapienti sat est → Pametnome dosta
- Voltus (Oculus) est index animi → Oči su ogledalo duše
- Vox populi vox dei → Glas naroda, glas božji
- Vulpem pilum mutare, non mores → Vuk dlaku mijenja, a ćud nikada (ali ćud nikako)

Библиография / Bibliografija

Abdulah Škaljić, Turcizmi u srpskohrvatskom jeziku, Svjetlost, Sarajevo, 1989.

Anica Šaulić, Antologija narodnih poslovica i zagonetki, Beograd, "Narodna Knjiga",1962.

Boško Milosavljević, Margot Vilijams-Milosavljević, Srpsko-engleski rečnik idioma, "Srpska knjizevna zadruga", Beograd, 1991.

Boško Milosavljević, Srpsko-francuski rečnik idioma i izraza, IP "Prosveta", Beograd, 1994.

Dragan Lakičević, Narodne poslovice, Beograd, "Rad", 1983.

Dževad Jahić, Narodno blago Bošnjaka, Moskva, "Kompjuterska biblioteka Bošnjak", 1995.

Jasmina Puljo, Biseri mudrosti, peto izmenjeno i dopunjeno izdanje, "Sportska knjiga", Beograd 1986.

Josip Kekez, Poslovice i njima srodni oblici, Zavod za znanost o književnosti, Zagreb 1984.

Milan T. Vuković, Narodni običaji, verovanja i poslovice kod Srba, Beograd 1981.

Milan Vujaklija, Leksikon stranih reči i izraza,"Prosveta", Beograd, 1988.

Narodna umjetnost (godišnjak zavoda za istraživanje folklora Instituta za filologiju i folkloristiku), Zagreb 1981.

Nova enciklopedija u boji, I i II tom, "Vuk Karadzić " i "Larousse", Beograd, 1978.

V.S.Karadžić, Srpske narodne poslovice, Beograd, "Prosveta", 1969.

Vasko Popa, Od zlata jabuka, "Rad", Beograd, 1988.

Zehra Hubijar, Bolje znati nego imati, Poslovice i poneka priča, Bosanska riječ, Sarajevo, 2009.

В.П. Жуков, Словарь русских пословиц и поговорок, Москва, "Русский язык", 1993

В.П.Аникина, Русские пословици и поговорки, Москва, "Художественная литература", 1988

В.П. Фелицына, Ю.Е.Прохоров, Русские пословицы и поговорки и крылатые выражения , Лингвострано-ведческий словарь, Москва, "Русский язык", 1980

Пословицы русского народа, сборник В.И.Даля в трех томах, Москва, "Русская книга", 1994

В. Сомов, По-латыни между прочим, Словарь латинских выражений, Москва, "ГИТИС", 1992

М.А. Полторацкая, Русский фольклор/Russian folklore, New York, "Rausen lang. div.", 1964

M.I.Dubrovin, A Book of English and Russian proverbs and sayings illustrated, Moscow, "Prosveshcheniye", 1995

Adam Makkai PhD, Barron's A dictionary of American's idioms, Barron's Educational Series, 2013

Bartlett Jere Whiting, Modern Proverbs and Proverbial Sayings, Harvard University Press, 1989

Burton Stevenson, The home book of proverbs, maxims and familiar phrases, "The Macmilllan Company", New York, 1956

Charles C. Doyle, Wolfgang Mieder, and Fred Shapiro, The Dictionary of Modern Proverbs, Yale University, 2012

E. Radford, Unusual words and how they came about, "Prosveshcheniye", Moscow-Leningrad, 1964

Emanuel Strauss, Concise Dictionary of European Proverbs, Routledge, London and New York, 1998

George Latimer Apperson, Dictionary of Proverbs, Wordsworth Classics; 2006

Harold V. Cordry, The Multicultural Dictionary of Proverbs: Over 20,000 Adages from Wolfgang Mieder, More Than 120 languages, nationalities and ethnic groups, McFarland Publishing, 2005

Harry Collis, 101 American English proverbs, Passport books, Illinois, USA, 1992

Jennifer Speake, J. A. Simpson, The Oxford Dictionary of Proverbs edited by, 2015

John Simpson with the assistance of Jennifer Speake, The Concise Oxford dictionary of proverbs, 2nd edition, "Oxford University Press",

Oxford New York, 1992

Jon R. Stone, The Routledge Book of World Proverbs, New York, 2006

Martin H. Manser, The Facts on File Dictionary of Proverbs, Infobase Publishing, second edition, 2007

P.R. Wilkinson, Thesaurus of Traditional English Metaphors, Routledge, London and New York, 2002

Peter Mertvago, Dictionary of 1000 French proverbs, Hippocrene books, New York, 1996

Richard A Spears, Betty Birner, and Steve n Kleinedler, NTC's Dictionary of Everyday American English Expessions, McGraw Hill, 1994

Ronald Ridout & Clifford Witting, The Macmillan dictionary of English proverbs explained, "Macmillan", 1995.

Teodor Flonta, A Dictionary of English and French Equivalent Proverbs,

V.H. Collins, A book of English proverbs with origins and explanations, Longmans, 1959.

Wayne Magnuson, Canadian English Idioms, Sayings and Expressions,Prairie House Books, 1989

Wolfgang Mieder (editor in chief), A Dictionary of American proverbs, Oxford University press, 1992. and 1996

Wolfgang Mieder, Proverbs are never out of season (popular wisdom in the modern age), Oxford University Press, Oxford, New York, 1993.

About the Author

Minja Pješčić is a language enthusiast and collector of words and expressions. She holds a B.A. and M.A. in Linguistics from the Moscow State Linguistic Univeristy (МГЛУ) and an M.B.A. from Schulich School of Business in Toronto. She is fluent in Serbo-Croatian, English, French and Russian languages.

Other books by the author:

A Dictionary of Proverbs and Sayings: Serbian - Bosnian - Croatian and English Equivalents

Rječnik naših poslovica i izreka i njihovih engleskih ekvivalenata

The author has scoured dozens of sources to find the best equivalents and matches to familiar and old proverbs, sayings and expressions. Everyone is bound to discover something new.

Included:

- Over 1100 Serbian / Bosnian / Croatian proverbs and sayings and as many English equivalents
- Expressions used in Serbia, Montenegro, Bosnia-Herzegovina and Croatia
- British and North American proverbs and sayings
- Old and modern expressions
- Close to 200 Latin sayings and expressions

Available on Amazon in ebook (kindle) and paperback.

Za ljubitelje naših narodnih umotvorina - kolekcija 1100 poslovica i izreka, i isto toliko engleskih ekvivalenata. Uključuje savremene izraze, poneki zaboravljeni biser, te preko 200 latinskh izreka.

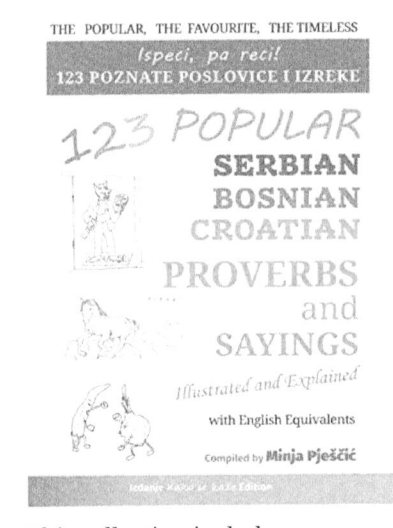

123 Popular Serbian - Bosnian - Croatian Proverbs and Sayings; Illustrated and Explained

Ispeci, pa reci! 123 poznate poslovice i izreke

A unique illustrated collection of 123 most popular and commonly used Serbian - Bosnian – Croatian proverbs and sayings with English equivalents.

This collection includes:

- 123 carefully curated popular expressions (in Latin and Cyrillic scripts)
- literal translation and existing English equivalents
- Commentary in English
- Over 90 illustrations

Whether you are a student, teacher, diplomat or just a curious eye, this dictionary will provide a unique insight into origin, meaning and usage of expressions, together with snipets from history and culture that have inspired them. Some humorous, some curious and extraordinary, some unique and others shared with other European languages – there is something new for everyone to learn.

Available on Amazon in ebook (kindle) and paperback.

Ilustrovana kolekcija sa 123 poznate poslovice i izreke uključuje prevod, engleske ekvivalente i objašnjenja na engleskom jeziku.

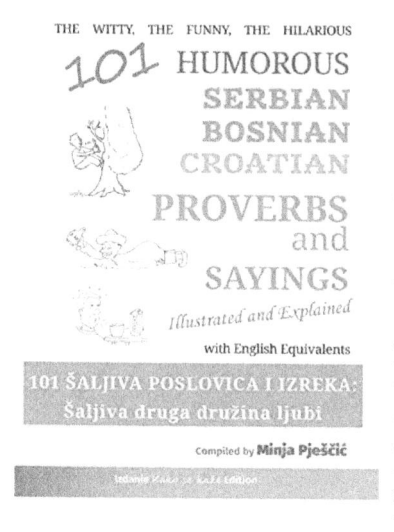

101 Humorous Serbian – Bosnian – Croatian Proverbs and Sayings

101 šaljiva poslovica i izreka: Šaljiva druga družina ljubi

An indispensable illustrated guide for anyone taking their knowledge of Serbian/Bosnian/Croatian to the next level. Enrich your conversation, amuse and impress your friends and family with help of this collection of 101 most witty and colourful expressions, some common and others forgotten jewels. Show your funny side... because everyone loves a merry company!

The witty, the funny and the hilarious - this unique collection includes:

- 101 carefully curated humorous expressions (in Latin and Cyrillic scripts)
- Old and modern, marked as 'Popular', 'Familiar' or 'Old Jewel'
- Commentary on meaning and usage in English

- Literal translation for easier understanding and over 100 existing English equivalents
- Humorous alterations loved by young people
- Over 70 Illustrations

Ilustrovana kolekcija 101 šaljive izreke i poslovice uključuje prevod, ekvivalente i objašnjenja na engleskom jeziku. Za svakog ima ponešto da se podsjeti ili nauči, jer... "šaljiva druga družina ljubi"!

Dictionnaire de proverbes et dictons serbes - bosniaques - croates et leurs équivalents français (French Edition)

Rječnik naših poslovica i izreka i njihovih francuskih ekvivalenata

Une collection des proverbes et dictons originaires de la Serbie, Monténégro, Bosnie-Herzégovine et Croatie. Pour chaque situation de la vie quotidienne, une petite phrase.

On trouvera:

- plus de 1100 proverbes et dictons serbes, bosniaques et croates avec leurs équivalents français
- expressions d'hier et d'aujourd'hui
- 200 expressions latines

Disponible sur Amazon en format kindle et broché.

Za ljubitelje naših narodnih umotvorina - kolekcija preko hiljadu poslovica i izreka, i isto toliko francuskih ekvivalenata. Uključuje savremene izraze, poneki zaboravljeni biser, te preko 200 latinskh izreka.

Mostar in Words and Expressions: Dictionary of 1000+ Words, Idioms and Sayings from Mostar, Bosnia-Herzegovina

A collection of over a thousand words, idioms and expressions, often unique and humorous, originating from the Herzegovinian city of Mostar with commentary in Bosnian.

Many original expressions were inspired by its inhabitants and local situations:

usta k'o Tokića pekara; napet k'o Mujini tregeri; glava k'o Rondo; vodati se k'o Jure i Neda; objesićemo zube o čiviluk; pala muha na međeda; jedan se oteg'o, drugi se proteg'o; taj ti vjetar čorbu hladio; ćafetli; dočekuša; krmeljuša...

... tek su neki od preko hiljadu riječi i izraza – često šaljivih bisera mostarske mudrosti – sakupljenih za ovo izdanje. Ova će knjiga, kao svjedok jednog govora i doba, neke čitaoce podsjetiti, neke nasmijati, a posebno mladim generacijama u dijaspori, poslužiti kao dodatni izvor informacija o (nesuđenom) rodnom gradu.

Original title (Bosnian edition): NA DUNJALUKU SVAŠTA: 1000 i kusur mostarizama

Available on Amazon in paperback.

Printed in Great Britain
by Amazon